O VIANDANTE
RETALHOS DO TOCANTINS

Editora Appris Ltda.
1.ª Edição - Copyright© 2023 do autor
Direitos de Edição Reservados à Editora Appris Ltda.

Nenhuma parte desta obra poderá ser utilizada indevidamente, sem estar de acordo com a Lei nº 9.610/98. Se incorreções forem encontradas, serão de exclusiva responsabilidade de seus organizadores. Foi realizado o Depósito Legal na Fundação Biblioteca Nacional, de acordo com as Leis nos 10.994, de 14/12/2004, e 12.192, de 14/01/2010.

Catalogação na Fonte
Elaborado por: Josefina A. S. Guedes
Bibliotecária CRB 9/870

A298v 2023	Aires, Joarez Virgolino
	    O viandante : retalhos do Tocantins / Joarez Virgolino Aires. –
	1. ed. – Curitiba : Appris, 2023.
	    313 p. ; 23 cm.
	
	    Inclui referências.
	    ISBN 978-65-250-4467-5
	
	    1. Memória autobiográfica. 2. Biografia como forma literária.
	3. Memória. I. Título.
	
	                                                    CDD – 808.06692

Livro de acordo com a normalização técnica da ABNT

Appris editora

Editora e Livraria Appris Ltda.
Av. Manoel Ribas, 2265 – Mercês
Curitiba/PR – CEP: 80810-002
Tel. (41) 3156 - 4731
www.editoraappris.com.br

Printed in Brazil
Impresso no Brasil

JOAREZ VIRGOLINO AIRES

O VIANDANTE
RETALHOS DO TOCANTINS

FICHA TÉCNICA

EDITORIAL	Augusto V. de A. Coelho
	Sara C. de Andrade Coelho
COMITÊ EDITORIAL	Marli Caetano
	Andréa Barbosa Gouveia - UFPR
	Edmeire C. Pereira - UFPR
	Iraneide da Silva - UFC
	Jacques de Lima Ferreira - UP
SUPERVISOR DA PRODUÇÃO	Renata Cristina Lopes Miccelli
ASSESSORIA EDITORIAL	Nicolas da Silva Alves
REVISÃO	Camila Dias Manoel
PRODUÇÃO EDITORIAL	Nicolas da Silva Alves
DIAGRAMAÇÃO	Bruno Ferreira Nascimento
CAPA	Lívia Weyl
IMAGENS DA CAPA	contracapa: "Desenho de Camila Aires Romio"; capa: "Alegoria e ensaio do autor. Criação dezembro 2003"

PRÓLOGO

EPITÁFIO

(Desenho da Stella Aires Romio)

"*Dies annorum nostrorum in ipsis septuaginta anni, si autem in potentibus octoginta anni, et amplius eorum labor et dolor*" (Salmo 89, 10. Nossos dias de vida são de setenta anos; oitenta só para os mais fortes e mais do que isso será peleja e penar!).

Saudade do ontem e do amanhã

Camila Aires Romio

Branco, amarelo, cinza...
Um lenço,
Uma flor
Um pôr de sol...
Todos os sorrisos morreram
E todas as faces se trancaram na mesma indiferença...
Olhos, bocas, mãos: mudas, cerradas cristalizadas...
Um estranho dilúvio engoliu o mundo inteiro.
E resta apenas uma ilha: sem barca, sem torre, sem farol.
Madrugadas sem alvoradas, dias sempre iguais e
Noites sem fim...
Margaridas e roseiras
Abandonadas
E sem orvalho...
Só resta um Sol,
Uma luz
Um orvalho,
Uma esperança,
Você.

DEDICATÓRIA

Irmã Sefora Morés, Canadá, 1976

O viandante dedica este repertório de "pensamentos idos e vividos", "O viandante: retalhos do Tocantins", à gaúcha Ausilia Morés Aires, que me arrebatou do cerrado goiano, e aos nossos filhos, Daniel e Davi, incluindo suas respectivas esposas, Shirley e Edanne, e nossos netinhos: Pedro Miguel, Giulia Pietra e Giovanna.

Sem o aconchego da esposa e o afeto e apoio dos filhos, netos e noras, o presente livro não teria sido possível!

Se me fora dado escolher epitáfio para qualificar esta minha jornada, invocaria as sentidas palavras que Machado de Assis, em seu pungente soneto que balbuciou à sua amada:

"...se tenho nos olhos malferidos,
Pensamentos de vida formulados
São pensamentos idos e vividos!"

Curitiba, setembro de 2022

APRESENTAÇÃO DESTE LIVRO

Desenho de Vinicius Morais, 26.04.2013

"Bicho feio" ou "Diavoleto – diabinho -": caricatura do autor

Lemos nas Sagradas Escrituras que "nossos anos de vida são setenta, oitenta para os mais robustos" (Salmo 90, 10).

Estando eu entre as duas cifras, ouvi em sussurro, no meu interior, a voz do Mestre: "Senta no teu telônio e presta contas de tua administração!"

Peguei meu tamborete e iniciei minha escrita.

Algum tempo depois, comentando com o mano Aldo esse meu projeto, ele advertiu-me de que também iniciara essa tarefa, mas decidiu interrompê-la ao ser alertado pelos discípulos de Kardec de que tal empenho retarda o passo do peregrino neste planeta.

Embora deposite toda a minha confiança nos ditos do Nazareno, fui quase deixando de lado aquele empreendimento.

Naquela altura, tratando do assunto com a prestimosa nora Shirley, inspirada, talvez, pelas reminiscências de seu falecido pai, juiz classista, Oldemir de Almeida, convenceu-me de que seria muito proveitoso para a família se eu recuperasse estas memórias, que, logo mais, cairiam no esquecimento.

Diante disso, atraquei-me ao inventário das memórias e pegadas deste parente ou aparentado do Lampião.

Ciente desse meu projeto, minha criteriosa nora Edanne recomendou-me que não recolhesse ilustrações da internet, para evitar futuros aborrecimentos com seus criadores.

Assim, solicitei a um bom desenhista algumas gravuras para ilustrar meu texto, tornando-o mais palatável, e incluí mais alguns ensaios de telas que andei esboçando.

Minha esposa, Ausília, ao examinar as gravuras, reprovou exatamente a *primeira* delas, destinada a fazer a abertura do texto.

Ainda em dúvida se eu deveria esconder e esquecer a caricatura reprovada, decidi apelar para um teste com meus netos, desarmados de prevenções. Aproveitei uma moldura dourada em que tinha agasalhado o belo pergaminho que obtive da Pontifícia

Universidade Gregoriana, em Roma, Itália, conferindo-me o título de mestre em Antropologia Filosófica, para inserir ali a caricatura.

Por muitos anos, enquanto estive atuando no magistério, esse documento teve uma preciosa valia. Entretanto, agora que já dependurei minhas chuteiras de professor, entendi que teria um peso maior e um apelo mais vivo estabelecer ali um objeto mais provocativo. Foi aí que a caricatura ganhou a preferência.

Meu adorável netinho, Pedro Miguel, que nunca tinha reparado no belo documento da Gregoriana, quando botou as vistas, pela primeira vez, na estranha gravura, disparou correndo e veio avisar-me de ter visto um "bicho feio" escondido atrás de minha porta.

Da segunda vez que o avistou, saiu gritando ao meu encontro, pedindo um pau para matar o "bicho feio". E bem que Pedrinho tinha suas razões, pois, um dos meus cunhados, colono, de ascendência italiana, apresentado à dita efígie, logo a qualificou de diavoleto, isto é, diabinho!".

Mais alguns dias passados, indo ao Rio de Janeiro, lembrei-me de fazer o mesmo teste exibindo para a dengosa netinha Giulia o mesmo objeto. Esta o olhou fixamente, por alguns instantes, e logo armou uma carinha de choro.

Dona Marilda, avó materna, que observava à distância, senhora de um delicioso "carioquês", resumiu tudo numa simples interjeição dialetal: "Eu, hein!".

Estava definido. Como o propósito da gravura era exatamente provocar o interesse e não dar margem à indiferença, a exótica caricatura entrou como núcleo da atenção inicial.

Tudo o que se encontra nesta prestação de contas gira em torno de natureza, artes e ofícios, memórias, usos e costumes, além de conhecimentos e conceitos diversos e esparsos.

Todavia, o presente memorial envolve um segundo e último pressuposto. "O viandante" nasceu, cresceu e evoluiu em berço católico romano envolto e impregnado de orações, ladainhas, latim, foi professor desse idioma e exerceu o presbiterato.

Com esse pressuposto, é fácil entender por que o viandante, enxergando em sua vida um paralelismo com a obra da criação e, além disso, notando que, ao concluir a presente obra, está, também, produzindo o seu pentateuco, arquitetou este memorial em estreita analogia com o plano bíblico da criação. Daí a escolha de alguns versículos da Bíblia, para caracterizar cada um dos sete capítulos de sua jornada, aqui entendidos como analogia dos sete dias da obra da criação, relatados no livro do Gênesis.

E, pelas razões acadêmicas referidas anteriormente, o autor preferiu a citação latina da edição bíblica denominada *Vulgata* de São Jerônimo.

E, para concluir, o viandante espera que, ao ser recambiado ao "Seio de Abraão", Yahveh Elohim, acolhendo-o, e aprovando esta segunda obra da criação, possa também pronunciar a bela sentença que pronunciou ao concluir a sua grandiosa e primorosa obra primeira da criação, nos termos em que se encontra na versão italiana da Bíblia, língua corrente (Gn 1, 31):

"E Dio vide che tutto quel che aveva fatto era davvero molto bello" (E Deus viu que tudo aquilo que fizera, era, verdadeiramente, muito belo!).

Pergaminho da Pontifícia Universidade Gregoriana

Tradução e descrição do texto latino do pergaminho:

Em cada ângulo do quadrilátero do texto, está sucessivamente inscrito, em maiúsculas, o tetragrama latino do lema jesuítico: A, M, D G. Isto é: *"Ad maiorem Dei gloriam"* (Para a maior glória de Deus).

No ápice do texto, estão inscritas as insígnias do selo pontifício da tríplice tiara, apoiando-se no brasão que a autoridade romana consignou como a *causa mortis* do judeu Nazareno, Ieshouah, bem Iousseph, bem Mirian. Abaixo dessa elipse, com a inscrição antes descrita, há uma faixa decorativa com a inscrição latina que se traduz: "À religião e às boas artes".

No topo do documento: Pontifícia Universidade Gregoriana. A seguir, o nome do aluno: Joarez Virgolino Aires. Seguem-se os termos do documento:

> [...] observados os pré-requisitos para ser aceito como auditor e aluno em nossa faculdade de filosofia, pelo tempo determinado para obter licença e tendo obtido os sufrágios necessários, foi o aluno acima indicado aprovado com louvor.
>
> Em testemunho de fé às normas canônicas estabelecidas pela nossa universidade, assino o presente documento, em nome e sob a autoridade do Sumo pontífice, felizmente reinante, Papa Paulo VI.
>
> Confirmo isso, com o selo apostólico aqui consignado.
>
> Roma, 26 de outubro de 1976.

SUMÁRIO

1

NOS BARRANCOS DO TOCANTINS 21

Primeiro dia, 1920-1935 21

Principiando pelo fim: balbuciando uma prece 21

A vida num filme.. 22

A vida numa teia de aranha 22

Os cavaleiros do Apocalipse.. 23

Ideologias e teologias do amigo Mello 24

A ressurreição num piscar de olhos 25

Na outra margem da vida.. 26

No seio de Abraão 27

Correr atrás do vento... 28

Céu e Inferno 29

Uma releitura de Michelangelo 30

A teoria teológica das duas Bíblias 31

2

PRINCIPIANDO PELO INÍCIO: BABAÇULÂNDIA 33

Segundo dia, 1930-1943 33

Nas pegadas do missionário dominicano Frei José Maria Audrin.......... 34

Vínculos fraternos: Conceição do Araguaia/Pará – Porto Nacional/TO 35

Frei Dominguinhos, "promovido"de prelado a bispo de Porto Nacional/TO 36

Conceição do Araguaia às margens plácidas do Rio Araguaia...................... 38

Frei Gil Vilanova (Google) 38

Pisando as terras de Frei Gil de Vila Nova: Conceição do Araguaia.................. 41

Genealogia do viandante.. 42

A "exegese" fotográfica do mano Aldo.................................... 44

Babaçulândia, berço do viandante.. 46

Legado da avó paterna, professora Madalena Dias de Oliveira...................... 46

Nossa incipiente família.. 48

Um achado desconcertante 49

Minha primeira camisa industrializada, ganha com o suor de meu rosto 50

Corrigindo e educando .... .51

Um proveitoso tirocínio artesanal 52

"Capitão Lôlô", marido da mestra 53

Meu poderoso tio Manoel 55

A vazante e o fumo do Ioiô.. 56

Às margens do Corrente 59

Lazer mágico da infância: construindo arapucas 60

Em busca de um futuro melhor 65

Casas iluminadas a candeias e lamparinas.. 67

Memórias da "odisseia" do viandante 69

Navegando rio acima em balsa rebocada por lancha a lenha e caldeira............... 69

Tocantínia, primeira estação de nossa odisseia 72

Os indígenas da Piabanha.. 77

O infante e audacioso mano Ruy, nosso guardião 79

Uma elegia inevitável ao primogênito mano Ruy 83

Uma visão e um cenário inesquecíveis 84

O impaludismo na Tocantínia dos anos 40.. 85

Dona Beatriz e Dona Margarida, nossas primeiras mestras 86

Nas trilhas do catecismo de Trento 88

Memórias de um anacoreta: Padre José Momenço 89

A promessa de nossos pais 90

Descrevendo a "borracha-geladeira" 91

Curiosos brindes do Senhor Bom Jesus da Lapa 92

Comendo gorgôlôs assado 93

"Amansando" botinas 94

Artes e habilidades de um mestre em arreios.. 95

Fazendo a cola, grude de tapioca e limão 97

Cenários de uma fazenda ou um sítio dos anos 40 101

A coalhada goiana... 106

Pousando sob cangalhas numa chuvarada.. 107

A vetusta Monte do Carmo: fantasmas do passado.................................. 109

Visitando Monte do Carmo, 1988. Frente e interior da igreja: Daniel,
Davi e Joarez (acervo pessoal) 109

Padre Gama morre no altar 110

Uma casa nos padrões da cultura maranhense 110

Posição correta de uma sede 111

Madeiras de lei: aroeira e angico 112

O cheiroso e milagroso pau-de-óleo 113

Mastigando carne assada: cavalgando nos anos 50 114

3

TECENDO PROJETOS: PORTO NACIONAL 117

Terceiro dia, 1943-1956..117

Porto Nacional, nossa Meca, nos anos 50 118

Alicerçando uma nova vida em Porto Nacional 125

Peculiaridades do velho convento dos dominicanos 132

Singularidades da Porto Nacional dos anos 40.................... 135

Inesquecíveis figuras portuenses dos anos 50 137

Seu Raimundo, "oclo" de pau..141

Arraigado catolicismo dos portuenses 142

O prestimoso e dedicado Padre Lázaro Noel de Camargo 145

Seminário São José, sob o reinado de Dom Alano e Padre Luso Matos.............. 148

Um presente inesquecível: 11 de setembro de 1953 158

Preciosas "heranças" dos dominicanos e da cultura de Porto Nacional..............161

Memórias da escolinha das dominicanas........................... 164

Dois singulares aprendizados da minha infância 164

Ritual dos festejos do Divino.. 166

Peculiaridades do ginásio estadual no palácio episcopal 172

O austero e aristocrático diretor e professor Manoel Ferreira Lima 173

O inesquecível professor de História Milton Ayres da Silva..................... 175

A pródiga e milagrosa "gameleira" 176

Utensílios da gameleira nos anos 40 em Goiás 176

Faiscando em garimpos 177

A versátil gamela nos anos 40 no Norte Goiano 178

A prestativa cuia do antigo Norte Goiano........................... 179

Radiografando uma casa de taipa 180

Mobílias tiradas do mato 186

Apologia a uma velha mesa de embiruçu 189

Construindo aristocráticos currais 190

Detalhes do curral da cultura maranhense............................ 192

Fechando porteiras... 193

A cheirosa baba dos bois de canga..................................... 194

O caneco "alcoviteiro"... 195

Artefatos do mestre Emiliano 196

Cordas de sedém: o que são?! 199

4

ELUCIDANDO METAS: GUANABARA 201

Quarto dia, 1957-1963 201

Do Norte Goiano ao estado da Guanabara 202

Sete anos na esperança de um só dia 203

Encantadoras liturgias do Arquidiocesano São José................................. 210

Os "pupilos" de Dom Alano no Rio de Janeiro 214

Memórias resgatadas dos cupins.. 217

Momentos inesquecíveis do Arquidiocesano do Rio de Janeiro 219

A cobra que falava em latim...220

Os rigores da disciplina do Sr. Cardeal Dom Jaime de Barros Câmara 221

Nossas férias escolares, Rio, Guanabara 222

5

DE VOLTA A PORTO NACIONAL 225

Quinto dia: assumindo missão confiada, 1963-1975 225

Assumindo um desígnio providencial..225

Ouvindo sentidas confidências do velho antístite...................................227

Modesto legado do viandante em Porto Nacional....................................228

Preciosas amizades da comunidade paroquial.......................................230

Pastor pentecostal Abel, confidente do viandante................................... 231

Meu inesquecível fusquinha vermelho, meu primeiro quatro rodas.................232

Engatilhando o Vaticano II..235

Um acidente quase fatal...236

"Docendo discitur!": aulas de Latim para os seminaristas 237

Rotinas de um pároco de aldeia 239

Novos tempos, novos ventos...240

Duas investidas para obter carteira de motociclista 243

Tempo "nebuloso", sujeito a "ventos e trovoadas" 244

Uma experiência operária em Sindelfingen, Alemanha 248

Uma lição inesquecível da Pontifícia Universidade Gregoriana 250

Um novo plano de voo 251

Tradução do documento em latim da Sagrada Congregação
para a doutrina da fé 258

Dispensa e redução ao estado laical 258

6
BRASÍLIA/DF: EM BUSCA DA CIDADANIA PLENA 261

Sexto dia, 1976-1993 261

Sexta estação do viandante: Brasília/DF, 1976-1993 261

Ressignificando os projetos de vida 262

Nosso primeiro e grande tirocínio de magistério nas escolas do DF 262

Bela descoberta na Escola de Aperfeiçoamento de Professores (EAP) 264

Nossa inesquecível e primorosa casa no DF 265

Memórias de nossa primeira e bela chácara 266

Um exótico "garimpeiro de joias e pepitas" 268

Primeira pepita do meu biguá: de argila a Senhor das Palavras 272

Segunda pepita: dois mundos ou o mundo em duas dimensões? 273

7
ADJACÊNCIAS DA QUERÊNCIA MATERNA 277

Sétimo dia, Curitiba/PR, 1994/2022 277

Empreitada da aquisição do apartamento
Brasilio de Araujo 279

Elucubrações do viandante em Curitiba 282

Avaliando a trajetória e o itinerário do viandante 284

Todo cristão batizado é rei, sacerdote e profeta! 286

Papa Karol Wojtyła: Pedro ou faraó? 288

EPÍLOGO
CARTA-TESTEMUNHO AOS VIANDANTES 291

Pegadas da fé no itinerário do viandante 292

Netos, preciosos tesouros de nossa vida 295

Virgolino versus Assumpção: enigma ou profecia?! 303

Autorretrato do viandante: "ao encontro das galáxias!" 304

BIBLIOGRAFIA 307

1

NOS BARRANCOS DO TOCANTINS

Primeiro dia, 1920-1935

"In principio creavit Deus caelum et terram. Dixitque Deus: – Fiat lux. – Et lux facta est. Factumque vespere et mane, dies uns" (Gn 1, 1. No princípio Deus criou o céu e a terra, E disse Deus haja luz e a luz se fez. Primeiro dia!).

Principiando pelo fim: balbuciando uma prece

"Nesta fé nasci, nesta fé vivi, nesta confiança viverei, para sempre, no regaço do Bom Deus"...

Essas foram as últimas palavras que pude balbuciar, contrito, quando me dei conta de que fora recambiado ao Seio de Abraão. E era essa, exatamente, a bela prece que aprendera de meu pai, na minha infância: "Com Deus eu me deito, com Deus me levanto, o amor e a graça e o Divino Espírito Santo..."

Essas palavras, inicialmente, apenas desfilavam em minha mente, mas, aos poucos, foram-se adensando no ar e tornando-se bem claras aos ouvidos.

De início, a garganta quase não deixava passar o sopro da articulação das palavras. Lentamente, elas foram saindo seguras e tranquilas:

"Com Deus eu me deito, com Deus me levanto, o amor e a graça e o Divino Espírito Santo. Senhora do pranto, cobri-me com vosso santo manto. Se nele coberto sou, não terei medo nem pavor nem de coisa que mal for. Na sepultura da vida, Senhor, eu vou me deitar. Se a morte vier me buscar e minha boca não puder falar, meu coração três vezes dirá: Jesus, Jesus, Jesus, minha alma quer se salvar. Jesus, Jesus, Jesus, encaminhai meus passos para o caminho da luz!".

A vida num filme

Tudo isso parecia simplesmente um sonho ou um filme a que, absorto, eu estivesse assistindo ou de que estivesse participando. Entretanto, o cenário em que me via era tão concreto que, aos poucos, percebi que não estava assistindo a um filme, mas reconstituindo toda a minha vida.

Eu não era apenas espectador, era o ator principal. Tudo se passava como uma reconstrução virtual do filme de minha vida. O simples movimento de minha memória e imaginação já me transportava para o cenário vivido.

Cada fato, ao ser recordado, ou melhor, atualizado, bastava para ver-me no exato momento. Até parecia um brinquedo. De início, fiz mesmo a experiência de transportar-me para frente e para trás do tempo, com a mesma presteza com que se opera o controle remoto de um filme em DVD.

Aos poucos, fui sendo absorvido pela intensidade das imagens e até mesmo das emoções. E acabei embarcando como passageiro da minha história.

E, passo a passo, fui avançando ou recuando como bem desejava. Sem dar-me conta, vi-me transportado, por mim mesmo, ao longo de todos os anos de minha vida.

A vida numa teia de aranha

E tudo fluía com a mesma naturalidade do tecelão que, movido pela força de seu hábito de tecer, já nem precisa pensar no que está fazendo. Simplesmente, o tecido vai saindo de suas mãos como a teia sai lentamente do ventre fecundo da aranha que, noite adentro, arranca de suas entranhas o tecido vivo de sua vida, que, tendo saído de si, acaba sendo seu ser, reconstituído e novinho em folha. Como a verdadeira fênix!

Seria essa extraordinária experiência o prodigioso fenômeno da ressurreição de que tanto se fala na religião cristã?

De fato, ouvi essa mensagem, centenas de vezes, nas Missas de exéquias. Inúmeras vezes a ouvi no velho latim, em que até parece soar mais bonita: *"Vita mutatur, non tollitur!"* (A vida é mudada, não tirada!)

Foi exatamente assim que as coisas se foram passando. Se assim é, pensei eu, boa razão tinha o jesuíta Quevedo ao afirmar que a ressurreição é um processo contínuo de nossa existência. Ou seja, a vida biológica avança até que, de repente, dá um salto para outra dimensão!

Os cavaleiros do Apocalipse

Não seria exatamente por isso que o salmo diz, pela versão da vulgata de São Jerônimo, *"Vita mutatur, non tollitur!"*?

Naquele mesmo instante, acudiu-me à mente aquele outro cenário do livro do Apocalipse (6, 1-8), dos quatro cavaleiros que irrompem pelos quatro cantos do mundo e cujo desenfreado tropel se assemelhava ao ribombar de um trovão. E, quando a nuvem de poeira que levantaram se foi assentando, os cenários à minha volta foram-se diluindo, e uma nova e encantadora paisagem foi-se configurando em todas as direções e pelos quatro cantos do mundo!

Ao mesmo tempo, tive a sensação de mergulhar num profundo e agradável sono. Não me parecia estar dormindo, mas tudo o que via tinha o aspecto mágico de metamorfose como o que vislumbramos quando fixamos nossos olhos nas fugazes nuvens de um quadrante qualquer do horizonte.

E, enquanto ruminava no meu interior o que significavam essas coisas, lembrei-me daquela sábia sentença proferida por Jó (7, 7): "Minha vida é apenas um sopro".

Ponderei, naquele momento: "Teria eu, sem perceber, sido transladado para a outra margem da vida, mergulhando já nas fraldas da eternidade como a descreveu Dante Alighieri em sua *Divina comédia?*".

Ideologias e teologias do amigo Mello

Enquanto iam desfilando em minha mente esses diversos conceitos de eternidade, lembrei-me das divagações teológicas daquele velho amigo Antônio Mello, amante da especulação teológica. Nos intervalos das aulas, no Seminário Arquidiocesano do Rio de Janeiro, no Rio Comprido, ele "alugava" minha atenção para desenvolver suas teorias teológicas, suas idiossincrasias. Um dos temas que mais empolgavam era o famoso entrevero dos arrojados bispos Dom Macedo Costa e Dom Vital com a Maçonaria do Brasil. Quando entrava nessa perigosa ceara, o velho amigo arrastava minha paciência aos limites. Gesticulava e esbravejava como se estivesse digladiando com pessoas vivas. Nesses momentos de sua maior cólera, eu precisava esquivar-me de suas gotículas salivares, que voavam para todo lado.

Em vez de dizer meu nome, ele preferia o vocativo "irmão". No entanto, sempre que empregava esse termo, fazia-o com muita ênfase, em tom exclamativo e quase soletrando as sílabas: "Ir-mão!"

Muito empolgado e gesticulando muito, como um bom nordestino, ele, assim, descrevia-me o cenário escatológico:

— Irmão, Deus é sempre o mesmo, exclusivamente presente sem passado, nem futuro. E mais, Ele nunca se arrepende de qualquer uma de suas ações. O que Ele faz o faz para a eternidade.

Logo, meu caro, se Ele fez este maravilhoso mundo e nossa vida inserida nele, não destruirá, jamais, nada do que fez.

E, interagindo nesse seu monólogo, pensei eu: "Então, é por isso que estou vivenciando agora, nesta margem da vida, minha vida!" Meu amigo Mello continuou:

— Repare, irmão, quando o Mestre já tinha ressuscitado e, portanto, era dotado de um corpo glorioso, violou todas aquelas leis da física que aprendemos, como a da incompenetrabilidade dos corpos. Note bem o que diz o apóstolo João (20, 19 *et seq.*): "Os discípulos estavam trancados, no cenáculo, cheios de medo e, de repente, ele se põe no meio deles e podem tocar com sua mão seu corpo real que não é apenas um fantasma". No entanto, aparece e desaparece, de repente, ultrapassando paredes e portas. As limitações do espaço e do tempo não existem mais para ele. Aparece e desaparece onde e quando quer.

A ressurreição num piscar de olhos

Prosseguiu, entusiasmado, meu guia:

— Repare bem, irmão, que o Cristo ressuscitado, vitorioso em seu combate contra a morte como fim, libertou-se, em seu corpo humano divinizado, de todas as humanas limitações, dependências e necessidades. Totalmente liberto, Ele não precisa mais de nada e de nada depende. Não precisa comer, dormir, caminhar nem cansar.

— Contudo, porque absolutamente liberto, Ele, se quiser, pode comer, dormir, caminhar etc. Lembra-se do episódio, pós--ressurreição, João 21, 9, em que, retornando os discípulos de sua pesca, encontram-No à margem do lago com um fogo aceso e peixes sobre as brasas?! E, para que soubessem que era Ele mesmo, comeu com eles. Da mesma forma, naquele episódio dos viajantes de Emaús. Reconheceram-No quando partiu o pão e o comeu com eles. Repare bem, meu amigo, neste detalhe: o Jesus com corpo glorioso, ressuscitado, pertencente à outra margem da vida, não tem mais necessidade de comer. No entanto, como comer é, em si, uma ação boa, continua podendo fazer uma coisa boa, comer.

Empolgado, quase sem tomar fôlego, concluiu meu amigo:

— Jesus veio para fazer uma demonstração completa de como devemos nos conduzir na margem de cá da vida e sabendo já, de antemão, tudo o que nos aguarda na outra margem.

Na outra margem da vida

Assim meu amigo Mello continuou sua dissertação:

— É só olharmos esses eventos que estou mencionando da margem de cá e da margem de lá de nossa vida. Basta acreditarmos no relato fidedigno de suas testemunhas, os apóstolos, que tiveram o cuidado de nos legar o exato programa de nossa vida.

— Eis como vejo toda a segunda etapa de nossa vida, do outro lado da margem. Veja o seguinte: simplificando as coisas para você entender. Tudo se passa da seguinte forma. Cada pessoa é colocada na margem de cá para ir testando toda a variedade de experiências. Boas e ruins.

— Lembra-se daquela passagem, também do Gênesis (2, 9), em que o Senhor disse para Adão: "Plantei no meio do teu Jardim duas árvores: a árvore da Vida e a árvore da ciência do bem e do mal".

— Podemos chamar a primeira árvore de doação, amor fraterno. E chamemos a segunda de egoísmo interesseiro. O Senhor Deus determinou que podemos comer da primeira, mas nunca da segunda. Na linguagem bíblica, *comer* significa "vivenciar, experimentar, com o olfato e o paladar". As duas árvores significam duas opções: optar pelo bem ou pelo mal.

— A alegoria bíblica informa-nos que Deus nos fez para a liberdade. A liberdade é a essência da dignidade do ser humano. É só na condição de livres que nos assemelhamos a Deus. Fazendo-nos assim, livres, Deus não interfere em nossa vontade porque quer mesmo que sejamos sua imagem e semelhança! Cabe a nós escolhermos o caminho que devemos e vamos seguir. Nesse contexto, devemos enxergar nossa caminhada na Terra como uma escola ou um laboratório em que vamos montar o tipo de vida que desejamos. Entendo que só existem duas situações possíveis. Na primeira, as ações boas prevalecem sobre as más. Na segunda, as más prevalecem sobre as boas. E existe uma só lei que rege as duas situações: as ações boas podem ser transportadas para a outra margem, mas as más não podem.

No seio de Abraão

Na sequência, disse empolgado meu amigo Mello:

— As ações boas vão sendo gravadas como que num filme virtual indelével e eterno. Chamemos a margem de lá da vida de seio de Abraão, que foi como Jesus a ela se referiu naquela bela parábola de Lázaro e do rico epulão (Lc 16, 19), lembra-se?

— Trocando em miúdos, podemos dizer que acumular mais resultados positivos que negativos significa adquirir um passaporte para a outra margem de lá da vida, com entrada franca para usufruir de todas as coisas boas que teve o cuidado de recolher e acumular. Se uma pessoa, durante todo o percurso de sua caminhada pela margem de cá, conseguiu acumular mais frutos da árvore da vida que da ciência do bem e do mal, significa que conseguiu edificar sua casa sobre a rocha da eternidade feliz.

— Todavia, aquele que, em todos os dias de sua vida, correu apenas atrás de si e de seus interesses, edificou sua casa sobre a areia. E grande será a sua ruína.

E, já retomando o fôlego e fazendo uma pausa para que eu tivesse tempo de refletir e assimilar o que dissera, foi retomando o fio de seu pensamento.

— E tem mais, irmão: todos temos a oportunidade de, fazendo as escolhas certas, como Jesus nos orientou, montarmos o filme que desejamos viver e experimentar em toda a margem de lá de nossa vida.

Correr atrás do vento

Em seguida, meu amigo Mello explicou:

— Os que preferiram correr atrás de si mesmos, na expressão de Jó e do salmista, correram apenas atrás do vento. Uma vez encerrada a sua oportunidade, veem-se com suas lamparinas sem o óleo do bem que não fizeram e, de mãos vazias, despencam no abismo a que Cristo se referiu naquela parábola de Lázaro. E note bem que Jesus atribuiu um nome ao pobre mendigo, Lázaro, enquanto se refere ao rico, sem nome, apenas revestido de púrpura e linho finíssimo. E aqui há um detalhe precioso, irmão. Na cultura hebraica, atribuir nome é definir a identidade de um ser, dizer quem e o que ele é. Assim devemos deduzir que não ter nome é o mesmo que não ter identidade, não existir! Dessa forma, quando Jesus apresenta o personagem do rico não tendo nome está nos informando que aquela criatura pautada só por ações más, correndo só atrás de si mesmo, acabou caindo no vazio de ser, tombando no nada!

Depois de toda essa longa dissertação, nas fronteiras da filosofia e da teologia, comecei a entender o que estava se passando diante de meus olhos: estava começando a repassar o filme de minha vida. E que bom que tinha juntado muita coisa boa, porque os fatos, todos vivos e coloridos, iam emergindo, lentamente, mas bem numerosos. E eram tão numerosos que, ao observá-los, tinha a mesma sensação de, extasiado, contemplar um céu pontilhado de milhares e milhares de estrelas.

Céu e Inferno

Aquele "irmão" defendia a tese de que todos que viemos a este mundo carregamos um único propósito traçado pelo Altíssimo! Cá estamos, simplesmente, como que rascunhando e elaborando o projeto de vida que viveremos para sempre na eternidade. Nossa única responsabilidade, em outras palavras, seria montar o filme que depois passaríamos a rodar em nossa vida do plano eterno. Com um detalhe importante: as pessoas que tiverem produzido fatos bons e positivos, durante sua vida temporal, estarão garantindo, automaticamente, que esses fatos as projetem num plano superior da eternidade nas bem-aventuranças. E isso seria o que as pessoas chamam, aqui na Terra, de Céu.

As pessoas que, pelo contrário, só acumulam fatos ruins e negativos já estariam preparando o território da ausência absoluta de Deus: e é nisso que consiste o que se chama de Inferno. O que, em outros termos, seria o mesmo que vazio de vida, ou, simplesmente, o não existir. Assim, os que tiverem quociente negativo nas ações humanas praticadas serão instantaneamente também absorvidos e tragados pela voragem da negação da vida. Os hagiógrafos descrevem esse antípoda da vida eterna em Deus como trevas, escuridão.

O primeiro, dominado pela plenitude da vida, é descrito como o Reino de Deus, enquanto sua negação é identificada como domínio de Satã, Lúcifer ou também Inferno! Vida degradada, porque reduzida ao plano humano ínfimo: condenação eterna.

Segundo a ótica dessa teologia, é aqui que se aplicam as palavras conclusivas de Cristo: "Vinde benditos; ide malditos!".

Irmão Mello era muito enfático em tudo o que afirmava. Para ele, era tudo muito claro. Para toda pergunta que eu lhe fazia, ele já tinha a resposta na ponta da língua.

Muitas vezes, ele me cobria todo de saliva quando seu discurso ficava mais inflamado. Embora ele fosse um pouco cansativo, por sua insistência, que beirava a arrogância, eu, no fundo, apreciava ouvi-lo. Ele tinha um discurso inteligente. Sempre me trazia novidades.

Irmão Mello gostava de nadar contra a corrente. Tinha grande aversão pelos lugares-comuns e pelos chavões, e isso me agradava.

Uma releitura de Michelangelo

Numa daquelas tardes mais quentes do Rio Comprido, quando retornávamos do refeitório, meu amigo Mello veio, todo feliz, expor a última descoberta que fizera em suas elucubrações teológicas. Disse ele:

— Veja, irmão, que joia que eu acabo de descobrir! Depois daquela nossa conversa de ontem, maquinando naquilo tudo que comentei com o irmão, acudiu à minha mente aquela maravilhosa pintura do Juízo Final do teto da Capela Sistina. É que, logo que me assentei em minha escrivaninha, deparei-me com este postal que recebi recentemente de Roma.

E, ao falar isso, fez questão de tirar do bolso interno de sua surrada batina um postal que recebera de um padre amigo que se encontrava estudando no Pio Brasileiro de Roma.

— Veja aqui, irmão. Repare bem, no centro do postal, esta figura vigorosa de Cristo glorioso. Ele ergue seu braço direito e convoca todos os benditos. Irmão, note o detalhe. A primeira figura que se recolhe sob o vigoroso arco do potente braço direito erguido é a própria Mãe de Jesus. Num gesto de entrega e aban-dono, ela se recolhe, confiante, ao poderoso amparo de seu divino Filho! E note como ela se acomoda à direita do Filho num gesto de aconchego que lembra o dos pintinhos agasalhando-se sob as asas da galinha. E, se nos detemos bem neste detalhe, dá a impressão de que a Mãe estivesse penetrando no próprio corpo do Filho!

— Ao observar essa cena, irmão, lembrei-me da parábola da videira e dos ramos. E conclui que os que se encontram acolhidos serão também como que absorvidos no vigoroso corpo de Cristo. E Ele será tudo em todos. Todavia, os malditos que o Cristo determina que d'Ele se afastem tombarão no vazio de Deus, isto é, no nada de Deus, e aí haverá choro e ranger de dentes!

Todo empolgado com mais essa descoberta, meu amigo Mello acrescentou:

— Agora, entendo melhor por que o apóstolo Paulo e os exegetas declaram que esse novo ser ressuscitado será configurado ao Cristo, que ressuscitou aos 33 anos. Estribado nessa teoria, irmão, entendo que cada indivíduo humano, ao término de sua vida terrestre, ainda que tenha chegado aos 100 ou mais anos de vida, no evento de sua ressurreição, será constituído nos seus 33 anos! Já que todos os ressuscitados convocados por Cristo serão a Ele configurados. Veja, irmão, que coisa maravilhosa! Todos seremos restaurados na plenitude do vigor humano. Da mesma forma, os que tiverem morrido novos ou crianças na ressurreição assumirão a maturidade do ser humano, na faixa dos mesmos 33 anos que Cristo viveu aqui na Terra!

A teoria teológica das duas Bíblias

Naquela altura da reflexão, conduzida magistralmente pelo meu amigo teólogo, ocorreu-me a excelente metáfora de Frei Carlos Mesters a esse propósito. Segundo esse frade carmelita, Deus, em sua infinita sabedoria, instituiu, ou melhor, escreveu e gravou sua vontade em todos os organismos vivos que criou. E essa mensagem incisiva é exatamente a "Bíblia Primeira". Ela é absolutamente universal e cósmica. Está impressa em todas as páginas da criação e de todo o Universo! Não a desconhece nenhuma criatura humana em nenhum canto mais remoto do Universo.

Essa mensagem está gravada e latente em todas as galáxias: milhões, bilhões ou trilhões que sejam elas. Ou seja, nada escapa aos desígnios da Vontade Superior, que a tudo comanda e mantém.

Posso ilustrar a veracidade dessa "Bíblia Primeira" a que se refere Frei Carlos mencionando aqui uma reportagem que, anos atrás, presenciei num documentário de TV. Atendendo a uma exigência legal recente, denominada RIMA (Relatório de Impacto do Meio Ambiente), um grupo de cientistas brasileiros analisava, descrevia e relatava o comportamento da fauna que seria impactada pela construção de uma hidroelétrica no curso de um rio amazônico.

Os estudiosos logo ficaram intrigados com um curioso comportamento das aves que povoavam determinado trecho do rio. Ao raiar do dia, as aves todas, antes de penetrarem nas matas adjacentes, pousavam num grande barranco do rio e ali se alimentavam da argila dos barrancos. Intrigados por esse estranho comportamento, recolheram amostras daquele barranco e enviaram-nas para análise em laboratório. E, pasmos, constataram que o material de que as aves se alimentavam era simplesmente antitóxico. Uma grande indagação impunha-se: como aquelas criaturas poderiam saber que estavam ingerindo um preventivo à toxidade dos frutos que eventualmente poderiam ingerir em sua dieta alimentícia? Vejo, claramente, nesse evento, uma comprovação de que uma sábia e poderosa Vontade está como que codificada nas vísceras e nos instintos de todos os seres vivos. Eis a "Bíblia Primeira" de que nos falava Frei Carlos!

24 – 110

2

PRINCIPIANDO PELO INÍCIO: BABAÇULÂNDIA

Segundo dia, 1930-1943

"Dixit quoque Deus: - Fiat firmamentum, in médio aquaraum. Et dividat aquas ab aquis.- Et factum est vespere et mane, dies secundus" (Gn 1, 6-8. E disse também Deus. Faça-se terra firme no meio das águas. E fez-se manhã e noite, segundo dia).

Vista aérea do Rio Tocantins, em Imperatriz (Google)

Nas pegadas do missionário dominicano
Frei José Maria Audrin

Enquanto eu, aos meus 8 anos de idade, no sossego de nosso quintal em Babaçulândia, espairecia entre verdes ramagens de maracujá e mandioca, montado num cavalinho de buriti, por mim mesmo fabricado, o culto e austero missionário dominicano francês Frei José Maria Audrin, arrostando as intempéries do tempo, varava os chapadões de Goiás e do Pará a casco de mula, e em frágeis canoas, batizando, casando e confessando e acudindo a fé dos sertanejos católicos!

Transcorridas algumas décadas de sua estada em Porto Nacional, o escriba da presente obra teve o privilégio de viver sob o mesmo teto que abrigou, por sete anos, aquele missionário antes de mudar-se para Conceição do Araguaia, Pará.

Em pouco mais de uma década de labuta no território da Diocese de Porto Nacional, devo ter palmilhado alguns dos caminhos que Frei Audrin percorreu em lombo de mulas.

Vivi e fiz algumas das experiências que também ele fez. Invocando essas similitudes, considero-me um pálido sucessor de seu ministério.

Esse culto e perspicaz missionário dominicano francês dedicou quase cinco preciosas décadas de sua vida a servir gente goiana que modestamente também servi por dez anos.

Cenários e costumes que ele viu, viveu e descreveu estou agora aqui também delineando.

Orgulho-me, e muito me envaidece, de apoiar os relatos que faço das coisas de minha terra com as coloridas descrições que o devotado e culto dominicano fez em dois de seus livros enfocando pessoas e coisas do meu Goiás: *Entre sertanejos e índios do Norte* (1946) e *Os sertanejos que eu conheci* (1963).

E, por não desmerecê-lo, devo testemunhar que, emulado pela tradição cultural que respirei em Porto Nacional e por também cultivar esse mesmo prazer, o gosto pela arte de escrever, ao concluir este meu quinto livro, *O VIANDANTE: RETALHOS DO TOCANTINS*, terei, até mesmo, meu pentateuco.

Vínculos fraternos:
Conceição do Araguaia/Pará – Porto Nacional/TO

Nas primeiras décadas do século vinte, estreitos laços fraternos uniam os povoados Porto Nacional e Conceição do Araguaia. O primeiro no estado de Goiás e o segundo no Pará. E o Rio Tocantins era exatamente o primeiro e o maior laço que irmanava aquelas duas cidades, ao articular-se com o Rio Araguaia.

Assim, quando ingressei no Seminário de Porto Nacional, já na década de 40, convivi com esse clima de mútua estima entre Porto Nacional e Conceição do Araguaia.

Para testemunhar esse meu apreço, registro aqui alguns dados preciosos sobre a origem desse núcleo missionário tão apreciado pelos missionários franceses dominicanos no Brasil. Recorro ao livro do dominicano francês Frei José Maria Audrin *Entre sertanejos e índios do Norte*, publicado pela editora Agir, no Rio de Janeiro, em 1946. No capítulo sétimo da referida obra, às páginas 77-80, consta o subtítulo "A fundação da catequese do Araguaia".

Introduzindo esse capítulo, registra Frei Audrin que essa fundação em 1896 era uma "longa e ardente aspiração dos dominicanos franceses da Província de Toulouse. Incentivado e apoiado pelo governador do estado do Pará, de então,

> A 14 de abril de 1897, dia de quarta feira santa, o padre Gil Vila Nova, renovando o gesto histórico de Frei Henrique de Coimbra, no momento da descoberta do Brasil, celebrou o Santo Sacrifício,

> debaixo de um frondoso pequizeiro e batizou o
> lugar com o nome de Conceição do Araguaia, em
> homenagem à Virgem Imaculada. (AUDRIN, 1946).

Convivendo, por muitos anos, em Porto Nacional, ouvi, centenas de vezes, referências enaltecedoras a esse núcleo original da ação dos dominicanos no Norte do Brasil. Posteriormente, ao estabelecer-se a comunidade dominicana em Porto Nacional, criou-se, naturalmente, um duplo vínculo fraterno entre a missão de Conceição e a de Porto Nacional. Explico-me.

O primeiro vínculo está no fato de serem duas comunidades missionárias dominicanas, estabelecidas uma após a outra, em território contínuo. Partindo de Uberaba, último posto missionário dos dominicanos no Brasil, eles ganharam os chapadões e cerrados goianos. Estabeleceram-se primeiro em Porto Nacional e posteriormente em Conceição do Araguaia, já no estado do Pará. Ali, eles buscaram missionar exclusivamente entre os indígenas.

O segundo vínculo fraterno entre as duas comunidades resultou da circunstância de o primeiro bispo de Porto Nacional ser exatamente o que fora primeiro prelado de Conceição do Araguaia. Para realçar esse detalhe circunstancial, há um interessante episódio registrado por Frei Audrin em sua já referida obra *Entre sertanejos e índios do Norte*.

Frei Dominguinhos, "promovido" de prelado a bispo de Porto Nacional/TO

Comentando o fato de Dom Domingos Carrerot ser indicado primeiro bispo de Porto Nacional, Frei Audrin descreve um curioso episódio. Havia na cidade de Conceição do Araguaia um major baiano muito amigo do convento. Tão logo soube da notícia, todo solícito e entusiasmado, compareceu ao convento dominicano para cumprimentar e enaltecer o bispo frade. Acontece que o tal baiano, sendo militar, enxergava tudo pela ótica da hierarquia. Concluíra que o pobre bispo estava sendo promovido. Saía de um grau inferior, prelazia, para outro de nível superior, diocese. E, se o bispo fosse um carreirista, era de fato o que estava acontecendo. Daí o contentamento que o major experimentava e achava mais do que justo externar. Acontece que Frei Domingos era um religioso muito despojado e humilde e não via as coisas como o major via.

Além do mais, o assim chamado Frei Dominguinhos era extremamente modesto, mas muito franco e sincero. Assim, depois de resistir aos primeiros elogios recheados de empolgação, não pôde mais conter-se e exclamou:

> -Muito obrigado, Major, muito obrigado! Mas tudo isso parece "judiação". Fizeram-me bispo daqui sem eu querer; e agora que pensava deixar um dia meus ossos em Conceição, fazem-me bispo de Porto Nacional! Não precisa você me felicitar, Major, por essa pancada que eu não esperava...

Dom Domingos Carrerot (1921-1933)

Conceição do Araguaia às margens plácidas do Rio Araguaia

Conceição do Araguaia, local da primeira missa celebrada por

Frei Gil Vilanova (Google)

O nome da cidade é uma homenagem à padroeira da localidade original, Nossa Senhora da Conceição, e ao rio que banha a margem esquerda dessa terra, o Araguaia, que na língua tupi significa "rio do vale dos papagaios".

A bela Catedral de Conceição do Araguaia, nos traços gerais, lembra muito a de Porto Nacional. O primeiro detalhe comum às duas é terem seu frontal voltado para o rio. E isto já nos informa que ambas surgiram no ciclo da navegação fluvial. A primeira diferença mais marcante está no fato de que, enquanto a de Porto tem duas torres frontais, a de Conceição tem apenas uma. Entretanto o ápice da torre de ambas é bem assemelhado. Já internamente são iguais. Ambas têm três alas, ou corredores internos marcados por grandes colunas de sustentação. E aqui há mais uma pequena diferença. As colunas da Catedral de Porto são retangulares, enquanto as de Conceição são arredondadas.

**Frontal da Matriz de Conceição do Araguaia/PR
(acervo pessoal; Google)**

Baseando-me apenas na observação externa, diria que essa diferença tem o objetivo simbólico de marcar a condição jurídica diversa entre as duas cidades dominicanas. Embora estabelecida antes, Conceição foi criada como prelazia; e, alguns anos mais tarde, foi erigida a de Porto Nacional, já na condição de diocese. Nesse detalhe, valho-me do que ouvi pessoalmente de Dom Alano. O bispo que de Goiás Velho pleiteou a criação de diocese para Porto Nacional argumentou que prelazia é para região indígena. Não sendo a região de Porto Nacional área de prevalente habitação indígena, não seria conveniente que fosse criada como prelazia, e sim como diocese. Tanto que o primeiro bispo de Porto Nacional foi exatamente Dom Domingos **Carrerot**, que já era prelado de Conceição do Araguaia.

Bem na frente da bela igreja, com o frontal voltado para o Rio Araguaia, foram erigidos dois monumentos. O primeiro deles retrata o missionário francês Frei Gil Vila Nova, primeiro dominicano a pisar nessas terras, determinado a catequizar indígenas. Um pouco mais próximo da igreja está o segundo monumento, que me chamou atenção. Trata-se de uma estátua em bronze de

Monsenhor Augusto Dias de Brito. Já nos meus primórdios no Seminário de Porto, tive os primeiros contatos com Monsenhor Augusto. Era uma pessoa carismática, irradiando simpatia. Onde quer que estivesse, atraía logo um punhado de jovens, ávidos de presenciar ou participar de suas brincadeiras! Logo que nos conheceu, identificou-se como nosso parente próximo. Por parte de meu pai, Emiliano Aires Dias.

E divertia-se muito batendo "caçoleta". A tal de "caçoleta" consiste em atacar a orelha de alguém desprevenidamente. Com o dedo indicador ligeiramente arqueado, bate com bastante força do alto da orelha da vítima. É claro que se riem muito todos os que não a receberam.

Monsenhor Augusto era uma pessoa muito alegre, e brincalhão. Quando comparecia em nosso seminário, era uma alegria só. Apreciava fazer pilhérias adulterando o nome de cada um, ou apelidando-o com nomes fictícios e chistosos.

À época me explicaram que Monsenhor Augusto herdara um grande patrimônio e decidira investir seus bens na formação de um clero autóctone. Sou testemunha de que ele mantinha um bom grupo de jovens em nosso seminário.

Pelo menos um deles nos acompanhou ao Seminário do Rio de Janeiro. Ordenou-se presbítero e retornou a Conceição do Araguaia. E, anos mais tarde, estando eu já coadjuvando Padre Jacinto, em **Porto Nacional**, lembro-me de ter como seminarista alguns dos pupilos de meu primo Padre Augusto.

Pisando as terras de Frei Gil de Vila Nova: Conceição do Araguaia

Estátua homenagem ao fundador de Conceição do Araguaia, Frei Gil Vila Nova

Da esquerda para a direita: primo Milton Dias Virgulino, estátua em bronze de nosso tio Mons. Augusto Dias de Brito e o autor do livro e da foto, Joarez Virgolino Aires, em sua primeira visita a Conceição do Araguaia

Evocar esse nome é como acordar, no meu imaginário juvenil, um turbilhão de emoções. De fato, já nos meus primeiros anos no Seminário de Porto Nacional, esbarrei na força e grandeza desse apelativo de longínquo rincão, lá no distante Araguaia, estado do Pará, portal da região amazônica.

A primeira imagem que comparece nesse repertório era a condição privilegiada dessa longínqua região. Pois a verdade é que nós acanhados matutos goianos, no seminário, no dia a dia, trajávamos vestes seculares comuns, enquanto os garbosos rapazes enviados por Monsenhor Augusto Dias de Brito, lá de Conceição do Araguaia, já compareciam em nosso meio envergando lindas batinas de casimira, e muito bem talhadas, decerto, por algum competente alfaiate. Enquanto isso, nós portuenses, além de só vestirmos nossas batinas para comparecer a cerimônias religiosas, tínhamos de nos contentar com os grosseiros tecidos de algodão preto, que, além de não caírem bem em nosso corpo, eram produzidas por modestas e esforçadas costureiras, como minha própria mãe, que nunca tinha visto nem feito vestimenta igual.

Genealogia do viandante

Emiliano Aires Dias, genitor do viandante, era o 11.º filho de uma família de 14 irmãos. Seus genitores: Aureliano Eusébio Aires da Silva e Maria Madalena Aires Dias, professora nos sertões. A família era constituída de 10 mulheres e quatro homens. As 10 mulheres: Joana, Ana, Emília, Hercília, Benavenuta, Bernadete, Genoveva, Otília, Maria e Edila. Emiliano era o mais velho dos homens, tendo como irmãos Joaquim, Auto e Anacleto.

Genitores pelo lado materno: Pedro Ferreira Virgulino (filho do coronel Eusébio Ferreira Virgulino) e Ester Fragoso de Freitas. Nascida em Pedro Afonso, por sua vez, tinha como pai Pedro Ferreira de Freitas, segundo consta, juiz de direito daquela comarca. Esse casal teve numerosa prole, sete homens e cinco mulheres: Mariano, Elpídio, Manoel, Ricarda, Honorina, Maria, Mizael, Antônia (que teve duas filhas gêmeas), Clara, Florinda, Abigail e Zacarias.

Pai do viandante, Emiliano Aires Dias, sendo uma pessoa viajada, certa ocasião, ponderou para sua mana Benavenuta, casada com nosso tio Elpídio: "Tenho muita fé em Deus de que meus pés ainda haverá [sic] de fazer rastro pelo mundo". Aí está um prognóstico em que nosso pai, num momento de grande inspiração, acabou delineando a trajetória de dois de seus filhos. O autor destas memórias teve ocasião de palmilhar boa parte da velha Europa. Pela mesma sorte, o filho mais velho, seu primogênito, Ruy, chegou a residir boa parte de sua vida na Suíça, como vice-cônsul da Embaixada do Brasil.

Não tenho nem me lembro de ter visto nenhuma fotografia dos avós paternos. Todavia, tenho, na parede de meu escritório, uma fotografia desse estágio de nossa vida com os avós maternos. Nosso irmão Ruy a obteve e providenciou cópias que distribuiu a nós seus irmãos, pela década de 1970. Recentemente, aproveitei o talento de um desenhista de Curitiba para fazer uma ampliação desse retrato histórico. O artista fê-lo em tamanho quase natural. O quadro está pendurado em nossa sala de visita. Domina a vista principal destacando-se da galeria de fotografias penduradas nessa mesma parede.

Nela, em primeiro plano, da esquerda para a direita, vê-se: nosso terno e bondoso avô materno, Pedro Ferreira Virgulino, envergando um modesto terno todo branco, sem gravata. Pela aparência, deveria ter seus quase 70 anos. Por apresentar a cabeça levemente inclinada para a esquerda, dá a impressão de que tinha o ombro esquerdo mais baixo que o direito.

Nota-se que ele exibe ainda uma forte e sólida estatura, alguns centímetros mais alto que nosso pai, Emiliano, que ali se vê trajando terno igualmente branco, exibindo uma gravata. Ambos de barba feita e sem bigode.

Nosso avô ostenta uma testa mais ampla, mas sem vestígio de careca, enquanto nosso pai exibe uma testa bem reduzida guarnecida por uma cabeleira vasta e abundante. Nenhuma tendência a ser careca. Aparenta seus 40 anos.

A "exegese" fotográfica do mano Aldo

Em pé: Pedro Ferreira Virgolino, avô materno; Emiliano Aires Dias, pai; Maria Virgolino Aires, mãe. Sentada: Ester Ferreira Virgolino, avó materna. No colo, da esquerda para a direita: Ruy Virgolino Aires, o primogênito; Aldo Virgolino Aires, o caçula; e Joarez Virgolino Aires, o escriba deste memorial (acervo pessoal)

À esquerda de meu pai, aparece nossa mãe, Maria Virgolino, com vestido pouco acima dos tornozelos e calçando um sapato branco e preto. Olhando bem de perto, dá para ver que nossa mãe tinha um vestido com gola marcada por um tecido preto. O corpo do vestido é marcado de pintas pretas sobre fundo branco.

À altura em que este relato está sendo produzido, nosso irmão mais velho faleceu num acidente automobilístico, quando retornava a Brasília de um passeio em Salvador, Bahia. No momento em que estou reconstituindo esses fatos, já faleceu também o mano Aldo. Nosso irmão caçula gozava de primorosa lembrança dos fatos mais antigos de nossa vida. Em um de nossos longos papos, ele fez um judicioso comentário à fotografia histórica apresentada anteriormente.

No primeiro plano da foto, estamos postados na linha da frente, em torno de nossa avó. À sua direita, está de pé o neto preferido. Essa característica se revela no detalhe: a avó tem seu longo braço direito circundando o pescoço do Ruy, estreitando-o bem juntinho de si e segurando um buquê de flores brancas, que aparentam ser "bem-me-quer-mal-mal-me-quer".

Por ser o menorzinho, Aldo, o caçula, está sentado ao colo, mas como que encarando seu rival, o mano mais velho. Distancia-se um pouco dele, transparecendo certa hostilidade. E a exegese do mano Aldo faz sentido, uma vez que os avós maternos eram, também, padrinhos de batismo, e, dispensavam especial "xodó" ao primogênito, Ruy.

Joarez, por ser o do meio, recebe um frouxo circundar do braço esquerdo da avó, que, acidentalmente, como que cai suavemente sobre ele.

O caçula e o do meio estão bem juntinhos um do outro. Aliás, o caçula apoia suavemente braço e ombro esquerdo sobre o braço direito do Joarez; as cabeças quase se tocam. Realmente, entre esses dois sempre reinou uma química especial.

Os mais velhos calçam chinelos de couro com rosto fechado, enquanto o caçula tem em seus pés uma espécie de sandalinha de tira fechada sobre o rosto do pé. Tenho certeza de que os calçados que os três usamos foram confeccionados por nosso pai.

Babaçulândia, berço do viandante

Babaçulândia, à beira rio; Davi e Daniel, 1988 (foto do autor)

Legado da avó paterna, professora Madalena Dias de Oliveira

Além de uma boa caligrafia, papai conhecia bem os rituais da linguagem apropriada para o adequado tratamento dos diversos níveis sociais do interlocutor. E era também familiarizado com os estilos da escrita para as diversas circunstâncias, tais como: "Sua senhoria, vossa senhoria e a distinta família, contempassado?".

Nessa condição, nossa mãe aprendeu os rudimentos da escrita e da conta com meu pai, tanto que ambos tinham um traçado de letra bem semelhante. Nosso pai cuidou também de nosso aprendizado de maneiras sociais e de todo o repertório das orações populares de então. Uma das recomendações que nos fazia quase todos os dias: "Meu filho, deixe sempre suas coisas de uso diário no mesmo lugar, ainda com o clarão do dia. Fazendo isso, todos os dias, mesmo no escuro, você será capaz de levar a mão exatamente ao ponto onde costuma deixar seu chinelo, sua camisa, o fósforo, qualquer coisa".

Não tendo conhecido, pessoalmente, minha avó materna, e dela recebendo apenas pálidas alusões, por diversos meios, tenho clara certeza de quanto ela teve um papel decisivo para meu próprio destino.

Para isso, posso elencar alguns fortes e claros motivos. Primeiro deles. Percebo, claramente, que nosso pai, Emiliano, foi o grande motor que moveu e conduziu nossa família para os patamares de desenvolvimento humano a que pudemos chegar. E, agora que os fatos já se deram, numa releitura da trajetória de nossa família, percebo muito bem que o próprio mal que sempre atormentou o sossego de nosso pai, a doença de Chagas, foi exatamente esse aguilhão que, nas mãos da insondável Providência Divina, nos impulsionou para frente e para o alto, como dizia Teilhard de Chardin.

Numa ótica bíblica, recordaríamos aqui o que nos diz o apóstolo Paulo: "-para aqueles que amam a Deus tudo contribui para o seu bem!" (Rm 8, 28). Mas poderíamos também invocar a bela teoria do filosofo alemão Hegel, apoiando-nos também no antropólogo jesuíta francês Teilhard de Chardin: toda a história é movida e conduzida infalivelmente pelo Espírito, para a frente e para o alto.

Para o jesuíta francês, sendo a Trindade Una, é o próprio Cristo, Alfa e Ômega, princípio e fim de todas as coisas que carrega o Universo do pecado da imperfeição e do sofrimento e dor para a plenitude da Glória, a Redenção, a Salvação! Nessa visão otimista do jesuíta francês, todo o Universo transita irresistivelmente do menos para o mais; do Alfa para o Ômega. Segundo ele, tudo converge para a frente e para o alto.

O próprio Universo é movido para um ponto de culminância do bem e da perfeição. No fundo, queiramos ou não, 'Deus é o condutor da história. Algumas religiões chamam isso de fatalidade. Entendem que acontece sempre o que tem de acontecer!

O fato é que nosso pai, impulsionado pelo desejo e busca de cura para os seus tormentos, logo após a morte de sua mãe, empreendeu uma verdadeira odisseia. Com minguados recursos e com o suor de seu rosto, foi bater às portas dos maiores e melhores hospitais do Brasil de então. Pelo que o ouvi relatando, ainda pela década de 30, esteve em Belém do Pará, Sorocaba e São Paulo. Trouxe ainda sua doença, e uma grande cicatriz acima do umbigo, das frustradas tentativas de cura.

Mas trouxe também de sua peregrinação uma nova visão de mundo e novas possibilidades de vida. E, embora tenha retornado para seu cantinho original, não se conformou que seus filhos continuassem com a visão acanhada que herdara de seu pai.

Tendo visitado e conhecido centros mais desenvolvidos, nosso pai entendeu que deveria buscar melhores cidades para cuidar e garantir a educação dos seus filhos. E, de fato, não mediu esforços nem sacrifícios para assegurar um futuro melhor para seus filhos. E foi o que fez. Deu-nos o impulso inicial. E, a partir daí, cada um de nós buscou seu próprio caminho.

Infelizmente, nosso pai não desfrutou do prazer de ver seus quatro filhos formados e bem posicionados na sociedade.

Nossa incipiente família

Como morávamos bem perto do Rio Tocantins, todos os dias, pela tarde, tomávamos nosso banho nas suas águas, frescas e exuberantes.

Nós três tínhamos de, todos os dias, lavar pelo menos os pés e calçar nosso chinelo, que, é claro, nosso pai mesmo fizera.

Enquanto lá na cozinha, num humilde fogão feito de barro, mamãe ia preparando nossa refeição vespertina, papai, invariavelmente, todos os dias, aguardava-nos sentado em frente à nossa humilde casa de adobe e telha, assentado em seu tamborete de couro, também obra sua, como de resto quase todas as mobílias que guarneciam nossa humilde casinha.

Cada um de nós tinha seu tamborete. Devo aqui registrar que usávamos o termo "tamborete" para aquele tipo de cadeira que não dispõe do apoio para as costas. Chamava-se de cadeira a que dispõe de guarnição de apoio para as costas.

E papai tomava cada um de nós sentado em seus joelhos e pacientemente ia ensinando-nos as orações mais comuns, como o Pai-Nosso, a Ave-Maria, a Salve Rainha e o...

"Com Deus eu me deito, com Deus me levanto, o amor e a graça e o Divino Espírito Santo. Senhora do pranto, cobri-me com vosso santo manto. Se nele coberto sou, não terei medo nem pavor nem de coisa que mal for. Na sepultura da vida, Senhor, eu vou me deitar. Se a morte vier me buscar e minha boca não puder falar, meu coração três vezes dirá: Jesus, Jesus, Jesus, minha alma quer se salvar. Jesus, Jesus, Jesus, encaminhai meus passos para o caminho da luz!".

Um achado desconcertante

Nesses primórdios de nossa vida no Coco, lembro-me de ter encontrado, jogada diante do único barzinho da rua principal, uma espécie de "moedinha" com franjas, que, para sorte minha, caíra com a abertura para cima.

Tomei aquele objeto metálico desconhecido e, depois de acariciá-lo, verifiquei que uma estranha arte conseguira sobrepor-se ao metal circular, todo franjado e pintado com talento, uma fina película de cortiça.

Encantado com o meu precioso achado, levando-o ao nariz, notei que havia leve odor de estranho sabor que não se assemelhava a nada já identificado pelo meu inexperiente paladar. O ignoto odor e o sabor conjugavam um agridoce ao mesmo tempo agressivo e agradável.

Incrível capricho tem a memória olfativa. Umas seis décadas depois, por mera casualidade, deparei-me com a cerveja Bohemia, centenária produção do Rio de Janeiro. Sem, até então, apreciar nenhuma cerveja, de repente, aquele sabor me pareceu incrivelmente familiar e agradável. Gostei.

Tive a quase certeza de que, registrado aquele sabor da infância, estava determinado a só apreciar aquele já conhecido.

E faz todo sentido identificar essa cerveja com a que toquei na minha infância. Na verdade, meu povoado recebia toda sua mercadoria vinda de Belém do Pará, via Rio Tocantins. E a quase totalidade da mercadoria de Belém, por sua vez, vinha do Rio de Janeiro, pelo nosso litoral.

Minha primeira camisa industrializada, ganha com o suor de meu rosto

Entre as suaves reminiscências de minha infância, em Babaçulândia, lembro-me ainda de que, passando em frente a uma lojinha, enxerguei uma camisa de listras transversais, como as da zebra, em cores azul e branca. Fascinado pelo acabamento, que me parecia um encanto de perfeição, desejei ardentemente possuí-la.

Estava acostumado a vestir os "gongós" e camisas costurados por minha mãe. Coisa simples, para apenas cobrir e proteger o corpo. Todavia, ali estava aquela camisa industrializada, vinda de Belém ou de outro grande e distante centro, talvez mesmo de São Paulo ou da longínqua então capital do Brasil, Rio de Janeiro, estado da Guanabara. Implorei e, talvez, chorei por aquela camisa.

Papai prometeu que, se eu enchesse de serragem e algodão uma porção de peças da montaria que estava confeccionando, ganharia aquele prêmio. É claro que batalhei até cumprir a tarefa e ganhar o prometido prêmio.

Quase me lembro ainda do cheiro de tecido cru daquela camisa, que logo, orgulhoso, vesti. Era uma espécie de malha em cores vivas, marcada com faixas horizontais. Acredito que os manos também, cumprindo tarefas similares, tenham obtido idêntico prêmio.

Mamãe e papai tinham um agudo senso de justiça. Ninguém tinha privilégios. Éramos tratados com igualdade. O que um ganhasse também os demais ganhariam. No entanto, se um errasse, todos apanharíamos, por igual. Era seu senso de justiça. Se um era premiado, todos eram. Se um era castigado, os outros também entravam na mesma dança.

Havia em nossa casa, pendurados atrás da porta, uma palmatória e um chicote, que eram administrados de acordo com a gravidade das penalidades a serem aplicadas.

Corrigindo e educando

O chicote era menos aplicado como corretivo. Só em situações mais graves. Era exatamente o mesmo usado para açoitar o lombo de um animal.

Nas situações mais comuns, entrava sempre em cena a palmatória, também chamada de "Santa Luzia". Atrás de toda porta das antigas e boas famílias, havia sempre dependurada uma boa palmatória. Santa Luzia, na hagiografia católica, é a santa cultuada como a protetora dos olhos. No antigo Goiás, nenhum sertanejo ignora ou desrespeita esse dia santo de guarda. Assim, é fácil compreender que, na pedagogia tradicional das famílias, essa preciosa santa, além de proteger os olhos, ajuda também a enxergar. Portanto, quando alguém está precisando enxergar melhor o que é certo e o que é errado, nada melhor que o "adjutório" de umas boas sovadas da milagrosa palmatória, "Santa Luzia"!

Para quem não conheceu, a tal palmatória é constituída de uma parte em formato circular, com as dimensões da palma de uma mão humana, adulta. Essa parte se prolonga nuns 30 centímetros, com o diâmetro aproximado do de um cabo de vassoura. Era quase uma ferramenta essencial nas escolas antigas e bem tradicionais.

A palmatória era uma presença obrigatória tanto nas melhores escolas como nas melhores famílias. Eu mesmo convivi com essa austera e inflexível "senhorita". Aos sábados, tínhamos as tais "sabatinas". Nesse momento de apuros, a turma de uma sala era disposta em forma de uma grande roda. O mestre ou a mestra vinha com a palmatória na mão e lançava uma pergunta, normalmente de aritmética. A tabuada era um dos temas mais comuns de arguição de sabatina. A pergunta era dirigida primeiro a determinado aluno; se este acertasse, não receberia nenhuma palmatoriada, também chamada de "bolo". Entretanto, se errasse, o mestre ou a mestra aplicar-lhe-ia um bolo.

O aluno que acertasse a resposta teria direito de aplicar o bolo no aluno seguinte, caso este errasse. Essa inquirição continuava até que todos os alunos cumprissem sua tarefa de responder à sabatina.

Pais e educadores de então acreditavam que essa "Santa Luzia" era poderosa e obrava milagres! Estaria essa denominação indicando que, assim como essa santa, era a palmatória garantidora da boa visão? Ao sermos corrigidos por aquela palmatória, estaríamos recuperando ou adquirindo a reta e verdadeira visão das coisas!

Um proveitoso tirocínio artesanal

Nos primeiros 15 anos de minha vida, estive, literalmente, imerso em experiências e atividades artesanais. Ajudava meu pai em centenas de pequenas atividades de celeiro e, sempre que requisitado, ajudava minha mãe numa dezena de acabamentos de costureira, como pregar botões, arrematar costuras e chulear.

Assim, já com nossos 14 anos de idade, quando os três ingressamos no Seminário São José, além da motivação religiosa que a isso nos levava, já incluíamos em nosso currículo profissional um elenco apreciável de habilidades artesanais.

Da parte da avó paterna, herdei grande apreço ao lema do jurista e pedagogo romano do quarto século da era cristã, Quintiliano: *"Docendo discitur!"* (Ensinando aprende-se!). A esse ministério dediquei quatro décadas de minha existência!

No tema "herança de dons", só lamento, e muito, não ter herdado a habilidade musical de tocar instrumentos. Pelo que me recordo, quase todos os familiares Aires Dias tocavam algum instrumento musical. Aliás, minha tia paterna Bena manuseava com maestria seu bandolim.

Pois a verdade é que enxergo a arte de tocar instrumentos como a suprema arte. Para mim, arrancar música de um instrumento e botá-lo para "falar e cantar" é dominar uma linguagem de comunicação universal. Quem fala e canta por um instrumento, pode-se dizer, fala uma língua de compreensão universal. Quem manipula e opera bem um instrumento musical pode comunicar-se com qualquer criatura do planeta Terra.

Vejo um músico como o mago que fala todas as línguas. Ele é, para mim, uma ave que pode cruzar os espaços em todos os seus quadrantes ao "falar a língua de todos os povos".

"Capitão Lôlô", marido da mestra

Outra recordação indelével: de tempos em tempos, papai e mamãe levavam-nos a visitar e pedir a bênção de nossos avós que residiam a umas 3 léguas do povoado de Babaçulândia, também chamado Coco, por achar-se situado bem no centro de uma mata de palmeiras-babaçu, que produzem o coco-babaçu.

Avós paternos: Aureliano Aires da Silva e Isaura, de segundas núpcias. A primeira avó, chamada Madalena, era uma professora primária e, nessa condição, tinha uma liderança e influência política na redondeza. Meu avô paterno era proprietário de uma pequena fazenda. Era o marido da professora.

Fosse pelos costumes de sua condição de marido de professora, fosse por força dos costumes herdados, esse nosso avô paterno andava muito bem arrumado, ao estilo dos coronéis do interior. Gostava de andar "à lorde"! Era assim que se chamava alguém que se vestia com elegância.

Sempre com ar solene, não nos concedia intimidades. Apenas nos dispensava uma distante bênção. Andava o tempo todo de paletó e camisa abotoada até o pé do gogó, colarinho preso por uma abotoadura de ouro.

Calçava sempre polainas e esporas com um indefectível chapéu que ocultava uma avançada calvície. Suas esporas eram de aço inoxidável ou prata e tilintavam ao ritmo de suas pisadas firmes no ladrilho do piso.

Ao apear em frente de nossa casa, depois de atar o cabresto no poste, dirigia breve cumprimento ao meu pai e ia direto para a cozinha, avistando logo minha mãe, a quem manifestava especial deferência e cortesia, e recitava um verso que nos era muito familiar: "Os galos lá de casa estão sempre cantando: 'Passa café pro Lôlô, Izaura! Passa café pro Lôlô!' Lembro-me ainda de que gostava de pilheriar e dar sonoras "gaitadas" em cascata.

Inúmeras vezes ouvi de meu tio Elpidio, que era muito brincalhão: O capitão Lôlô não tem problema em ir ao campo buscar suas reses. Se elas andarem pelo limpo, tudo bem. Agora, se elas inventarem de se meter pelo carrasco, mato adentro, aí, Deus nos acuda. Ele até poderá dar uma boa corrida, enquanto estiverem no limpo. Esbarrando diante do perigo, mais que depressa, puxará as rédeas de sua montaria e, desesperado, gritará, ah um homem aqui!

Meu poderoso tio Manoel

Tratando-se do cultivo e manuseio do gado, a salina anual era a mais complexa. Era assim o procedimento: com o sal grosso, comprado em sacos, colocavam-se umas três mãos desse sal num litro de vidro mais reforçado, completando o resto com água.

Depois de bem agitar, essa mistura deveria ser ministrada a cada rês. Tenho a vaga lembrança de que meu pai recomendava que se adicionasse um pouco de enxofre na mistura para fazer cair os carrapatos.

Era um trabalhão executar essa tarefa. Cada rês deveria ser laçada, dominada e derrubada para se enfiar aquele litro pela boca do animal devidamente amarrado, "sugigado" e derrubado ao chão.

Aconteceu que, num desses eventos, meu poderoso tio Manoel estava ajudando exatamente na labuta mais dura. Cabia a ele salinar os bichos mais graúdos e recalcitrantes.

Deve-se colocar a mão direita num dos chifres e a esquerda agarrada na boca do animal. Assim aprisionado, ele é tracionado com toda a força possível ao ser tombado no chão.

Tudo corria bem até que meu tio topou um touro mais forte, que resistia e sapateava, saltando para soltar-se daquele aprisionamento. Contudo, por mais que esperneasse e gineteasse, meu tio, atracado firme como um tigre fincado na jugular de sua presa, não aliviou nem soltou o bicho até que este se deu por vencido e tombou. Só quando concluiu a tarefa e libertou o animal, notou que a casca do chifre deste se soltara e estava inerte em sua "mãozaça".

Ao que meu tio teria exclamado: "Diabo de chifre podre!". É claro que era perfeitamente sadio o chifre e nunca se soltaria não tivesse sido atacado por uma criatura tão avantajada em força.

Preciso relatar aqui outro episódio que ouvi minha mãe relatar sobre os feitos especiais desse tio também muito especial.

Ainda em nossa infância, convivemos com uma tia-avó que ajudava nosso avô nos muitos cuidados de sua numerosa família. Chamava-se Custódia. Basicamente, cabia a ela cuidar de cozinhar para toda a sua numerosa família. Nunca menos de dez.

Pois bem. Certo dia, ela preparou um panelaço de mingau de arroz-doce. Acontece que meu tio Manuel, homenzarrão, passara todo o dia campeando. Durante todo o dia, nada comera. Chegando em casa, ao anoitecer, morto de fome, encontrou na cozinha aquele "panelão" de arroz-doce. Sem perguntar nada a ninguém, pegou a panela e, mais que depressa, devorou todo o mingau que deveria servir de sobremesa para doze pessoas.

Recolheu, com a colher, cada um dos grãozinhos de arroz e, depois de lamber os beiços, avistando tia Custódia, perguntou: "Manréia, o mingau tinha doce ou não?!"

Em sua voracidade de preencher logo o grande vazio de seu espaçoso estômago, não tivera tempo de reparar no tempero do arroz-doce.

A vazante e o fumo do Ioiô

Outro momento que muito apreciávamos era quando Ioiô ia capinar sua vazante (uma faixa de terra ao longo da margem do Rio Tocantins). Quando este baixa após as enchentes, deixa em suas margens uma terra fecunda e generosa.

Frei José Maria Audrin faz uma excelente descrição dessa forma de cultura que ele entende ter sido assimilada dos indígenas.

Eis sua detalhada descrição que ele nos oferece em *Os sertanejos que eu conheci* (AUDRIN, 1963, p. 49):

A vazante é uma plantação de menores proporções, preparada na beira de algum ribeirão ou rio, num ponto que permaneceu inundado durante a estação chuvosa e abundante; a enchente, ao retirar-se, deixa o solo umedecido e coberto de abundante humo fertilizante. Limpado o chão de tudo o que pode obstruí-lo, arvoredos e arbustos, levanta-se em torno dele um cercado de varas, bem trançadas, em previsão dos assaltos dos bichos selvagens, sobretudo das capivaras. Nessa terra fresca e fartamente adubada, plantam-se legumes e verduras de fácil cultura e que, no rigor do verão, oferecem ao morador meios de variar a alimentação ordinária de arroz, mandioca e feijão.

A vazante do Ioiô ficava numa espécie de delta formado pela embocadura do Córrego Corrente — que, envaidecidos, chamávamos de Rio Corrente — e a margem esquerda do Rio Tocantins. Era nesse belo recanto que se encontrava a "Fazenda de Ioiô e Dindinha".

Focalizando esse cenário da vazante de Ioiô, enxergo ainda uma cena plena de encantamento.

Era exatamente ali que nosso querido vovô Ioiô plantava melancias, melões e fumo, que ele usava para produzir seu rolo para fumar ou mascar.

Deve ter sido numa dessas ocasiões que saboreei um melão macio e cheiroso, fresquinho e gostoso. Até hoje, quando como um melão, vem-me à memória esse sabor de um precioso e raro manjar dos deuses! Contudo, nenhum deles se iguala ou sequer se aproxima daquele sabor.

Carrego, até hoje, em minha memória olfativa, aquele exótico e quase agradável odor das folhas de fumo quando começavam a amarelar. Quando essas folhas iam ficando entre os tons marrom e amarelo, nosso avô as retirava cuidadosamente do caule e, depois de retirar a nervura central delas com uma faquinha ou canivete, recolhia-as e enfiava-as caprichosamente sobre uma espécie de tela tecida com finas varas e cipós. Esses painéis de folhas de fumo ficavam recolhidos sob uma cobertura de palha ao abrigo da chuva eventual e do sol, mas expostos ao vento e calor do dia.

Inicialmente amarelas, essas folhas, ao secarem, curtidas com o sumo que se desprende delas torcidas, vão adquirindo uma tonalidade marrom-claro e, logo depois, marrom-escuro, quase preto.

E, à medida que vão secando e envelhecendo, o odor característico adocicado vai se intensificando.

Depois de alguns dias, uma vez bem murchas, quase secas, elas eram torcidas numa espécie de corda de folhas, sobrepondo-se suas extremidades e torcendo-as. As folhas de fumo, quando bem murchas, liberam um suco oleoso e pegajoso. Isso permite que elas se tornem flexíveis, acomodando-se bem num calibre semelhante e por igual.

Para se chegar ao estágio chamado de fumo, é preciso ainda torcer duas ou três dessas cordas entre si. Obtido o formato do estágio final, o fumo transforma-se numa grande corda que pode ser armazenada em dois formatos. O primeiro seria montar um rolo sobrepondo a corda até certo volume favorável para transporte e manipulação. O segundo formato seria acomodar a corda de fumo enrolando-a numa vara de pouco mais de metro de comprimento. Aqui se terá um volume maior de fumo acomodado.

Eis aí o fumo sertanejo, tão apreciado. Muitos que o adotam alegam que quem labuta na roça braba precisa se proteger dos mosquitos e mucuins. De fato, o forte odor de sua fumaça parece bem eficiente para afugentar os insetos daninhos que atormentam a pele de qualquer vivente.

Vale a pena conferirmos aqui as observações de Frei José Maria Audrin (1963, p. 50), em seu *Os sertanejos que eu conheci*:

Pouco trabalhosa é a cultura do fumo, sendo, todavia, de um rendimento apreciável, graças ao consumo geral do tabaco pelo povo do interior. Os sertanejos distraem-se fumando ou mascando. Todo vaqueiro usa o cigarro de palha de milho. Não monta a cavalo sem ter preparado longo cigarro de fumo picado com a faca de ponta ou com o largo facão e enrolado na "mortalha", como se diz em alguns lugares.

As mulheres preferem fumar no cachimbo de barro, adaptado a uma piteira feita de fino e comprido cano de taquara.

Usam muito fumo torrado e pisado com a semente perfumada do cumaru ou da emburana. É o rapé, chamado também "simonte", que conservam em tabaqueiras feitas de chifre de boi. Uma pitada ou narigada de bom rapé é remédio contra os resfriados em hora de chuva, de banho ou de travessia de um ribeirão. Oferecer uma pitada de bom rapé ao sertanejo que encontramos no caminho é atenção muito apreciada e que não será esquecida.

Às margens do Corrente

Nosso avô materno era atencioso e acolhedor, muito gentil conosco. Era em casa dele que ficávamos, quando desfrutávamos o córrego denominado Rio Corrente, onde acompanhávamos tia Abigail, que estava sempre entoando modinhas apaixonadas. Era a caçula da família e, então, era ainda solteira. Íamos ao Corrente várias vezes ao dia, fosse para apanhar água que ajudávamos a levar em cabaças, fosse para, ao fim do dia, tomar um reconfortante e agradável banho.

Como era gostoso ir flutuando no dorso daquelas águas cristalinas e frescas e, olhando para o alto, contemplar aquelas frondosas e altaneiras árvores da sapucaia rendilhando o azul dos céus com seus frutos no mesmo formato da castanha-do-pará.

Orgulhosas, elas se exibiam como vultosas bolas amarronzadas. Guardavam em seu bojo saborosas amêndoas, bem parecidas às castanhas-do-pará, mas com sabor diferente, e menos gordurosas. Suas frutas pendentes na ponta e no alto dos galhos exibiam um maravilhoso capricho e sabedoria da natureza. Tinham uma tampa cilíndrica na parte inferior da bola.

Ao amadurecerem seus bagos, aquelas caprichosas tampas se desprendem, e os frutos despencam como agradável e sagrado ofertório da natureza.

Aqui e ali, por entre as touceiras de uma margem e outra do córrego, erguiam-se também as esguias e generosas ingazeiras com umas vagens, parecidas com as das favas, esverdeadas, em tonalidades amareladas e intumescidas quando prontas para serem degustadas. Eram bem doces e bem melhores que os atuais e vulgares chicletes.

Abrindo-lhes a aveludada casca, exibiam brancos bagos doces e macios.

Algumas vezes, acompanhávamos nosso tio Zacarias, que, em largas braçadas, atravessava o Rio Corrente. Outras vezes, esnobando a nossa condição de crianças, ele, que já era rapaz feito, com quase 20 anos à nossa frente, subia num galho da árvore e saltava sobre a água. Naturalmente, isso nos deixava de queixo caído!

Crianças, contentávamo-nos em bater braços nas beiradas d'água como inexperientes piabas. Só nos restava admirar o vigor das potentes braçadas do tio Zacarias. Sobrava-nos o consolo de pensar que um dia, adultos como ele, poderíamos também exibir o mesmo vigor das braçadas que ele, orgulhosamente, exibia-nos.

Lazer mágico da infância: construindo arapucas

Arapuca com varetas e cipós (Wikipédia; Google)

Recordo-me, vagamente, de que uma das brincadeiras ou diversões que nos davam profunda e agradável emoção era construir nossas arapucas com finas varinhas que cortávamos no mato. Tínhamos o cuidado de construí-las e armá-las num ponto bem distante de casa para evitar que apanhassem pintos ou galinhas, e não jaós, juritis ou nhambus.

Era, de fato, uma exaltação indizível enxergar essas pobres e tão belas criaturinhas saltitantes debaterem-se desesperadamente para escaparem de nossas arapucas. O primeiro impacto de emoção era avistar a arapuca desarmada e o vulto de uma avezinha debatendo-se desesperadamente contra as implacáveis paredes desta. Acercar-nos da arapuca e cuidadosamente enfiar a mão para segurar e deter a criaturinha entre as mãos fazia disparar nosso coração no mesmo compasso do da nossa ave prisioneira. Nosso coração, como o dela, parecia saltar pela boca.

Há muitas formas de se fazer uma arapuca. A mais comum era com varinhas bem linheiras.

Depois de se obter uma boa quantidade delas, precisa-se encontrar um tipo de cipó que se desenvolve em ondulações regulares no formato de S.

Esse cipó é bem característico das matas ciliares. Ele é constituído de um núcleo lenhoso mais rígido e duas linhas de tecido vegetal bem macio seguindo o núcleo.

A parte que se aproveita para fazer a amarração é exatamente a macia, flexível e super-resistente. Serve para prender varas na cobertura de casas, no "envaramento" de esteios para erguer paredes de taipa, e usávamos também para construir nossas arapucas.

Contudo, pode-se usar esse cipó para mil e uma utilidades quando se trata de amarrar ou prender peças sem usar pregos.

Esses cipós se desenvolvem como trepadeiras que galgam outros vegetais circundantes e avançam sempre para o alto, alcançando facilmente as copas mais altas que encontrarem pelo caminho.

Inicialmente, quando novos, têm aproximadamente o diâmetro de um dedo mindinho. Quando já bem adultos, alcançam mais de 10 centímetros de diâmetro.

Obtida e reunida a matéria-prima, é hora de cortar as varinhas. Como se trata de erguer uma espécie de pirâmide de quatro faces, precisa-se de quatro varetas, sendo as duas menores pouco mais da metade das duas maiores. Feito isso, buscam-se as duas varetas mais grossas, que servirão de base para o retângulo e que chamávamos de "cambões".

Em seguida, corta-se um bom pedaço do cipó, com aproximadamente três vezes o comprimento da vareta maior e mais grossa escolhida.

Com um pequeno facão ou faca bem amolada, produz-se uma cinta circular em cada uma das extremidades das varetas, que agora, pela função, passam a ser cambões. Assim se chamam porque devem ser bem mais grossas e pesadas que as demais. Isso porque elas darão mais peso e solidez ao conjunto da arapuca. Depois que se amarraram as quatro pontas do cipó cortado nas quatro extremidades dos cambões, com as mãos, segura-se e suspende-se um dos cambões e apoia-se o outro no chão pisando-o firmemente com os dois pés. Nisso, produz-se um retângulo. Aproveita-se então para conferir se as barras, cambões, estão perfeitamente paralelas entre si. Feito isso, segurando-se firme, inverte-se a barra superior, produzindo-se um X.

Concluída essa parte preparatória, inicia-se a fase final de execução ou construção da pirâmide retangular, a arapuca.

Apoia-se a estrutura básica num piso regular e plano, tendo-se o cuidado de deixar as barras com o afastamento e a altura desejados. Nesse momento, é só ir sobrepondo alternadamente as varetas das laterais e as das cabeceiras, sempre duas a duas.

Logo se perceberá que a figura da pirâmide retangular vai aos poucos aparecendo. Contudo, devem-se enfiar varetas até que a estrutura se torne bem firme e sólida a ponto de manter-se íntegra, mesmo sob o ataque mais forte da ave que se vir ali aprisionada.

Essa era a forma que usávamos para construir nossas arapucas para pegar aves silvestres menores, como juriti, jaó, perdiz ou, até mesmo, alguma galinha-d'água.

Era possível construírem-se também arapucas usando a taboca como matéria-prima, mas era um material mais escasso naquelas paragens.

Armando arapucas

Como armar bem uma arapuca, no jeito certo de surpreender e aprisionar alguma ave mais incauta? Eis a técnica que usávamos. Primeiro, escolhe-se uma forquilha bem mais fina que as varetas. A altura é determinada pelo tipo de ave que se tenha em mente apanhar.

Depois, seleciona-se um cipó verde e bem flexível, capaz de ser envergado sem se quebrar e, mesmo assim, tracionado, possa suportar o peso da arapuca que se pretende armar. Em seguida, cortam-se algumas varetas finas, firmes e linheiras. Para essa finalidade, madeira seca é preferível a madeira verde, exatamente porque a função dela exige que não se flexione quando pressionada pelo peso da ave que se tem em vista.

Para montar a armação, primeiro, ergue-se toda a arapuca só por sua parte anterior, porta de entrada da vítima almejada.

Apoia-se a estrutura da arapuca enfiando-se sob uma das barras a extremidade mais grossa e firme do cipó verde flexível. A extremidade inferior e mais fina desse cipó deve ficar três ou quatro dedos acima do chão.

Pega-se então uma das varetas secas e firmes que tenha mais que o comprimento da arapuca. Uma das extremidades deve ficar apoiada na barra do fundo da arapuca ou mesmo no chão. Enfia-se a extremidade da frente entre o cipó flexível e a forquilha que sustenta erguida a arapuca. Isso feito, distribui-se uma boa quantidade de varetas, produzindo-se um assoalho ou piso falso e suspenso. Observe-se que o cipó, depois de aplicado, apresenta o formato de um arco. Eis aí a armadilha.

Sob essas varetas de piso falso, atiram-se cereais e alimentos diversos que são do interesse da ave que se pretende aprisionar. Pelo lado de fora, semeia-se esse mesmo alimento que seja facilmente perceptível pela pobre ave.

Se alguma não se contentar em recolher apenas o alimento externo à arapuca, mas se aventurar a penetrar sob ela, quando pisar nas varetas para comer, a vareta mestra desprender-se-á do cipó, em que se firmava precariamente, fazendo desabar, subitamente, toda a arapuca, aprisionando a ave aventureira. Eis aí a armadilha.

Até hoje guardo a intensidade da emoção daquele momento cruciante em que íamos conferir se nossas arapucas tinham aprisionado alguma ave.

Iniciados, desde muito cedo, nessa perversidade, íamos perdendo o respeito pelo precioso dom da vida e da liberdade de todo vivente, que não nasce para ser aprisionado nem para servir de alimento ao ser humano. Isso nos faz lembrar a pungente música de Luiz Gonzaga (2015, s/p):

Fogo Pagou

Teve pena da rolinha que o menino matou

Teve pena da rolinha que o menino matou

Mas depois que torrou a bichinha, comeu com farinha, gostou

Mas depois que torrou a bichinha, comeu com farinha, gostou

Fogo-pagou, fogo-pagou, tem dó de mim

Fogo-pagou, fogo-pagou é sempre assim

Todo mundo lamenta a desgraça

Que a gente passa num dia de azar

Mas se disso tirar bom proveito,

Sorri satisfeito fingindo chorar.

Da rolinha de que fala Luiz Gonzaga, depois de assada ao fogo ou mesmo torrada na panela, restava quase nada. Mastigada sua minguada carninha, deixava o gosto quase amargo de não ter valido a pena imolar a pobre criaturinha.

Em busca de um futuro melhor

Não conhecemos a mãe de nosso pai. Sabemos apenas que era professora no sertão. E, nessa condição, cabia a ela, além de "desasnar" crianças e adultos, ensinar-lhes a ler e escrever bem como as quatro operações. Nos sertões goianos de então, cabia à professora receber o missionário, bem como preparar os que vão confessar ou comungar. Partindo desse pressuposto, acredito que a prece que apresento no início deste memorial deve ter chegado até nós por intermédio de nossa avó, que, sem dúvida, deve tê-la ensinado aos seus filhos.

Quando nosso pai decidiu romper o cordão umbilical dos familiares mais íntimos, em busca do bem maior, cuidar de uma boa educação para seus três filhos homens, tenho certeza de que enfrentou uma dura batalha. Inicialmente, nossa mãe tentou, a todo custo, continuar residindo nas proximidades dos pais e demais irmãos. Mas nosso pai tinha muita clareza e certeza de que precisava buscar melhores condições para educar e criar seus filhos e, com paciência e persistência, acabou ganhando minha mãe para sua causa, nossa causa.

Pelos meus registros de infância, houve mesmo algum estremecimento entre os dois. Pois, vasculhando as nesgas de minha memória primeva, vislumbro que, um belo dia, improvisadamente, nossa mãe, como que às pressas, nos conduzira à casa de seus pais. Mas, sem demora, com jeito, nosso pai acabou ganhando nossa mãe para seu projeto de família.

Concluindo nossa mãe que não teríamos mesmo melhor futuro permanecendo numa pobre e desprovida "currutela", com muita determinação conseguiu convencer os seus manos de que seria também melhor levarmos seus pais para um centro humano mais evoluído.

Uma vez pacificada a decisão, nosso pai partiu de Babaçulândia, para conhecer e definir onde deveríamos buscar e encontrar o que a pobre e acanhada Babaçulândia não nos podia oferecer. Muito cuidadoso e criterioso, nosso pai fez uma boa e aprimorada pesquisa de mercado, como hoje diríamos. Recordo-me do relatório que fez a nossa mãe, de sua criteriosa excursão! Como dormíamos em quarto contíguo ao deles, ouvi o seguinte relato:

— Marica, seguindo aqui, Rio acima, pelo lado do Maranhão, temos a bela e bem organizada cidade Carolina. Mas logo notei que não temos ambiente para uma família pobre educar seus filhos. Andam todos muito bem arrumados de paletó e gravata; e as mulheres, muito chiques. Continuando bem mais, Rio acima, temos uma grande cidade goiana de nome Porto Nacional, com bons colégios e um povo bem mais simples. E um povo sem vaidades. Vi, à tardezinha e pela manhã, moças educadas, normalistas, carregando pote na cabeça buscando água nas fontes. Ali havia os missionários com bons colégios para educação. E até mesmo médico, e, aliás, é nosso parente próximo, o já famoso Doutor Francisco Ayres da Silva.

Tenho uma viva recordação de que, muito combativa e voluntariosa, minha mãe travou acirradas discussões para arrancar os pais do seu berço para tê-los em cidade mais evoluída.

Casas iluminadas a candeias e lamparinas

Como o povoado não dispunha de iluminação pública de espécie alguma, quando anoitecia e as trevas envolviam tudo em seu manto de breu, tínhamos nossas lamparinas a querosene — o famoso querosene Jacaré.

Essas primitivas — mas eficientes — luminárias eram fabricadas pelo único ferreiro do povoado, o Manuel Borá.

Eram assim produzidas: um vidro, que era o recipiente do combustível; uma tira de flandres de uns 2 centímetros, com sua alça superior presa ao gargalo do vidro e a parte inferior presa bem na base inferior do recipiente. O vidro recebia uma tampa em que num fino cilindro aberto perpassava um pavio feito de algodão retorcido. Na base inferior do recipiente, havia um suporte circular alguns centímetros mais amplo que o diâmetro deste.

Havia também outro modelo de lamparina inteiramente confeccionada em flandres. Em lugar do vidro como recipiente, entrava uma espécie de pirâmide recortada no mesmo material e cuidadosamente soldada a uma base, tendo como tampa uma cobertura superior por onde passava o pavio de algodão torcido e embebido no querosene depositado no recipiente.

Tinha uma pequena alça feita com uma tira de flandres devidamente colada na face externa da vasilha recipiente do querosene.

Todas essas formas de luminárias rudimentares clareavam bem pouco, mas produziam muita fumaça. Depois de uma noite de estudos à luz de lamparinas, muitas vezes, no dia seguinte, quando assoávamos o nariz, vinha fuligem da fumaça.

Eis aí a famosa lamparina que iluminou as noites de quase toda a nossa juventude. Era também a única luz que permitia a nossos pais, tendo de adiantar um trabalho com data próxima de vencimento, continuar seu labor noite adentro. Esses trabalhos ocasionais tinham o nome de serão! Papai costumava avisar: "Marica, hoje preciso fazer um serão!". Não me recordo de ouvir minha mãe avisando. Ela, quando precisava, simplesmente fazia!

Havia também outra luminária denominada candeia. Talvez por produzir mais fumaça, não utilizássemos essa modalidade em nosso dia a dia, mas era bastante comum, normalmente, em moradias mais pobres. Era uma vasilha feita de argila com o formato cilíndrico ou oval, sendo também guarnecida de uma alça para manuseio e um suporte. Como combustível, usava sebo, gordura animal ou, até mesmo, óleo de babaçu.

Recordo-me de um terceiro modelo de luminária que chamaríamos de primitiva. Era também chamada da lamparina. Esse modelo tinha feitio semelhante ao do primeiro aqui descrito, com pouca variante. Tinha o mesmo nome de lamparina, mas utilizava-se do combustível vegetal. Em nossa região, era o óleo ou azeite de babaçu.

Lembro-me bem mais do primeiro modelo e bem pouco dos dois últimos. Pessoas mais pobres usavam como combustível o sebo animal.

Antiga lamparina a querosene, em flandre e candeia em argila a sebo ou óleos (Google)

Memórias da "odisseia" do viandante

Meus registros de infância me dão conta dos primeiros movimentos e detalhes de nossa partida do povoado Coco rumo a Porto Nacional. Devia ter eu meus 8 a 9 anos de idade. Muito curioso, presenciei a longa conversa de negociação da venda de nossa casa em Babaçulândia.

Tenho em mente dois detalhes: o nome do comprador seria um tal de Deolindo. Segundo detalhe: ele tinha uma grande verruga atrás da orelha. Captei de uma conversa de nossa mãe, que estava muito desconfiada desse comprador: ele tinha um sinal muito forte de ser um trapaceiro — a grande verruga atrás de sua orelha. Mas parece que tudo se concluiu corretamente. Não me recordo de ouvir nenhuma lamentação posterior de nossa mãe sobre esse negócio de nossa casa em Babaçulândia.

Navegando rio acima em balsa rebocada por lancha a lenha e caldeira

Artefato de fabricação do autor

Muito organizado, nosso pai decidiu embarcar, cerca de uns 30 quilômetros rio abaixo, na propriedade de nosso tio Manoel. Ali nos despedimos dos tios Elpídio, Mariano e Manoel e embarcamos rumo a Porto Nacional.

De fato, no dia aprazado, tomamos a lancha Benvinda, que por ali passava. Recordo-me de que era época da cheia do rio. Devia ser pelos meses de janeiro ou fevereiro.

Itens de que me recordo da mudança: dois baús. Eram, basicamente, uma caixa da madeira cedro, revestida de couro curtido e todo ele ornado com grandes percevejos dourados, configurando desenhos decorativos. Na tampa de ambos, estão assinaladas em letras maiúsculas as iniciais do nome de nossa mãe: M F V (Maria Ferreira Virgulino, nome de solteira de nossa mãe). Pelo que me recordo, nestes estavam todas as vasilhas de louça ou esmaltadas muito bem embaladas em tecidos ou papéis. Entre as preciosidades desse vasilhame havia umas lindas xícaras com seus respectivos pires. Era uma bela coleção de louça japonesa, casca de ovo. Eram decoradas em cores vivas com lindas gueixas, com aquelas vestes solenes, sem faltar aqueles guarda-sóis. Essa louça chegou intacta a Porto Nacional. Mas creio que acabaram perecendo em acidentes domésticos.

Há um episódio pitoresco relativo a essas louças raras que nossa mãe possuía. Creio que procedentes de São Paulo ou talvez até da Inglaterra.

Nossa mãe era sempre muito cuidadosa na preservação desse seu pequeno tesouro. Sempre que o transportava, estava sempre muito bem embalado e sempre dentro dos tais baús. Note-se que a estrutura sólida da madeira amparava, com segurança, a integridade desse frágil material de louça, ou mesmo, os utensílios esmaltados. Esses sólidos e preciosos baús eram presentes de casamento que recebera de meu avô, Pedro Ferreira Virgulino. Ele mesmo os fazia e com muito capricho.

Uma parte desse seu precioso tesouro só foi vendida quando já estávamos no Sítio Bom Jesus, município de Miracema do Norte, Tocantins, para acudir uma situação crítica que tivemos com a morte de muitas reses, vitimadas por violenta seca que ocorreu na região. Em apuros, nossa mãe teve que vender uma boa parte dessa louça mais preciosa. Nosso mano Aldo, que reparava muito nos detalhes das falas das pessoas que frequentavam nosso ambiente, gostava de imitar o comprador procurado por nossa mãe. Era um pequeno fazendeiro que gostava de aparentar solenidade e importância. Tentava simular a fala culta que não conhecia. O ponto alto que a memória do mano Aldo registrou: "As vasilhas que não estiverem destroladas (*sic*) pagarei o mesmo preço das da loja!".

Além dos dois baús, havia duas malas retangulares em couro cru, e com o pelo. Eram caixas com armações em tábuas de cedro. Nestas iam todas as vestes de nossa família.

Fora esses itens, havia ainda dois arreios de nossos pais, bem como dois potes de argila e umas cadeiras e tamboretes, que iam acomodados e aprisionados no toldo da lancha Benvinda e devidamente. Lembro-me, contudo, de que, apesar de todos esses cuidados, uma ou outra dessas cadeiras acabou se desprendendo do toldo e voando nas águas revoltas do Tocantins. Não puderam ser recuperadas, apesar de todo o clamor, das reclamações e dos protestos de nossa mãe!

Como comestíveis, levávamos duas latas de bolacha Maria, cheias de gordura de porco, com os respectivos torresmos. Lembro-me de que estavam endurecidas como uma pasta. Nem posso esquecer de outras duas latas de bolacha Maria, cheias de biscoitos variados, como petas, "mangulão" e biscoitos de polvilho.

Como se vê, tínhamos tudo muito bem organizado. Tudo foi muito bem planejado e arrumado para fazermos uma viagem tranquila. O que de fato aconteceu.

Nossa viagem tinha como destino Porto Nacional. Mas, chegados a Tocantínia, nossos pais decidiram fazer ali uma parada. Não sei se os recursos financeiros e os comestíveis tinham acabado ou se foram instados a isso pelos moradores dirigentes do povoado, os Benvindo. Eram pessoas simpáticas, acolhedoras e muito envolventes. Ficamos amigos para toda a vida.

Logo que souberam que nosso pai era um competente oficial celeiro, decerto instaram para que, pelo menos, fizesse ali uma parada enquanto acudisse as necessidades mais urgentes de seu ofício.

O certo é que ali desembarcamos e residimos por uns três anos, antes de seguirmos para nosso destino.

Tocantínia, primeira estação de nossa odisseia

Tocantínia, às margens do Rio Tocantins (Google)

Em Tocantínia, tive os primeiros contatos e conhecimentos com os índios xavantes.

Foi também em Tocantínia que tive os primeiros conhecimentos com outra religião diferente da nossa, no caso, dos batistas, missão norte-americana que ali se achava implantada.

Foi também em Tocantínia que sofremos as primeiras saraivadas de impaludismo, que quase nos levaram ao túmulo.

Essa dimensão de ser tocado pelo mistério e pelo intangível foi, em grande parte, reforçada pela figura misteriosa e carismática do primeiro padre que conheci em minha vida, também em Tocantínia. Chamava-se Padre José Momenço. Era um paulista de pele branca, quase louro, baixa estatura e compleição quase franzina. Tinha a aparência e a postura de um monge ou de um anacoreta. Não dormia em cama nem em rede. Deitava-se e repousava sobre umas tábuas que recolhera das velhas janelas da igrejinha que estava reformando.

Manoel Benvindo e seu mano, Antônio Benvindo, prefeito da cidadezinha, ouvindo o agudo sibilar da lancha Benvinda lá na curva da Gameleira, arriaram suas mulas, com belas cabeçadas e estribos metálicos que reluziam ao sol, e dirigiram-se ao lajedo, porto de embarque e desembarque, para tomar conhecimento de quem estava chegando e o que estavam trazendo para o povoado.

Tão logo a barcaça, coberta de palha, encostou-se aos lajedos arenosos da margem direita do Tocantins, os viajantes foram descendo sobre uma prancha de madeira que os ajudantes trataram de estender. Já apeados de suas belas montarias, Manoel e Antônio examinavam detalhadamente cada um dos forasteiros.

Os dois ilustres anfitriões, pessoas bem vividas que eram, logo repararam naquela família diferente e se dirigiram cortesmente ao meu pai com um sincero aperto de mão e uma acolhedora saudação: "Como tem passado? Sejam bem-vindos ao nosso povoado!".

Embora nosso pai tivesse já seu destino traçado, Porto Nacional, levando em conta as despejas já feitas e avaliando que poderia ganhar uma pequena economia naquele simpático povoado, decidiu dar uma parada estratégica em Tocantínia.

Pessoas de destaque: além dos dois irmãos Benvindo e de toda a sua numerosa família, todos nossos amigos, havia diversos outros que descreverei a seguir.

Os Benvindo eram piauienses valentes e corajosos. Comentava-se, reservadamente, que haviam fugido da terra natal por conta de guerras V fratricida.

Quando chegamos a Tocantínia, então chamada de Piabanha, ela era um povoado muito menor que Porto Nacional. Entretanto, Piabanha estabeleceu-se como povoação de catequese dos franciscanos capuchinhos quase 20 anos antes da intervenção dos missionários dominicanos em Porto Nacional. De fato, o missionário capuchinho Frei Antônio, da catequese dos indígenas xerentes, abriu o povoado de Piabanha em 1869, enquanto os dominicanos se estabelecem na Porto Imperial 17 anos depois, ou seja, em 1886.

À época de nossa presença em Piabanha, todo o poder político se prendia a duas grandes famílias: os Benvindo e a família piauiense ilustre do Dr. Neuzinho Pereira. Este usava sempre um anelão no dedo e se identificava como doutor. Em que não sei. Parece que era uma espécie de rábula, muito comum àquela época. Considerava-se profundo conhecedor da exótica ciência das leis. Gostava, portanto, de "derrubar" lei. Era como se dizia.

Era reservado e solene nos modos. Um personagem que cultivava atitudes misteriosas, com ar de importância. Dizia-se que um de seus numerosos filhos acabou perdendo uma perna por teimosia dele em tratar as picadas perigosas de uma terrível jaracuçu com queimaduras de óleo quente de castanha de caju.

Toda a vila Tocantínia era constituída de umas três ruas perpendiculares à praça central onde se achava a igrejinha local. A praça era bem ampla. No tempo da seca, os pés de malva cobriam todo o terreno. E havia uma velha moradora da praça: uma ema, sem dono. Ela gostava de nos perseguir quando estávamos atirando as petecas. Ela via ali um alimento diferente e garantido. Ao menor descuido de um de nós, ela capturava seu precioso achado.

Ágil como era e sagaz para correr, em requebros e trejeitos, ninguém conseguia pôr a mão nela. Quando, vez por outra, ela conseguia roubar-nos uma peteca de vidro, rapidamente a engolia. Uma vez recolhida a seu papo, só nos restava campeá-la e esperar que, um belo dia, a pobre peteca de viro, toda carcomida pelo ácido voraz de sua moela, fosse devolvida ao solo. Também estas, já sem brilho, eram aceitas e valiam pontos. É claro que bem menos pontos, mas valiam pontos no jogo.

No universo das brincadeiras, uma era muito valorizada e cultivada com muito empenho por todos nós: jogar petecas. Havia dois tipos de peteca: a mais comum eram das também chamadas bolinhas de gude. Bolinhas de vidro em cores e tamanhos diversos. A outra era feita de couro com serragem e costurada numa base que se afunilava culminando num feixe de penas coloridas. A primeira jogava-se usando três buraquinhos no chão enfileirados com igual distância entre eles. Já a peteca de couro era tangida pela palma da mão.

Na falta de petecas e bolinhas de gude, também jogávamos castanhas de caju. Alguém colocava uma em determinada posição e ficava a certa distância. Um por vez, tentávamos, jogando, acertar naquela colocada como alvo. O que jogasse mais perto ganhava todas as castanhas já atiradas rumo ao alvo.

Já o jogo das petecas de vidro consistia em acumular pontos conseguindo acertar nos três buracos sucessivos. Ganhava mais petecas quem fizesse mais pontos acumulados nos acertos dos três buracos.

Guardando tradições de longa data, os tocantinenses gostavam de cultivar o compadrio. Isso era realizado pelos festejos de São João, em que, além dos divertidos brinquedos de caminhar sobre carvões em brasa sem queimar a sola dos pés, havia ainda a prática de leitura da sorte e do destino com agulhas flutuantes em pratos com água ao lado das fogueiras e solicitando definições que as pessoas mais conhecedoras dessa ciência iam conduzindo, interpretando as direções que a agulha ia tomando. Havia ainda o costume de se rodear a fogueira proclamando uma pessoa amiga como compadre ou comadre. De mãos dadas, uma ia proclamando, e a outra repetindo: "Viva meu compadre, meu compadre viva; viva minha comadre, minha comadre viva". E assim se dava toda a volta na fogueira. Concluído o círculo, estava selado o compadrio para o resto da vida.

Nenhuma decisão importante na cidade era tomada sem se ouvir, principalmente, o Senhor Antônio Benvindo Veras. Alto, de cabelos abundantes, lisos, caídos para os lados, era uma pessoa de estatura acima da média, elegante, cordial e de modos singelos, mas decididos. Acima de tudo, era uma pessoa comunicativa, um líder natural. Ele e a esposa eram compadres de nossos pais e pareciam proteger-nos no que pudessem pela força de seu prestígio e influência.

Havia ainda o farmacêutico do lugar: Francisco Perneta. Na convocação de 1945, ele foi um dos poucos convocados pelo governo para a guerra.

O certo é que a acolhida cativou meu pai, que logo decidiu dar uma boa parada por ali, fosse para aliviar-se das despesas já feitas, fosse para economizar algum dinheiro para se estabelecer melhor em seu destino.

De imediato, fomos alojados numa parte da casa de adobe do cego Adonias. Ficava esta num dos quadriláteros da única praça do povoado, em volta da igreja do local. Mudamos, depois, sucessivamente, para dois pontos diferentes da velha Piabanha, então chamada de Tocantínia. A nossa segunda moradia era uma casinha velha de adobe que ficava ao lado das irmãs Cedenilha.

A propósito de duas figurinhas carimbadas do povoado Piabanha, mais tarde ouvi, relatada pelo Humberto, irmão do colega Padre Jacinto, uma gozação que corria de boca em boca.

Naquela época, não se conhecia o leite em saquinhos ou caixinhas, hoje vendido em mercados. Cada um comprava seu leite de algum conhecido ou amigo que tinha o capricho de manter uma ou duas vaquinhas no povoado para ter leite para uso pessoal.

As duas manas velhas tinham o capricho de reservar um pouco do leite que obtinham para produzirem seu queijo. Naturalmente, este era guardado debaixo de sete chaves.

Um belo dia, uma das manas, ao conferir seu precioso guardado, espantou-se ao notar que um esperto rato abrira um rombo em seu armário e produzira outro em seu queijo.

Muito espantada, ela teria exclamado: "'Miarimãzinha', olha o oco Cedenilha, olha o oco, 'miarimã'!".

Os indígenas da Piabanha

Diziam que essas duas velhinhas irmãs tinham sido criadas pelos missionários capuchinhos que então se ocupavam da catequese dos indígenas.

No entanto, os antigos do povoado contavam que, no passado, tinha havido muitas brigas, com mortes de parte a parte. Naquela nossa época, eles frequentavam o povoado em paz. Apenas gostavam de tomar bastante pinga e se embriagar.

De fato, bem próximo do povoado, eles tinham suas aldeias. O velho aldeamento indígena era então denominado Tocantínia, mas os mais velhos do lugar preferiam chamá-la de Piabanha. Piabanha? Por que Piabanha? Ignoro o porquê! Sei apenas que era um antigo reduto de missões de religiosos capuchinhos.

Com a chegada dos missionários, aos poucos, foram também chegando os brancos. Era assim que eles chamavam os não indígenas. Segundo relatavam os mais velhos do lugar, naqueles primeiros tempos, houve muitos conflitos. Principalmente quando alguns sitiantes, aproveitando-se das terras devolutas do estado nessas paragens, foram estabelecendo-se e montando suas sedes com roças, currais e criação extensiva de gado.

Com a escassez dos animais silvestres que serviam de caça para os nativos, o gado dos sitiantes passou a ser abatido pelos indígenas e surgiram os embates. Segundo relato de minha mãe, não muito longe de Tocantínia, rumo norte, às margens do Rio do Sono, antepassados de meu avô materno tiveram seu canavial, seus engenhos e toda a sua sede devastados por incêndio tocado pelos indígenas.

Em nossa casa, eles apareciam para receber algum agrado, mas sempre traziam também seus presentes. Estes podiam ser algum artesanato de produção deles, como um arco, uma flecha ornamentada com penas de aves silvestres, um cesto feito de talo de buriti ou até mesmo algumas pencas de banana.

Algumas vezes, traziam-nos a linda banana-pacovi. É uma banana mais graúda que a banana-prata e menor que a banana-comprida, chamada também de banana-da-terra. Tem a cor arroxeada e um adocicado mais intenso que as demais.

Anos mais tarde, retornei à velha Piabanha. É claro que não mais existia a antiga capela em que ajudei Padre José Momenço a demolir velhos paredões. Todavia, os indígenas continuam frequentando e vagando pelas ruas e pelos botequins.

No próprio ônibus que tomei para retornar a Porto Nacional, embarcou um bom grupo deles. Assentaram-se no fundo do veículo. Vários estavam bem alterados pela pinga. Quando tentei tirar uma fotografia de um deles, ele gritou, ameaçador. Tive de recuar e desistir da foto. Foi então que me recordei de ter ouvido, quando abordamos alguns indígenas na Ilha do Bananal: "Se quiser tirar foto, tem que pagar. Com roupa é cinco; sem roupa é dez!".

Por aquela época, apareceu no povoado um grupo circense que promovia espetáculos atrativos executando demonstrações curiosas e provocativas. O ponto alto dos espetáculos era passar uma barra de ferro incandescente na sola dos pés ou mesmo na língua. Todos que ali estávamos víamos e ouvíamos o chiado da barra incandescente tocando a pele e até sentíamos o cheiro de carne queimando.

Para criar um clima de expectativa, havia uma demonstração provocativa inicial. O líder comunicador convocava a meninada. Atava à sua cintura, nas costas, um chumaço de tecido embebido em querosene e acendia-o. E colocava na mão de cada um uma vela que deveria ser acesa na chama que o palhaço levava atada em suas costas. Ele disparava correndo em círculo, sem parar.

Nossa tarefa era acender a vela. Cada um de nós corria atrás dele com a vela na mão, e ele, sempre correndo em círculo, ia provocando-nos com uma cantilena assim entoada: "Acende a vela carcadinho, tararai, tai-tai-tai, tai, tai; acende a vela tripa de porco, tararai, tai-taitai, tai, tai; acende a vela dente de cavalo cansado, tararai, tai-tai-tai, tai, tai".

Naquela época, estava em plena efervescência o movimento nazifascista de Plínio Salgado. Recordo-me de que havia um garoto, um pouco mais velho que nós, muito empolgado com o patriotismo desse movimento, que nos aglomerava em fileiras e nos fazia marchar empertigados entoando palavras de ordem difundidas então: "Anauê, Deus, Pátria e família" (SALGADO, 1956).

O infante e audacioso mano Ruy, nosso guardião

Em Tocantínia, por um bom período, em casa éramos apenas três irmãos. Por ordem de idade: Rui, Joarez e Aldo. Nas folgas de trabalho em casa, quando andávamos pela rua, tínhamos o cuidado de andarmos sempre os três juntos. Talvez por isso, naquele pequeno povoado, éramos conhecidos como "os meninos do Miliano".

Naturalmente, nosso mano mais velho era nosso líder e também nossa defesa e nosso guardião. Dois pequenos episódios ilustram essa sua condição. Numa daquelas nossas andanças, vagando pelo povoado, recordo-me de que um garoto mais atrevido nos insultou. Até hoje enxergo a poeira que se levantou quando nosso mano partiu como um raio sobre o provocador e jogou-o por terra.

Outro episódio revelador de nosso mano mais velho: mamãe sempre tinha em nosso quintal, devidamente cercado e protegido, uma boa criação de aves. Vez por outra, além dos galináceos, algumas angolistas, também chamadas galinhas-d'angola. Papai valorizava muito essa criação informando-nos de que esses bichinhos especiais combatiam pragas como formigas, cupins e, até mesmo, cobras, o alimento preferido delas. Um belo dia, mamãe verificou que toda uma ninhada de pintinhos estava atacada de gogo.

As tentativas de cura por uso de creolina não tinham surtido nenhum efeito. Mamãe decidiu que, para evitar a contaminação dos demais, a única solução era matar todos os doentes. Sendo eu solicitado, disse que não tinha coragem de matar os bichinhos. O mano Aldo também fez o mesmo. Chegando a vez do mano Rui, ele não vacilou. Pegou logo um pauzinho que encontrou por ali e passou a executar tranquilamente cada uma das criaturinhas doentes.

A cada uma que tombava agitando as patinhas no ar e piando clamorosamente, o mano, como que zombando de nossa covardia, fitava-nos rindo gostosamente.

Posso acrescentar mais um *modus operandi* do mano Rui que deixava bem claro seu caráter de valentia e determinação.

Quando éramos bem pequenos, talvez com menos de 7 anos, mamãe oferecia-nos o café num copinho esmaltado que nos sorvíamos no piso de ladrilho de nossa cozinha em Tocantínia. Lembro-me de que, por diversas vezes, mamãe entregava-nos o copinho com café e eu achava muito quente. Devagarzinho, eu ia tomando, soprando lentamente. Num desses intervalos em que eu ficava aguardando que o café se esfriasse, o mano Rui, que já tinha sorvido todo o seu copinho de café e encontrando o meu ali parado dando sopa, mais que depressa, explorando minha distração, ágil como um gato, deu o bote na minha cota e zás, engoliu rapidamente todo o meu precioso e quente café. E, diante de minhas lamúrias, limitou-se a rir ironicamente, como quem dizia: "Foi ao vento, perdeu o assento!".

Preciso reportar aqui um dos episódios mais remotos que consigo alcançar e desentranhar de minha memória mais pretérita. Calculo que eu não teria nem 10 anos de idade, pelos idos de 1943. Éramos apenas os três manos, em período de férias escolares de fim de ano, no nosso modesto e primeiro sítio Bom Jesus, a uns 30 ou 40 quilômetros situado à margem esquerda do Rio Tocantins, município de Miracema do Norte, hoje Tocantins.

Nosso pai rompera sertão adentro tentando encontrar e recambiar algumas reses que se tinham extraviado do seu modesto rebanho. Os dias foram se passando, e nossa mãe se viu necessitada de alguns artigos de manutenção indispensáveis.

O mano Rui, então, por ser o mais velho de nós três, recebeu a dura, quase cruel, incumbência de ir buscar na cidade os víveres fundamentais que nos faltavam. E estávamos a uns 40 quilômetros do povoado mais próximo. Foi necessária muita coragem de minha mãe e do mano Rui.

Até hoje, vislumbro seu perfil de criança segura, tranquila, arrojada e destemida ousando enfrentar uma viagem em lombo de animal que durava cerca de dois dias. Acontece que, bem no meio do caminho, havia uma serra ampla e íngreme, circundada por uma vasta mata, habitada por perigosos animais silvestres.

Quando o vi decidido a montar numa cela em que seus pés nem alcançavam ainda os estribos, fui tomado de profunda compaixão e receio por uma tão perigosa empreitada. No mais íntimo de meu ser, suspirei e desejei que a montaria que o conduzia lhe fosse dócil e segura como a aventureira jangada de Iracema e que as trilhas que seguiria fossem igualmente seguras e certeiras, como esboçou José Martiniano de Alencar em seu clássico romance, *Iracema*. E, parafraseando seu lindo poema, suspirei: "Serenai, verdes mares", as incertas trilhas do meu sertão "e alisai docemente" as vagas da incerteza para que em rumo certo trafegue segura essa montaria do arrojado mano Rui, tal qual a jangada de Iracema!

Pelo menos, era assim que se me apresentava aquela partida rumo ao desconhecido.

Como ele saberia achar o rumo certo a seguir? Como saberia encontrar o pouso em que deveria buscar abrigo quando a noite chegasse? Como saberia ele orientar-se no cipoal de estradas verdadeiras e trilhas falsas?!

Quem vagou por aquelas estradas que cortavam o sertão brabo daqueles tempos sabe que os caminhos eram cheios de bifurcações que se abriam a todo instante, deixando a incerteza sobre qual a vereda verdadeira, no meio de infinitas direções, em que não faltavam as trilhas dos animais silvestres.

Essa viagem do mano representou para mim uma grande aventura.

Na minha imaginação, temi que o mano poderia ser atacado por um perigoso animal, ou não conseguisse retornar ao ponto de partida.

Felizmente, para sorte de todos nós, o mano superou todos os obstáculos e retornou com as encomendas íntegro e sadio. Deus seja louvado para sempre! Amém!

Uma elegia inevitável ao primogênito mano Ruy

No elenco das memórias mais valiosas que retenho do mano Ruy, há um evento que, pelo seu caráter grave, pungente e inquietante, nem pensava em incluir neste peculiar "álbum" fotográfico de família: onde, como e quando faleceu!

Entretanto, por esses dias, fui surpreendido pelo tocante testemunho pessoal do médico que me aceitou como seu pupilo. Ouvi dele o comovente depoimento de ter passado por uma situação análoga à que vivi há alguns anos. Ele e eu vimos, ou melhor, previmos, em sonho, a morte de um ente querido. Ele, a morte de seu recém-nascido filho; eu, a do mano mais velho!

Estava eu de férias no Rio Grande do Sul. Numa bela noite, tive um sonho bem inquietante.

Eu e o mano Ruy, com toda a nossa família, estávamos, em férias viajando juntos. Mas, estranhamente, naquele mesmo trajeto, de repente, era só ele e eu que nos encontrávamos trafegando velozmente, numa pista de asfalto. Mas não estávamos conduzindo um veículo, e sim um skate mecanizado. Como de hábito, ele navegava na frente com mais velocidade, e eu, um pouco atrás dele. A certa altura do trajeto, notei que ele acelerou muito numa curva e, perdendo o controle do equipamento, derrapou violentamente e tombou logo, sem vida. Impactado pela forte emoção, acordei sobressaltado, sentindo, claramente, que vira e presenciara a própria morte de meu velho e querido mano!

Em reverência à sua memória, subscrevo aqui seu epitáfio: "A vida canta em nossos silêncios e sonha em nosso descanso!".

Ao amanhecer, comentei o estranho sonho que tivera. Pela tarde, daquele mesmo dia, recebi de familiares a triste informação de que o mano perecera num acidente de carro, quando retornava de férias para casa.

Foi então que me recordei de quão importante são os sonhos nas Sagradas Escrituras. O próprio profeta Joel (2, 20-22) declara: "Os velhos terão sonhos e os jovens, terão visões!".

Grandes eventos são ali anunciados. Dentre eles, destacamos: o sonho de Jacó, com sua escada para o céu (Gn 28, 10).

E, já no Novo Testamento, temos os quatro sonhos de São José, relatados no Evangelho de Mateus (Mt 1, 20-21; 2, 13; 2, 19-20; 2, 21).

Uma visão e um cenário inesquecíveis

Em nosso quintal, próximos à margem do Tocantins e vizinhos das irmãs Cedenilha, havia uns dois outros enormes pés de manga comum. Lembro-me de que, por diversas vezes, galgava-os até a copa ao encalço de uma ou outra manga mais bonita e madurinha, com uma tonalidade amarela, suavemente avermelhada. E quantos perigos enfrentei escalando seus tortuosos galhos. Sempre desafiando obstáculos e perigos. Lembro-me de que era tomado por uma espécie de vertigem e experimentava uma liberdade que me dava a sensação de estar sobrevoando o povoado, passando acima de todas as copas de árvores e de todos os telhados. Anos mais tarde, lendo *Meu pé de laranja lima*, de José Mauro de Vasconcelos, evoquei com muita intensidade todo esse belo cenário.

Talvez embalado nessa experiência e nessa sensação, até recentemente, em meus sonhos, exercito-me erguendo voo, simplesmente abrindo os braços e direcionando a energia de levantar voo. Muitos desses momentos mágicos se passam sempre às margens do Rio Tocantins.

Em muitos de meus sonhos, tenho exercitado esse dom de voar. E como é prazeroso sentir-me deslocando pelo espaço.

Em muitas situações, faço demonstrações que consistem em deslocar-me do alto da ribanceira de uma margem rumo à outra margem atravessando todo o rio de mais de 1 quilômetro de largura.

Com um pequeno impulso de corrida, consigo deslocar-me a longas distâncias, seguindo as correntes aéreas como fazem os pássaros. Com a maestria que a experiência lhes conferiu, traçam no espaço aéreo uma linda e encantadora valsa, em belas evoluções, simplesmente movendo as asas na linha do horizonte em leves oscilações do ângulo para a direita ou para a esquerda. E que sensação de liberdade. É o que eu definiria como uma espécie de felicidade sorridente mais doce que a alegria!

Tenho quase certeza de que essa minha frustrada vocação aeronáutica tem sua origem nessa experiência única de sentir-me flutuando na copa das árvores.

Quando se viveu essa experiência, é difícil escapar do apelo irresistível de sair deslizando pelo ar como os majestosos pássaros.

Mais recentemente, nos devaneios de meus sonhos, encontrei uma solução mais técnica para garantir um voo mais longo e seguro. Uma espécie de asa-delta atada em minha cintura ou que simplesmente seguro de braços abertos. Nunca voo de dia. Sempre voo à noite!

O impaludismo na Tocantínia dos anos 40

No período inicial de nossa permanência em Tocantínia, residimos na casa do cego Adonias. Depois, ficamos algum tempo num velho casarão, próximo das irmãs Cedenilha.

Mudamos depois para uma casa bem afastada do Rio Tocantins, talvez calculando que estaríamos menos expostos às famigeradas muriçocas. Acredito que a ideia foi essa. A verdade é que também ali fomos alcançados e flagelados pelos terríveis mosquitos.

Como descrição desse tipo de doença, prefiro apresentar a seguir o excelente relato do que Frei José Maria Audrin também presenciou quase 30 anos antes, feito em seu *Os sertanejos que eu conheci* (AUDRIN, 1963, p. 83-84).

> *Lembramo-nos de ter visto muriçocas apagarem pela sua multidão o fogo da cozinha num tugúrio da beira do Tocantins, em que nos tínhamos refugiado à noite. Acampamos em certas praias aonde [sic], apesar do mosquiteiro, era impossível sossegar um instante. E víamos o cachorrinho da comitiva manter-se n'água, mergulhado até o focinho, apesar do frio e do medo instintivo dos jacarés. Quantas vezes, nessas horas angustiosas, pensávamos nos tão falados combates nacionais contra as doenças transmitidas pelos mosquitos!*

Dona Beatriz e Dona Margarida, nossas primeiras mestras

No Brasil dos anos 40, eram bem raras e caras as escolas particulares. Eram raras também as escolas públicas, mas eram de melhor qualidade. Tanto que as vagas eram ocupadas, quase todas, pelas famílias de mais posses e de mais poder e influência política.

Forasteira no povoado, nossa família se deu por feliz em dispor de uma escola particular mais acessível, por ser dirigida por missionárias batistas.

Fomos aceitos como católicos. Pela semana, marchávamos garbosos, entoando hinos batistas, e, aos domingos entoávamos nossos hinos católicos. Nada ali interferiu em nossa fé católica. Eram excelentes professoras. Ali tivemos boa iniciação nas leituras e aprendemos rudimentos da Bíblia.

Todos os dias entoávamos belos hinos. Um deles marcou-nos mais, como este: "Mas se linda catarata, ao cantar linda sonata, enaltece o teu futuro, meu Brasil! Outra lá no sertão, esta escola Batista de Tocantínia viverá!".

A emoção e o orgulho com que entoávamos esse hino eram tantos que, muitas vezes, sempre que eu e o mano Aldo evocávamos essas nesgas do passado, um dos tópicos que nos agradava repetir era esse do hino da Escolinha Batista de Tocantínia.

O segundo fragmento de memória descreve os nomes dos primeiros livros da Bíblia. Reproduzo aqui apenas a sequência exata dos livros bíblicos, como eles se apresentam em qualquer Bíblia e que memorizei aí pelos meus 10 anos: "Gênesis, Êxodo, Levítico, Número, Deuteronômio, Josué, Juízes, Rute, Samuel, Samuel".

Falo por mim. Mas ter participado da experiência batista, pelo contrário, deixou-me algumas preciosas lições. A primeira delas: catequese sem cânticos é uma instrução de pernas curtas. A abordagem de temas religiosos era feita em clima alegre e lúdico. No ambiente de instrução religiosa entre os batistas, assimilei o brilhantismo e o zelo das instrutoras que ministravam os ensinamentos com dramatizações e cânticos animados. O todo da atividade era sempre um momento prazeroso!

Outro precioso ensinamento. A instrução religiosa deve sempre incluir recursos didáticos pedagógicos agradáveis e cheios de vida.

Mais uma lição. Desde pequeno, aprendi a conviver com outros credos com respeito, sem abrir mão de minhas convicções religiosas. E, além do mais, adquiri, desde cedo, interesse e curiosidade por melhor conhecer a Bíblia.

Nas trilhas do catecismo de Trento

No meu calendário religioso, posso dizer que o momento mais forte e precioso em Tocantínia foi quando fiz a primeira comunhão.

Até hoje, vejo-me embalando numa rede, tangendo os pés na parede para manter o embalo contínuo. Estava muito satisfeito preparando-me para fazer minha primeira comunhão. Com o pequeno catecismo entre as mãos, passava momentos agradáveis estudando. Melhor dizendo: decorando a doutrina em que seria sabatinado diretamente pelo próprio padre.

Para ser aprovado, era preciso acertar absolutamente todas as respostas, sem titubear. Preparando-me, eu mesmo perguntava e respondia: "O Padre é Deus? Sim, o Padre é Deus. O Filho é Deus? Sim, o filho é Deus. O Espírito Santo é Deus? Sim, o Espírito Santo é Deus. Então, são três deuses? Não, é um só Deus em três pessoas distintas: Padre, Filho e Espírito Santo!".

Tenho a vaga lembrança de que o penitente sacerdote combatia algum problema de saúde passando bastante limão nas mãos, tanto que me recordo de que, ao receber a hóstia consagrada de suas mãos, sentia o forte odor acre do limão rescendendo de seus dedos.

Não me recordo se, na cerimônia de primeira comunhão, usamos alguma vestimenta especial ou símbolo, mas ainda quase enxergo nosso batalhão de crianças bem entusiasmado e convicto cantando a plenos pulmões nosso hino de vitória da fé. Exultantes, cantávamos com tanto ardor que até vibravam as telhas da pequena e humilde capelinha. E, até hoje, recordo-me exatamente das palavras do hino de nossa marcha eucarística: "Chegou o dia da querida festa, chegou a hora em que vamos comungar; a inocência brilha em nossa testa. Senhor Jesus, nós crianças vos amamos, de todo nosso pequeno coração; a recompensa que nós esperamos seja a nossa eterna salvação; seja a nossa eterna salvação!".

Memórias de um anacoreta: Padre José Momenço

Era uma criatura bem rara e exótica. Estatura média, delgado, rosto oval, pele branca, olhos claros, quase esverdeados e indevassáveis. Não ousava levantar as vistas diante das mulheres. Enfim, o primeiro padre que conheci em minha vida tinha ares de santidade e gestos humanos que instigavam minha curiosidade infantil!

Como criança, ajudávamos o misterioso padre nesta tarefa de demolir umas paredes para ampliar o espaço da capelinha onde celebrava.

As saborosas iguarias que as senhoras caridosas lhe traziam ele dava totalmente para as crianças que o ajudávamos. Lembro-me claramente de que ele se contentava em despejar café numa vasilha e misturar farinha para comer aquela pasta quase intragável.

Para esclarecer melhor a natureza e intensidade dessa motivação, devo acrescentar que o que mais me atraía para aquele mundo fora do mundo não era o poder que essa condição pudesse envolver. Era, antes, a dimensão de mistério e do indizível e impenetrável que a carreira envolve. Todas aquelas práticas no serviço das coisas sagradas como que me arrebatavam de um mundo mesquinho e limitado para um mundo sem fronteiras e indevassável!

A promessa de nossos pais

Santuário Bom Jesus da Lapa, Bahia (Wikipédia; Google)

Acredito que, pelo ano de 1945, nossos pais resolveram ir ao Senhor Bom Jesus da Lapa, Bahia, para pagar uma promessa que um dos dois fizera pela cura do mal que tanto atormentava nosso pai: violentas e intermitentes cólicas abdominais.

Papai já fizera um grande giro em busca de cura para esse mal. Pelos comentários que ouvi, saindo de Babaçulândia, fora até Belém do Pará, possivelmente, passando pelo garimpo de Jacundá. Seguiu depois para São Paulo, passando por Sorocaba, de que muito falava. Em São Paulo, fez uma grande cirurgia na região do estômago. Ele tinha uma grande cicatriz entre o esterno e o umbigo. Contudo, o mal continuou. Só aliviava quando ingeria um comprimidinho pequeno redondo e branquinho. Chamava-se "Pílulas de Vida do Dr. Ross". Nosso pai andava sempre com esse vidrinho.

Recentemente, nossos sobrinhos médicos, Rodrigo e Nádia, identificaram que nosso pai sofria do mal de Chagas alojado no intestino.

Mamãe enfrentou essa romaria gestante de nossa irmã caçula. Consultando o Google, vejo que o percurso a ser vencido era de uns 1.200 quilômetros. Convertendo isso em léguas, que era a medida de distância que conhecíamos àquela época, encontro que tiveram de percorrer mais de 200 léguas. Quatrocentas, contando ida e volta.

Lembro-me bem de que a promessa previa que meu pai deveria ir e voltar a pé. Só mamãe e nosso mano caçula foram montados. Papai levou outro animal de carga para transportar vestimenta e mantimentos para a longa jornada.

Nosso mano Aldo comenta que passaram por regiões da Bahia de muita escassez de água. E, quando aparecia, era muito salobra e, às vezes, muito suja e lamacenta. Por ser nosso pai muito criterioso e muito familiarizado com longas jornadas, tenho certeza de que levou sua preciosa "borracha-geladeira".

Descrevendo a "borracha-geladeira"

E, como era essa "borracha-geladeira?". Era uma espécie de grande sacola, no formato retangular, de couro curtido e costurada toda em volta, com uma tira também de couro, deixando apenas uma pequena abertura, a parte superior, para introdução e extração de água. Essa entrada ou abertura é provida de uma boa tampa confeccionada em madeira macia. Eis aí a famosa e preciosa "borracha-geladeira". Além de ser costurada em volta, é preciso aplicar nas duas faces do couro várias demãos de sebo animal, tendo o cuidado de submeter a peça ensebada à demorada ação do sol. Isto fazendo, até que toda a pele fique plenamente saturada, obstruindo assim toda porosidade da peça. Isto feito, deve-se ter o cuidado de deixar a "borracha-geladeira" com água por dois ou três dias e jogar fora aquela água.

Observadas essas normas, tem-se um precioso e valioso invólucro, portador inquebrável de água. Ela preserva a água sem nenhum cheiro, cor ou sabor e sempre bem fresquinha, quase gelada!

Curiosos brindes do Senhor Bom Jesus da Lapa

Quando nossos pais retornaram, ganhamos uns brinquedos bem originais e que nos deixaram encantados. Um deles, que mais nos agradou e divertiu, era assim constituído: uma pequena peça de madeira roliça de uns 25 centímetros de comprimento. Numa das extremidades desta, havia uma pequena abertura circular, como um pescoço. Ali, era pendurado por uma tira de couro ou cordão grosso em que era encastoado um cilindro decorado externamente em cores diversas por desenhos variados.

Segurando na extremidade oposta, na varetinha ou no cabo, impulsionava-se o cilindro para que girasse como uma hélice de avião. Como o encaixe em que girava o cordão era recoberto por uma boa camada de breu dissolvido ao fogo com cera de abelha, quando posto em movimento giratório, a cordinha, friccionando o encaixe encerado, produzia-se um zumbido como de abelha revoando na entrada da colmeia!

Algumas décadas mais tarde, estando com minha esposa e filhos já bem estabelecido em Brasília, senti necessidade de conhecer pessoalmente esse santuário tão precioso e importante na vida de minha família.

De carro, partindo de Brasília, fizemos uma visita sentimental ao Santuário de Senhor Bom Jesus da Lapa. Isso foi já pela década de 1980. Seria já pelo 40º ano da visita de nossos pais.

Inspirado nas imagens descritas por nossos pais, tinha uma ideia um tanto mágica da Gruta do Bom Jesus. E a imagem mais viva eram os brinquedos originais e criativos que nosso pai nos trouxera de lá.

Alimentava o desejo de poder propiciar aos meus filhos um pouco das emoções mágicas que aqueles brinquedos raros me proporcionaram, mas tive a cruel decepção de que o pior do mundo industrializado já sufocara todo aquele mundo mágico de criação e artes locais.

Adeus originalidade e criatividade dos artistas locais. Nada mais havia de criativo e original. Só enxerguei as malditas bugigangas industrializadas que se espalharam por todas as praças e cidades e invadem também os nossos santuários.

Comendo gorgôlôs assados´;p

Antes de partir, nossos pais providenciaram uma senhora de meia-idade para ficar em nossa companhia e prover nossas necessidades básicas. Até hoje, quase enxergo meu pai entregando umas tantas moedas de metal amarelo bronzeado. Eram moedas gravadas em réis. Esse dinheiro era para o Rui, o mais velho, comprar carne vez por outra. Ao todo, a viagem deve ter durado uns 30 dias. Por todo esse período, ficamos em companhia de uma velhinha baixa e muito séria. Gostava de fumar seu cachimbo.

Tenho a vaga impressão de que era piauiense de origem. Não sei se por necessidade ou por conveniência dela, por diversas vezes, fez-nos comer gongolos, vermes branquinhos e roliços, com um pontinho preto numa das extremidades, que se desenvolvem no interior dos bagos do coco-babaçu.

Sendo familiarizada com o assunto, conseguia obter muitos desses gongolos. Vez por outra, fornecia-nos como refeição matutina ou noturna esses asquerosos gongolos. E fazia-nos comê-los misturados com farinha. Eu, pessoalmente, recordo-me de que tive muita dificuldade para comer os tais bichinhos brancos, roliços e brilhantes.

Repugnava-me ver o tormento daquelas criaturas, que me pareciam muito nojentas. Tanto mais que, queimando já na frigideira, além do cheiro ardido que eles exalavam, agitavam-se loucamente sob o calor do fogo até morrerem.

A cada colherada ou bocado que eu tinha na boca, não conseguia esquecer-me dos bichos esperneando desesperadamente na frigideira e até captava pelo nariz o cheiro rançoso que exalavam quando sua gordura esbranquiçada se espalhava borbulhante sobre o óleo que desprendiam de suas entranhas gordurosas!

"Amansando" botinas

Por distração, ganhamos botinas muito apertadas. Papai logo administrou um sebinho a todas elas, mas isso não resolveu o problema. Mamãe logo encontrou a solução. Fez nós três calçarmos as botinas, devidamente ensebadas e, açoitando com uma boa chicotada o lombo de cada um de nós, decretou: corram logo, bem rápido, em volta da casa. Lá se foram os três, um na frente do outro, em desabrida carreira, açoitando os pés no chão com toda raiva de quem tange ladrão. Em largas passadas, açoitávamos as rebeldes e intumescidas botas no chão duro. Enquanto tivemos força e fôlego, perfizemos vários círculos, até que, cansados, nos atiramos ao chão, exaustos e suados...

Não me lembro, mas acredito que elas nos acompanharam fielmente por um bom tempo já bem surradas, amaciadas e "amansadas", como também se dizia.

Artes e habilidades de um mestre em arreios

O oficial celeiro daquela época não tinha parcerias nem terceirizados. Ele tinha de ser o factótum. Para os padrões da época, era um verdadeiro mestre ou doutor no assunto na matéria de confecção ou fabricação de arreios.

Naquela época, esses artesãos que dominavam todas essas técnicas eram, com razão e justiça, chamados de mestres. Não me esqueço do orgulho e prazer que eu sentia quando notava que os que conheciam mais de perto meu pai o chamavam de mestre: "Mestre Miliano, comtempassado?".

Um arreio completo, seja ele sela de passeio, seja de viagem ou traquejo de animais domésticos, em geral, compreende: gualdrapas, cilha, cincha, barrigueira, estribos, rédeas, cabeçada, rabicho, peitoral, todos trabalhados com caprichosos desenhos artisticamente combinados decalcados no couro curtido, produzindo as mais variadas formas gráficas. Todas essas peças incluem, além dos componentes em couro, as peças de metal, geralmente ferro e latão. Alguns deles, excepcionalmente, se o freguês encomenda e pode pagar, podem ser, até mesmo, de prata. Naturalmente, esses adereços decorativos são previamente combinados e acertados com o freguês na hora em que faz sua encomenda.

Naqueles tempos, as peles silvestres eram encomendadas e adquiridas diretamente do caçador. E havia uma grande variedade de caçadores: aquele especializado na caça da onça-pintada, contratado pelos fazendeiros para proteger suas reses, e os que viviam da carne dos mais diversos animais silvestres: desde o simples tatu e o peba do carrasco ao veado-galheiro, catingueiro ou mateiro.

Quando eles não aparecem no "comércio" ou povoado, como naquela época se chamava, era preciso ir ao encontro deles no sertão, em viagens de uma a duas semanas, procurando e comprando as mais diversas espécies de peles de animais silvestres, naturalmente, todas em estado bruto, sem nenhum tratamento.

Recordo-me de, na minha infância, ter acompanhado meu pai numa ou noutra dessas viagens em demanda de peles silvestres.

Depois de obtidas todas essas peles, elas precisavam ser curtidas. Entretanto, não existia, pelo menos nos sertões do Norte do Brasil, curtume. O artesão construía seu curtume. Havia, para isso, duas soluções possíveis: a mais rara consistia em abrir, por escavação, em rocha arenosa, os referidos cochos. Recordo-me de que participei dessa primeira alternativa em Porto Nacional.

Por pura sorte, meu pai localizou uma boa extensão de rocha arenosa à beira do ribeirão mais próximo da cidade.

Adquiriu aquela área com dupla destinação, já que nessa pequena chácara podia recolher os animais que utilizávamos para nosso deslocamento para o Sítio São Pedro, a uns 40 quilômetros, já no município de Monte do Carmo. E foi exatamente nesse curtume que ajudamos por todo o período que antecedeu nosso ingresso no Seminário de Porto Nacional.

E não posso omitir que, entre as diversas motivações pessoais nossas, estava também essa de escaparmos da tarefa que mais nos constrangia naquela época em Porto Nacional: termos de enfiar as mãos naquela "golda" malcheirosa e repleta de asquerosos vermes.

A segunda alternativa de produção dos cochos para curtume era talhá-los em madeira. Precisava-se, para isso, de árvores especiais de 70 a 80 centímetros de diâmetro. Pelo que me recordo, o jatobá e o angico eram as madeiras preferidas por meu pai para essa finalidade. Na falta destas, o embiruçu também servia.

Os primeiros, por serem madeiras mais resistentes, requerem muito mais trabalho e esforço para serem transformados em cochos. Em compensação, estes têm grande longevidade. Já o embiruçu, com seus vigorosos troncos e sua fibra macia, era fácil de ser moldado, mas, em compensação, apresentava pouca durabilidade. Logo rachava ou apodrecia.

Era nesses cochos, espécie de tanques, que se operava todo o processo de manipulação do couro. No beneficiamento do couro, havia duas operações diversas e importantes. Primeiro, devia-se proceder à retirada completa dos pelos desses couros. Para isso, havia uma técnica bem específica.

Necessitava-se da cinza como matéria-prima fundamental. Recordo-me de que meu pai preferia, para essa finalidade, a cinza do angico, por ser bem mais forte e eficiente. Essa cinza, de tão forte, atua como uma espécie de soda cáustica que, dissolvida em água na proporção certa, por imersão, libera todos os pelos e deixa as peles limpas e prontas para serem curtidas.

No entanto, se o cliente encomendasse uma peça curtida com seu pelo, o artesão sabia como fazer isso.

Em seguida, era preciso submeter todas as peles a um tratamento com cascas de angicos que, depois de macetadas, eram devidamente sobrepostas às peles numa imersão em água. Esse material deve ser revolvido diariamente, durante umas três semanas. Eis aí um trabalho sofrido pelos odores fortes do titânio liberado das cascas.

Fazendo a cola, grude de tapioca e limão

Na fase de fabricação dos arreios, tendo de costurar tecido e couro, a única forma de obter um bom resultado era recorrer à cola artesanal. Eis como era produzida essa cola doméstica. Com uma porção de tapioca, polvilho obtido da mandioca, dissolve-se em pouca água, no ponto de, uma vez levada a solução a fogo brando, depois de bem aquecida, uma solução que tenha uma consistência pastosa. Deve-se aquecer e ir mexendo a pasta para que não queime nem se prenda ao fundo da vasilha. Já depois de bem aquecida, adiciona-se à pasta uma boa porção de suco de limão. Este tem a finalidade de impedir a putrefação da pasta nos dois primeiros dias de uso.

Depois de seca a cola que fixa o tecido sob o couro, o artesão traça sobre o couro os desenhos que pretende estampar no artigo de couro. Alguns desses desenhos o artesão os tem traçado em papel de média espessura, devidamente recortado. Com um lápis de carpinteiro, trata-se de transferir para a superfície a ser trabalhada todo o desenho que se pretende estampar sobre a peça.

Isto feito, utiliza-se uma espécie de ponteira produzida em osso trabalhado como se fosse um lápis. Essa, ponteira, bem pontiaguda, mas não perfurante, é bem alisada e polida a ponto de, mesmo pressionando firmemente na superfície do couro, este ser marcado apenas em baixo relevo, sem, contudo, danificar a delicada pele de couro curtido.

Isso feito, com muito cuidado e capricho, deve-se costurar todas as formas de desenho esboçado sobre a peça. Um ramo de flores deve ser reproduzido fielmente pela costura, em todos os seus detalhes. Concluída a costura por todo o desenho, passa-se para a parte final da arte. Mantendo-se a parte do tecido para cima, com uma porção de algodão na mão esquerda e a ponteira acima descrita na mão direita, vai-se perfurando o tecido em determinados pontos e sob ele se vai introduzindo o algodão e enfiando suavemente para não perfurar o tecido, mas preenchendo o espaço do desenho traçado. Esse enchimento tem a finalidade de criar formas e figuras variadas em alto-relevo. A distribuição adequada desses desenhos confere uma aparência de beleza ao todo da peça. Algo que agrada à vista.

O volume de algodão inserido no desenho da costura nem pode ser pouco nem muito. Se for insuficiente, quando pressionado de leve, o alto-relevo desaparece. Se ficar aterrado, pode rasgar o tecido e oferecer uma resistência inadequada para quem a estiver usando.

Essas peles eram geralmente obtidas de couro de veado-catingueiro, campeiro ou galheiro ou mesmo de onça-pintada ou suçuarana. Não podemos esquecer que, pelo Norte Goiano, nos anos 40 e 50, nenhuma proibição havia para abater esses animais silvestres.

Em princípio, quatro materiais estavam envolvidos na profissão artesanal: couro, sola, madeira e tecido. A couro era a pele de fina espessura. As de espessura mais reforçada eram chamadas sola. O que determinava a diferença entre couro e sola não era o porte do animal de que se originava, mas a espessura da pele que este produzia.

Assim, a anta, embora um animal silvestre e de médio porte, possui uma pele de grossa espessura. A sábia e astuta natureza arquitetou e equipou esse animal para o duro embate com pequenos e médios vegetais que enfrenta quando dispara pela mata em desabrida fuga de algum voraz perseguidor. Basicamente, esses animais de porte médio usam a mesma estratégia das boiadas quando disparam em fuga. Levando em conta essa peculiaridade, nosso vocabulário da língua portuguesa cunhou um adjetivo para qualificar uma pessoa agressiva e rústica nos modos. Fulano de tal é uma anta!

Modelo das antigas máquinas de costura, anos 30 (Google; Wikipédia)

Meus pais eram artesãos. Minha mãe trabalhando com costuras. E meu pai na produção de arreios e acessórios em geral. Ambos tinham sua máquina de costura. E pode-se dizer que basicamente sustentaram as necessidades da família na diária e dura labuta num pé de máquina. Dias sem fim e noites, muitas noites adentro.

Meu pai mesmo, frequentemente o ouvi declarando para minha mãe: "Marica, hoje preciso fazer um serão para cumprir o trato que fiz". Fazer serão significava entrar pela noite adentro, riscando, cortando, costurando e alinhavando peças. Nesses duros tempos não havia luz elétrica. A única fonte de luz eram as lamparinas alimentadas a querosene-jacaré. Por diversas vezes, ouvi minha mãe comentando que gastara muito sua vista pelejando com as precárias lamparinas a querosene!

Meus pais levavam muito a sério uma palavra dada num contrato de trabalho. Nenhum dos dois elaborava os tais contratos atuais de trabalho. Mas, no dia acertado, o cliente sempre recebia o que lhe tinha sido prometido!

Lembro-me de que cada um tinha seu caderno de anotação e ali registrava os detalhes do pedido feito bem como da data da entrega. Nessa época, a maioria dos clientes de meu pai residia fora da cidade e viria à cidade só para receber e pagar a encomenda.

Como trabalhava com tecidos grossos e com couro, a máquina de costura de meu pai era bem fornida e sólida. A de minha mãe, por tratar apenas com tecidos mais finos e delicados, era uma máquina mais simples.

A máquina de meu pai sempre foi de pedal. Minha mãe, mais tarde, depois de fazer um curso de corte e costura com o alfaiate Silvinho, acabou adquirindo um motor para acionar a sua máquina.

Mas lembro-me de que ambos se batiam muito no ajuste da lançadeira que garantia a constância no equilíbrio dos pontos. Para esse ajuste, contavam com uma pequena chave de fenda e vela estearina para amaciar a lançadeira. Outro item que os martirizava muito era enfiar a linha no buraco da agulha. Isso já nos últimos anos em Porto Nacional.

Até hoje ainda posso enxergar minha mãe batalhando para enfiar uma linha no furo da agulha da máquina ou numa prega de botões.

De alguma forma, fiquei feliz em adquirir, ainda em Brasília, uma máquina de costura de operação manual. É uma máquina Singer com o volante niquelado e com uma manivela. Está fixada num pedestal em madeira.

Não se pode esquecer que a sela de montaria das mulheres dessa época era totalmente diversa da dos homens. A montaria feminina tinha à frente do arreio uma espécie de "chifre" por onde passava a perna direita da amazona. Montando pelo lado esquerdo do animal, o pé esquerdo ficava apoiado no estribo, enquanto a perna direita se apoiava no "chifre" fixado no cabeçote do arreio, do lado esquerdo. Dadas essas peculiaridades e limitações, a mulher até poderia apear sozinha, mas, para montar, sempre necessitava de uma ajuda para erguer-se e alcançar a montaria.

Estamos falando de uma época em que não se admitia, em hipótese alguma, que uma mulher trajasse veste masculina, a calça. Só o vestido era permitido. E, nessa situação de viagem em lombo de animal, o vestido deveria ser longo, indo até os tornozelos. A perna direita ficava totalmente flutuante, caindo sobre o pescoço do cavalo. Pelo lado direito do assento, ficava um arco, forrado e decorado em couro curtido, ponto de apoio das nádegas e região lombar. Esse arco se fixava pela frente num "chifre" do lado direito da montaria, em sua parte anterior. Na outra extremidade, o arco findava à altura do assento traseiro esquerdo da cavaleira.

Cenários de uma fazenda ou um sítio dos anos 40

Por aquelas bandas do antigo Norte de Goiás, ninguém cercava sua propriedade. Toda criação era mantida em campo aberto. Não havia nenhum problema de os bens de um criador se misturarem aos de outro, pois cada proprietário tinha um ferro, também chamado de "marca", a qual era exclusiva de cada um.

Naturalmente, os vizinhos conheciam as "marcas" dos criadores de sua redondeza. Todos os animais pastavam livremente onde desejassem. Cabia a cada proprietário cuidar de sua criação levando-a ao curral, pelo menos, duas vezes ao ano.

Na primeira, fazia-se a chamada vaquejada. Esta consistia em juntar toda a criação, fosse para conferir o todo, fosse para beneficiamentos diversos, como apartar e ferrar a criação nova e salinar todos.

Uma segunda junta das reses buscava reunir apenas o gado de criação, ou seja, as vacas paridas do ano em curso. Essa operação tinha por finalidade fazer a partilha com o vaqueiro para que este tomasse posse das crias que lhe cabiam na partilha pelo trabalho de cuidar de toda a criação.

Entretanto, por mais conversados que fossem os detalhes, no momento da partilha, sempre ocorriam debates e discussões acaloradas e até violentas, pois não havia o costume de se definirem os termos do acerto por um documento escrito. Era bem comum que, naquelas alturas, além do vaqueiro, muitos pequenos ou até grandes criadores mal soubessem ler ou escrever. Tudo era feito oralmente, dependendo muito do caráter e da confiança entre as partes.

Os termos gerais desse entendimento eram: o vaqueiro cuida e zela toda a criação, recebendo como pagamento dois direitos básicos: além da moradia gratuita, ele tem direito de botar sua roça do tamanho que der conta de cuidar e o que colher será inteiramente seu, podendo, até mesmo, vender o que exceder sua necessidade de consumo.

O segundo direito importante: uma vez por ano, por ocasião da partilha, ele terá direito a um bezerro, macho ou fêmea, por cada quatro crias. O sistema chama-se "de quatro um".

Este momento é altamente crítico, porque, se o fazendeiro é muito ganancioso, tenta tapear o vaqueiro escolhendo as melhores crias e deixando as inferiores para este. Nesse jogo e conflito de interesses, é muito comum que o mais forte leve vantagem. Se o vaqueiro não for esperto e sagaz, é facilmente logrado. A corda sempre arrebenta do lado mais fraco.

Na minha infância, presenciei muitas brigas nesses momentos. Esse era um dos episódios em que mais me sentia deslocado. Nunca me agradou presenciar ou participar de brigas e conflitos.

Acho que herdei a índole pacata ou pacífica de meu avô materno.

Era muito difícil que não rolasse muita discussão e briga. Todavia, no fim, uma parte sempre tem de ceder, porque não é possível manter uma igualdade ou equivalência perfeita.

As crias, mesmo sendo do mesmo ano e mês, têm mães diferentes, e cada vaca tem seu padrão de cria, com sua genética bem específica.

Como critério geral, ao separar as crias para efeito de partilha, convenciona-se que, de quatro em quatro, sejam separados macho com macho e fêmea com fêmea. E, de cada quatro crias, uma caberá ao vaqueiro.

Na sede dessa propriedade, além da casa do proprietário, existia também a do vaqueiro e uns dois agregados. Incluindo crianças, nessa propriedade residia um mínimo de 10 a 12 pessoas.

O padrão de referência que estou assumindo é o que conheci e em que vivi nas fazendas de meus avós paterno e materno.

Essas informações preliminares são importantes para facilitar a compreensão dos equipamentos de produção que estou apresentando e descrevendo.

Na falta de uma fotografia do cenário, que existe apenas nos arquivos de minha memória, aqui vai sua descrição.

Quem se aproxima da sede dessa fazenda, a primeira coisa que avista é uma área desmatada com a extensão aproximada de uns seis campos de futebol. A prática mais usual é remover toda a vegetação baixa, deixando apenas algumas árvores de grande porte. A ideia é que elas sirvam de sombra para amparar os animais nos muitos dias de sol mais intenso.

Dessa forma, logo, muitos animais, que se encontram no traquejo, aproveitam essas sombras para ruminar o pasto nos momentos de sol a pino. A configuração dessa área é a de um trapézio.

Essa área desmatada tem o nome de pátio ou vaquejada. Quem conhece a lida de uma fazenda sabe que, na chegada ou saída das reses, uma ou outra mais arisca refuga, não aceitando ficar fechada no curral. E, normalmente, esses animais, ao refugarem, já disparam em grande velocidade. É quando o vaqueiro, com agilidade, deve vencê-los na velocidade e trazê-los de volta.

Assim, essa área limpa e descoberta é fundamental para se trabalhar com esses animais. Além do mais, no período das chuvas, entre os meses de outubro a fevereiro, é costume manter todas as vacas com bezerros de menos de um ano trancadas no curral no período da noite.

A estrada de acesso a essa propriedade é o ponto de partida do ápice do trapézio. Na base do trapézio, encontra-se a casa grande da sede, tendo ao lado um grande curral. Chamo aqui de grande curral porque essa fazenda cuida de pouco mais de cem cabeças de gado.

Para um traquejo desse porte, o curral deve ter três divisórias em tamanhos diversos. O menor espaço é reservado para recolher e cuidar dos bezerros de até um ano de vida. Muitos desses bezerros ficam fechados nesse espaço por quase todo o dia. Após as 18 h ou 19 h, estes são encaminhados para um mangueirão. Chama-se de mangueirão um cercado com pasto para cuidar dos bezerros de menos de um ano e onde também permanecem fechados os animais necessários ao traquejo rotineiro da fazenda, inclusive bois de canga.

Pela manhã, cedinho, os bezerros são novamente recolhidos ao chiqueiro. Daí, eles vão sendo encaminhados para suas respectivas mães, para a retirada de leite. No processo tradicional vigente, cada bezerro é atendido por vez.

Inicialmente, deixa-se que ele inicie a mamada, mas logo ele é afastado e amarrado na perna traseira de sua mãe. Nunca se retira todo o leite das tetas da vaca. Deixa-se um pouco para que o bezerro conclua a mamada que iniciou.

O chiqueiro dos bezerros tem uma cobertura total ou parcial de palha de piaçava. As laterais são abertas. Normalmente, essa cobertura é constituída de dois vãos. Isto é, toda a cobertura é amparada por nove forquilhas: três mais altas na cumeeira e mais três em cada uma das laterais. Esse teto protege os pequenos animais do sol intenso do dia e das chuvas.

Contígua ao chiqueiro dos bezerros, há uma divisória de tamanho médio, destinada a recolher, em separado, as vacas paridas.

Estas devem ser protegidas com suas crias do pisoteio ou de eventuais ataques de reses mais agressivas. É nessa divisória que se faz a ordenha das vacas de cria.

O terceiro compartimento do curral é o mais espaçoso, destinado ao manuseio geral do gado solteiro.

Eis aí a sistemática geral de um curral de fazenda.

Uma boa sede de fazenda sempre se localiza na orla da mata de um córrego ou ribeirão. Os motivos são óbvios: os moradores e os afazeres de uma fazenda requerem água abundante. O espaço físico que descrevo é do antigo Norte de Goiás, hoje estado do Tocantins.

Um pouco mais afastada desse primeiro conjunto da sede, fica uma casa menor, com paredes de taipa ou de adobe e coberta de palha de piaçava. É aí que reside o vaqueiro e sua família.

A coalhada goiana

O mano Aldo recordou-me de que, para obter uma coalhada de boa qualidade e mais rapidamente, de um dia para o outro, usava-se um pedaço de pele interna do estômago do gado e dava-se a essa peça o nome de "coalho".

Tinha um cheiro bem forte, azedo e nauseabundo, mas, uma vez periodicamente lavado, era utilizado por muito tempo!

Era costume comer-se essa deliciosa coalhada com um pouco de rapadura e salpicando farinha branca ou mesmo a farinha de mandioca, de cor amarelada e com um granulado mais grosso. O que sobrava do consumo diário era convertido em saborosos queijos e requeijões.

O queijo goiano de minha infância era cheio de furinhos e bastante salgado. E era exatamente assim que o apreciávamos. Não tínhamos nem conhecíamos frigorífico ou geladeiras. O sal era a garantia de duração do alimento sempre saudável.

Fazia parte do ritual de produzir coalhada manter a vasilha com leite reservado para aquela finalidade na despensa, quarto em penumbra ou escuro.

Era aí também que estavam guardados os ovos de galinha e de angolista. À noite, quase sempre de lá saía uma cumbuca bem cheia de uma saborosíssima coalhada.

Hoje, vejo que preferíamos quase tudo que leva sal com um sabor bem ativo. Tanto o queijo como o requeijão. E aqui, ao falar de requeijão, devo esclarecer que não estou me referindo ao que os gaúchos chamam de requeijão.

O requeijão goiano é produzido com a coalhada escorrida sendo aferventada imersa em soro e apurada em panela ao fogo até evoluir da coloração esbranquiçada para a amarela, depois de consumir todo o soro no cozimento da massa da coalhada escorrida. Esse requeijão é bastante oleoso.

Igualzinha a essa coalhada só recentemente vim a encontrar e experimentar, e tem exatamente a mesma consistência, a mesma textura e o mesmo sabor.

E foi num restaurante bem chique que temos no estado do Paraná. É de uma família de alemães. Gostaria de descobrir qual é o segredo para estarem eles produzindo uma coalhada exatamente com as mesmas características da tradicional goiana.

A textura consistente como a de um pudim e não pastosa e visguenta como a do iogurte; o odor e o sabor são exatamente os mesmos da coalhada goiana que conheci e experimentei na minha infância e juventude.

E como era gostoso comer aquela coalhada. Nas férias que passávamos em nosso sítio, comer uma coalhada era um verdadeiro prêmio da loteria. Só tínhamos esse privilégio quando estávamos no sítio. Muitas vezes, mamãe brindava-nos também com a coalhada já escorrida num saco bem branquinho. Comida com rapadura, quase sempre, como era deliciosa!

Aprecio imensamente esse tipo de coalhada. Ainda não descobri como e onde esses espertos alemães do Paraná aprenderam ou descobriram a nossa técnica goiana. Ou teriam os goianos aprendido com os alemães?

A espécie de coalhada mais difundida em toda parte do Brasil é um tipo de iogurte viscoso e de sabor entre ácido e adocicado.

Pousando sob cangalhas numa chuvarada

Dentro do marco histórico de nossa transferência de Tocantínia para Porto Nacional, há um episódio que, por todas as suas singularidades, gravou-se em minha mente de maneira indelével, para toda a minha vida. Era a estação chuvosa de Goiás.

A noite alcançou-nos bem na margem de um grande córrego que derramava suas águas pelas vargens. Não conseguiríamos atravessar, e a chuva continuava castigando. Nosso pai decidiu que pernoitaríamos ali mesmo num lugar mais alto, fora do alcance das águas.

Como nos arrumamos? A chuva não dava tréguas. As cargas foram arriadas debaixo de chuva. Tínhamos umas duas cargas. Nosso pai, com nossa pequena ajuda, pôs abaixo os volumes pesados. Tínhamos entre 10 e 12 anos de idade. Nossa ajuda consistia em segurarmos uma das laterais da carga enquanto ele retirava da cangalha um dos costados. Feito isso, ajudávamos nosso pai a pôr abaixo o costado que segurávamos, um em cada cabeceira da mala.

Muito jeitoso, nosso pai fez acomodação para todos nós usando as quatro malas (duas de couro cru) e os dois baús. Sobre elas, colocou as duas cangalhas e a cela da mamãe e serviu-se de duas bandas de couro cru que eram usadas para cobrir as malas como cobertura de nosso agasalho. Com essa disposição, tivemos uma espécie de tenda. Forrou o chão com os suadores usados para cobrir o lombo dos animais.

Passamos a noite embaixo dessa cobertura, ouvindo o coaxar de rãs, grilos e pererecas. Em contraponto a essa orquestra, tínhamos a cantiga das águas zurrando em seu leito, uivando e sibilando por entre os galhos das árvores imersas e agitadas pelo torvelinho destas. Compondo a orquestra nativa, tínhamos ainda o tilintar dos chocalhos que os animais levavam ao pescoço.

Não passamos fome porque tínhamos nosso saco de frito: pedaços de carne assada frita misturados na farinha. Nem faltou, aliás, a sobremesa. Cada um de nós teve direito a seu bom pedaço de rapadura, também agasalhada no mesmo saco.

Pode-se dizer que foi uma noite apertada, mas inesquecível pelos sons da fauna e flora e pelos odores de couro molhado e do sufocante suor dos lombos das montarias.

A vetusta Monte do Carmo: fantasmas do passado

A propriedade ficava no município de Monte do Carmo. Na década de 1950, ainda pude contemplar velhas e decadentes imagens de santos naquele estilo tosco em que estes têm apenas cabeça, mãos e pés. O corpo vem revestido por uma túnica muito rudimentar.

Visitando Monte do Carmo, 1988. Frente e interior da igreja: Daniel, Davi e Joarez (acervo pessoal)

Igreja Nossa Senhora do Carmo, Tocantins (Wikipédia)

No entanto, sobre a velha cômoda da sacristia, bem como sobre os altares, ainda vi cruzes, castiçais e turíbulos em aço fundido ostentando os símbolos de Nossa Senhora do Carmo.

Ouvi dos nativos da cidade o relato de que o mais antigo e famoso sacerdote da freguesia, o Padre Gama, morrera envenenado pelo vinho da missa. Consta que, tão logo consagrou o vinho, ele foi informado de que este fora envenenado. Contudo, numa atitude de fé radical de que, após suas palavras de consagração, o vinho se convertera no sangue de Cristo, preferiu sacrificar-se a se recusar a bebê-lo.

Padre Gama morre no altar

Na década de 1950, numa das primeiras vezes que lá compareci como ajudante de desobriga, ainda pude vislumbrar na arcada central da igreja, no presbitério, uma gravura representando essa cena dramática do Padre Gama.

Frei José Maria Audrin, em *Entre sertanejos e índios do Norte* (1946, p. 55), menciona:

> Fala-se do célebre vigário, Padre Gama, nomeado pela Rainha, Maria de Portugal, e cujo retrato grosseiramente pintado aparece numa das paredes da capela-mor. Dono de lavras riquíssimas, residia em prédio magnífico perto de seus lavradores e escravos.

Nos domingos e festas, conta a tradição local, paramentava-se em casa, enquanto do arraial chegavam numerosos cavaleiros, amigos e aduladores. O padre tomava assento numa liteira suntuosa carregada por cativos e, assim escoltado, dirigia-se para o templo. Acrescentam as crônicas que, ao apear no adro, puxava por uma vasta tabaqueira e oferecia aos componentes do brilhante cortejo uma pitada, não de tabaco, mas... de pó de ouro!

Uma casa nos padrões da cultura maranhense

De início, devo registrar mais um detalhe das muitas normas práticas que nosso pai assumira de sua cultura de base maranhense.

As moradias que construía, nas suas propriedades rurais, tinham sempre a frente direcionada ao Sol nascente. Papai acreditava que esse posicionamento favorecia a circulação de energias positivas que nos impulsionavam para o otimismo e o progresso. Aprendera e entendia que as energias do meio ambiente obedecem ao comando do Sol e da Lua e perpassam também nosso corpo e dos demais seres vivos, vegetais e animais! Cama, casa ou rede também devem obedecer à mesma diretriz. Era como se apontássemos nossa vida para um permanente renovar.

Por essa concepção, todos os seres vivos do Cosmos estão integrados a uma comunhão universal. Constituem a mesma fraternidade e integram-se como um único ser vivo e pulsante.

Todas as manhãs, o Sol despontava à nossa frente! E todos os dias, quando acordávamos, dávamos de cara com o Sol.

Era quase como o que registrava a lenda dos tempos áureos do Império Romano, em que o cidadão podia dizer orgulhoso: "No Império Romano, o Sol nunca se põe".

Posição correta de uma sede

O ponto escolhido ficava num declive de uma área bem ampla. A frente da propriedade estava voltada para o leste. Desse lado, ficava a silhueta majestosa da Serra do Carmo.

As ondulações do majestoso granito tinham, nos seus picos mais elevados, recortes abruptos sem vegetação, deixando à amostra tonalidades avermelhadas que lembravam paredões de um velho templo em ruínas.

Aqui e ali, destacavam-se aberturas de imensos janelões que nos encaravam como os desafios de um enigma. Quantos séculos ou milênios estariam dali nos contemplando?!

Quando adquirimos nosso sítio, o município de Monte do Carmo era apenas um vilarejo bem decadente, encravado na raiz da Serra do Carmo. No entanto, o povoado tivera seus momentos áureos no ciclo da mineração. Enriqueceu muita gente, inclusive do lugar.

Por uma feliz coincidência, o ponto exato escolhido por nosso pai ficava tendo aos fundos o Córrego Gameleira. Foi explorando as margens desse córrego que conheci, pela primeira vez, o poraquê. Com 30 a 40 centímetros de comprimento, ao ser fisgado, esse peixe consegue produzir uma descarga elétrica que alcança o pescador através da linha molhada. Recebemos um sopapo tão forte que abandonamos logo caniço, com anzol e peixe.

Madeiras de lei: aroeira e angico

Nas terras do nosso sítio, havia madeiras valiosas e de grande serventia, como o angico, a aroeira, o pau-d'arco, a candeia e o pau-terra. O angico foi um excelente material para os mourões e vigas que papai usou para construir o curral, todo fabricado por ele mesmo com uma pequena ajuda nossa.

A aroeira tem as mesmas finalidades do angico, e este ainda apresenta três outras excelentes serventias. A primeira era a casca que nosso pai utilizava para realizar o curtume, como anteriormente já foi minuciosamente descrito neste memorial. A segunda é que esse vegetal, quando mais maduro, desenvolve um cerne amarelo-esverdeado que tem propriedades especiais para queimar e quase não se consumir. Era muito utilizado para ser o guardião do fogo de um dia para o outro.

As toras obtidas de seu tronco mais adulto têm uma prodigiosa capacidade de segurar o fogo aceso por toda a noite. Em nossa casa, principalmente quando estávamos no sítio, tínhamos sempre em casa uma boa tora de angico para a exclusiva finalidade de guardar o fogo da noite para a manhã do dia seguinte.

Nesse particular, não se pode esquecer que os fósforos são muito consumidos, durante a noite, quando se necessita acender uma lamparina para buscar alguma coisa no escuro. Assim, garantir o fogo para a manhã do dia seguinte já é uma excelente economia de fósforos. Basta pensar que, para produzir o fogo pela manhã, dificilmente um só palito de fósforos será suficiente! Esse tronco de angico, sendo mais grosso, é usado só para guardar o fogo. É colocado na boca da noite e retirado na manhã seguinte, tão logo tenha transferido as chamas para a madeira comum.

Nosso pai chamava de madeiras de lei a aroeira, o angico, o pau-d'arco e a canela. Esses vegetais são longevos. Conforme a maturidade que tiverem, podem durar séculos enfiados na terra sem se desgastarem e nem mesmo sofrerem ataque de cupins, fungos ou outros agentes corrosivos. Além das madeiras de lei, o pau-terra, quando envelhece, ganha em seu cerne uma grande resistência, quase como a da aroeira.

A terceira vantagem do versátil angico é que, nos períodos de maior seca e sol mais intenso, brota de seu tronco uma resina amarelada que vai escorrendo e se acumula em grandes gotas douradas que logo secam. Estas podem ser digeridas, têm um sabor levemente adocicado, e chamávamo-las de resina de angico. Para quem está tomado de fome, essa iguaria é um verdadeiro maná.

Comíamos essas gotículas cruas ou assadas sobre a chapa quente do fogão. E, à medida que se aqueciam, cresciam borbulhantes e pareciam pipocas. Então, tornavam-se bem saborosas.

O cheiroso e milagroso pau-de-óleo

Devo mencionar aqui duas madeiras bem singulares e também de grande serventia. A primeira é o chamado pau-de-óleo. Esse nome advém da propriedade que apresenta de produzir em seu tronco uma secreção oleosa com cheiro tão intenso quanto o da creolina, mas com um odor agradabilíssimo, assemelhando-se um pouco ao das resinas queimadas nas cerimônias religiosas como incenso.

Quando um pau-de-óleo está produzindo essa secreção perfumada, de longe se sente seu intenso e suave odor. Uma vez adulta a árvore, e se a estação do ano for propícia, esse óleo jorra ou mina lentamente de seu tronco. Para se obter ou extrair essa preciosa essência, basta produzir na base do tronco dessa árvore uma incisão de 15 a 20 centímetros de profundidade, tendo-se o cuidado de realizar o corte em forma de concha.

Isso permite que o óleo brotado ali se acumule e possa ser retirado com uma colher. Nosso pai usava esse óleo para substituir a creolina no tratamento das bicheiras que achacavam os animais, de maneira geral. Aplicava-o também para provocar a queda dos carrapatos que atacam todos os animais de quatro patas e de pelo.

Mastigando carne assada: cavalgando nos anos 50

Para facilitar e agilizar uma viagem longa, o costume da época era comprar umas mantas de carne seca ao sol, bem salgada. Além disso, compravam-se também algumas rapaduras e algumas latas de farinha seca. Com esses três elementos, já se tinha o básico e suficiente para alimentar-se durante toda a jornada.

Para quebra-jejum, de manhã, normalmente, guardava-se uma sobra da carne que se assou em brasas para a refeição do meio-dia.

A viagem começava sempre muito cedo, antes de o sol apontar no horizonte. Punha-se logo em movimento ao clarear da barra do dia.

Ali pelas 7 h ou 8 h, quando batia a primeira fome do dia, o chefe de família tirava dos alforjes o saco com pedaços de carne assada imersos na farinha e alguns nacos de rapadura. Ele seria o primeiro a iniciar sua alimentação.

Quando já estivesse satisfeito, passaria o saco para sua esposa, que faria o mesmo. Naturalmente, não se usava colher para pegar o taco de carne e a porção de farinha ou rapadura, que deviam ser mastigados juntos, temperando a farinha com a carne. Cada um usava a própria mão para recolher a porção que desejava.

Quase sempre, depois de se ingerir essa primeira ração do dia, cada um cuidava de beber seu bom gole d'água. Se fossem poucos cavaleiros; e o percurso, de dois ou três dias de jornada, cada um levava sua ração d'água numa cabacinha de pescoço.

No contexto desse costume, ouvi um relato que, se não é verdadeiro, é verossímil. Três ou quatro viajantes iam enfileirados numa trilha de terreno mais regular. O primeiro da fila levava o saco com farinha e carne assada. Iniciou sua refeição, dentro do usual; dando-se por satisfeito, passou o saco para o segundo viajante. Este, julgando-se bem alimentado, passou o saco para o terceiro.

Quando o saco chegou ao quarto viajante, este esbarrou numa tora de carne mais enervada. Bateu-se com ela o quanto pôde. Dando-se por vencido, comentou: "Engraçado, gente, encontrei um taco de carne que pelejei muito com ele, mas não dei conta". Os demais então declararam: "É, eu também pelejei um bocado e não dei conta dela!".

3

TECENDO PROJETOS: PORTO NACIONAL

Terceiro dia, 1943-1956

"Et ait Deus: germinet terra herbam virentem Et facientem semen... juxta genus suum...et factum est ita....Et factum est véspera Et mane, dies tertius!" (Gn 1, 11-13. E disse Deus: - germine a terra herba verde e produzindo semente de acordo com seu próprio gênero. E assim se fez... E se fez tarde e manhã, terceiro diante!).

Alegoria do estado do Tocantins. Ensaio do autor, set. 2003

Frontal catedral Porto Nacional, Tocantins (Google)

Porto Nacional, nossa Meca, nos anos 50

Área interna do velho convento dominicano:
Seminário São José (acervo do autor)

Nosso deslocamento de Tocantínia a Porto Nacional foi a lombo de burro. Desse evento, retenho dois episódios. O primeiro foi que os três irmãos viajamos a pé, ajudando a tocar os animais de carga. Era época de muitas chuvas. Ainda em Tocantínia, fiz uma capa de proteção de chuva, construída toda em fibras de olho da palmeira-buriti.

Tirando o olho da palmeira ainda verde, deixa-se este, por uns dias, murchar na sombra ou no sol brando. Depois de bem murcho, deve-se remover toda a fibra macia, destacando-a dos talos rígidos. Cada uma das folhas deve ser aprisionada, em sua extremidade mais grossa, a uma cordinha trançada da mesma fibra. Ata-se bastante fibra que dê para envolver o corpo de uma pessoa. As fibras devem ficar com a altura da pessoa que envergará.

Essa espécie de cobertura impede a penetração da chuva. Tem o inconveniente de ser muito volumosa, mas é totalmente eficaz na proteção da chuva. Até hoje, retenho um pouco daquele cheiro da fibra molhada que lembra o odor de pelo de cachorro molhado.

Depois de uma parada em Tocantínia que quase nos roubava a vida com a devastação do Impaludismo, acabamos chegando ao nosso destino: Porto Nacional. Ali, finalmente, alcançamos o trampolim que lançou os filhos do "Mestre Miliano" num futuro muito mais aprimorado.

Examinando hoje, em perspectiva, esses fatos, recupero e registro aqui uma enigmática frase que meu pai declarou para sua mana Bena, uma verdadeira profecia. Sem dúvida, tocado por um insondável desígnio e inspiração, nosso pai simplesmente profetizou: "Cumadre, tenho muita fé em Deus que meus pés ainda haverá [sic] de fazer rasto pelo mundo".

Sou testemunha da veracidade dessa "profecia" de meu pai. Ouvi-a, de viva voz, de minha tia Bena. E, para testemunho da verdade, reproduzo-a aqui, *ipsis verbis*.

E, de fato, nosso pai, pelos nossos pés, fez rasto pelo mundo. Pois meu irmão mais velho, integrado ao Itamarati, por concurso público, esteve e atuou como vice-cônsul do Brasil na Suíça, onde residiu por alguns anos. Eu próprio, quase simultaneamente, residi na Itália por quase três anos fazendo o mestrado na Pontifícia Universidade Gregoriana em Roma. E, posteriormente, incluindo os dois filhos, demos uma boa volta por alguns países da Europa, como Espanha Portugal, Itália, Norte da África, Argélia, além de São Petersburgo, antigo bloco soviético.

Como poderia nosso pai ter antevisto e captado essa realidade futura numa intuição tão verdadeira, com umas cinco décadas de antecedência?!

Nos anos 1950, logo que se chegava a Porto Nacional, a visão que mais impressionava era a majestade do Rio Tocantins solenemente desfilando seu dorso soberbo e sereno sob os olhares vigilantes da Catedral Nossa Senhora das Mercês.

A segunda presença de grande impacto era o elegante visual do convento dos dominicanos. Esse belo conjunto arquitetônico repete a forma tradicional dos conventos medievais: tem a estrutura de um U. As duas pontas do U são ligadas por elevados muros. Essa disposição permite que a estrutura garanta um recinto interno bem controlado e fora do alcance de olhares indiscretos para sua rotina interna.

Esse conjunto bem articulado se chama convento. Fica situado logo atrás da sacristia da catedral. Nas suas duas alas, chamavam logo atenção as grandes janelas que pontilhavam os paredões de tijolos rebocados e pintados de cor amarela discreta, de fora a fora.

O terceiro conjunto grandioso que chamava atenção do visitante era conhecido com o nome de Palácio Episcopal Dom Domingos Carrerot, mas Frei José Maria Audrin descreve-o como Seminário São José.

Vista interna do convento dominicano. Foto antiga, esmaecida, estampada em
Entre sertanejos e índios do Norte, de Frei José Maria Audrin (1946)

Quando chegamos a Porto Nacional, em 1945, ainda conheci essa versão anterior do velho convento e nele estudei, funcionando como ginásio estadual.

Sendo um dos melhores edifícios da cidade, o abnegado e progressista Bispo Dom Alano cedeu-o para sediar o primeiro ginásio estadual da cidade.

Erguido sobre pedras arenosas de tonalidade marrom escura, lavradas, e tijolos de argila, assados, é constituído de três pavimentos.

Seus paredões medem 70 a 80 centímetros de espessura. O todo ergue-se sobre dois pavimentos em forma de L. Sobre estes e no centro do conjunto, erguia-se um terceiro pavimento. Constituído de uma espécie de capelinha, que, então, chamava-se de mirante.

O segundo pavimento era constituído por um tabuado apoiado em grandes vigas de madeira lavrada. Na década de 1950, quando servia de ginásio estadual, esse piso já se apresentava ondulante e produzia muito barulho quando se andava sobre ele.

Os paredões apresentavam já grandes rachaduras. Assim, menos de cinco anos depois de meu ingresso no seminário, essa parte do segundo e terceiro piso foi removida.

Hoje em dia, resta apenas o primeiro pavimento desse edifício.

Frei José Maria Audrin (1946, p. 59) informa-nos, em seu meticuloso memorial *Entre sertanejos e índios do Norte*, que o missionário dominicano Frei Domingos Carrerot chegou a Porto Nacional, como simples missionário, em setembro de 1891. Entre outras virtudes e qualidades desse abnegado dominicano, estava seu pendor especial para lidar com animais de criação, como se pode ver no excerto a seguir:

> *Decerto, trazia na sua bagagem familiar conhecimentos bem específicos de criação e pecuária. Ciente dessa sua habilidade, o superior da comunidade lhe confiou a tarefa de adquirir e administrar uma pequena propriedade rural que serviria de apoio para as extensas e extenuantes incursões pelo sertão, em lombo de burro. Tão logo adquiriu uma boa tropa e um bom punhado de gado vacum, meteu mãos à obra para constituir um bom magote de "bois de carro", necessários aos ingentes trabalhos de construção da monumental igreja das Mercês. O "Gorgulho", assim era chamado o sítio, tornou-se o paraíso de Frei Domingos. Como a distância era pequena, ia lá a miúdo, observando, informando-se e completando as aptidões que tanto deviam servir-lhe nos anos seguintes. Seu mestre de educação rural foi o legendário Manuel-Rafael, velho caboclo adestrado, que conquistou logo sua simpatia, e havia de ser mais tarde o companheiro fiel e guia na difícil abertura da estrada de Porto Nacional ao Araguaia. Este interesse singular de Frei Domingos pela fazenda foi de muito proveito. Melhorou pouco a pouco o gado vacum, por meio de aquisições e trocas inteligentes. Conseguiu uma produção de ótimos animais e até de muares indispensáveis aos Missionários, que devem tê-los sempre prontos,*

O VIANDANTE: RETALHOS DO TOCANTINS

fortes e cômodos para suas incessantes peregrinações [...]. Um outro benefício do zelo rural de Frei Domingos foi a preparação de um sem-número de bois de carro, necessários aos ingentes trabalhos da construção da monumental igreja das Mercês. Imaginem bem nossos leitores que, durante meses e anos, era preciso trazer ao pé da obra colossal carradas de pedras e de areia, milhares de tijolos e telhas, arrastar peças de madeira. Esses transportes faziam-se não por estradas largas e limpas, mas através de cerrados, matas fechadas, morros e mesmo lagoas e pântanos. Cavalos e burros nunca teriam suportado estes esforço. Aliás não existiam carroças capazes de circular em caminhos tão primitivos e íngremes. O meio único era o carro grosseiro e pesadíssimo, puxado por juntas de bois. Graças à habilidade de Frei Domingos, os bois não faltaram. Quando cansados, ou feridos, ou vitimados por cobras ou pela "erva", eram logo substituídos por outros. Os trabalhos assim não paravam, e nem faltava o material para a construção. Essas ocupações materiais eram entretanto secundárias na existência do nosso Missionário; a elas dedicava-se nos intervalos de repouso ao voltar das duras jornadas de apostolado.

O principal assunto para Frei Domingos era a evangelização dos cristãos espalhados pelos sertões. Podemos ter uma melhor dimensão dessa áurea quase misteriosa conferindo as vivas e coloridas descrições traçadas pela habilidosa pena do culto missionário dominicano Frei José Maria Audrin (1946, p. 55):

Porto Nacional, chamada antes do advento do regime republicano Porto Imperial, teve seu humilde princípio nos primeiros anos do século passado. Começou sendo um simples rancho de "passador", isto é, de um pobre barqueiro que ganhava a vida "passando" viajantes de um lado ao outro do grande rio Tocantins. O movimento era constante, pois esse ponto de travessia, já chamado Porto Real, achava-se entre dois povoados importantes na época, devido às lavras de ouro, que faziam afluir muita gente dos sertões e das capitais de Goiás e Bahia. A umas cinco léguas da margem esquerda, formara-se o arraial do Pontal, nos recôncavos da serra do mesmo nome. Foi lugar de muita riqueza e prosperidade na segunda metade do século XVIII. O ouro era abundante. Os portugueses vinham do Reino pela Bahia em sua procura, com centenas de escravos. Aí construíram prédios cujas ruínas subsistem ainda; levantaram igrejas servidas por numerosos padres. Aqui também a cobiça desenfreada teve seu horrendo castigo. Em represálias de muitos crimes cometidos contra eles, devastações de aldeias, raptos de mulheres e crianças etc., os índios juntaram-se, um belo dia, para atacar de surpresa o povoado, em três colunas de valentes guerreiros. Exterminaram por completo o famoso Pontal, matando os moradores e incendiando as casas. Nada mais triste do que essas "taperas" nos dias de hoje. Avistam-se ainda, depois de mais de um século, vestígios das construções antigas, visitadas apenas pelos bichos do mato ou, às vezes, por algum teimoso procurando um possível tesouro sob algum resto de alicerce. Outro povoado mais importante existia ao lado oposto do Pontal, a oito léguas da margem direita do Tocantins, o arraial do Carmo, ao pé da serra do mesmo nome. Lugar também de mineração ativa nas antigas eras. Até hoje subsistem no Carmo sólidos prédios levantados por ricos portugueses em torno da igreja, dedica a Nossa Senhora do Monte do Carmo. Quantos antiquários pasmariam se pudessem contemplar tantos restos maravilhosos das grandezas passadas: castiçais de prata maciça, cruzes processionais, turíbulos, navetas, vasos sacros e outras peças preciosas vindas de além-mar, marcadas em alto relevo com o brasão do Carmelo! Porto Nacional tornou-se rapidamente importante povoação graças aos sobreviventes do Pontal e outros elementos vindos do Carmo. Seus primeiros moradores souberam logo aproveitar as vantagens da grande artéria fluvial, tor-

naram-se arrojados navegantes e iniciaram as longas e perigosas viagens anuais até Palma e o Alto Tocantins, de onde desciam carregados até Belém do Pará. Transportavam para a capital da Amazônia fardos de couro, carne seca, "paneiros" de farinha de mandioca, doces de buritis, goiabas, mangabas e outras frutas do sertão, além de toda classe de bichos domésticos e selvagens: macacos, papagaios, emas, seriemas, antas, araras, veados, caititus, pacas, cutias etc. "botes".

Alicerçando uma nova vida em Porto Nacional

Antes de mudar-se de Tocantínia para Porto Nacional, nosso pai estabeleceu contato com parentes mais próximos solicitando breve hospedagem da família até adquirir moradia própria.

Recordo-me de nosso primeiro pouso. Foi na residência de um aparentado de nosso pai. Tinha por sobrenome Coelho. Era barbeiro de profissão. Fisicamente, até se parecia com nosso pai. Estatura média, moreno de cabelos crespos. Falava pouco e não dava sopa para meninos quase crianças. Trajava sempre uma camisa de manga comprida, arregaçada até a altura do cotovelo.

Depois de alguns dias hospedado na casa do parente, nosso pai logo encontrou e comprou um barraquinho com paredes de taipa e piso de chão, bem na periferia da cidade. Tenho certeza de que o piso era de chão, porque mamãe, sempre muito asseada, costumava varrer um segundo lote que adquiriu, uma casa erguida com tijolos assados e adobes em barro cru. Ainda me lembro do nome do mestre de obras, um piauiense chamado Antônio Moché.

Visitando Porto Nacional em 1988: nossa casa. Da esquerda para a direita: Daniel, Joarez e Davi (acervo pessoal)

Todo o madeiramento do telhado ajudamos o papai a cortar, descascar e depois transportar para o pé da obra no lombo de nossos animais, auxiliados pelo prestimoso jumentinho, então já em nossa companhia.

Uma das madeiras preferidas por meu pai, de que me lembro, era o cega-machado, por ser resistente e mais linheira. Como ripas, nosso pai utilizava as palmeiras-tucum e macaúba, rachadas, divididas em tiras e aparelhadas. Esse material, por ser linheiro e, na parte externa, altamente resistente à ação de brocas ou cupins, era muito empregado para o suporte da cobertura do telhado.

Todo esse material foi obtido e cortado nas matas próximas da cidade, à margem direita do Rio Tocantins. Naturalmente, àquela época, não havia legislação do meio ambiente nem controle de leis municipais para retirada de madeira em áreas de propriedade do município.

O piso de toda a nossa casa era forrado com os chamados "ladrilhos", feitos em argila e queimados ao fogo. Não se conheciam ainda os pisos modernos. As melhores casas da cidade eram forradas com estes, assim como a majestosa Catedral Nossa Senhora das Mercês, o convento dos dominicanos e o das dominicanas.

Era uma casa pobre, mas bem espaçosa para nós, constituída de quatro cômodos, dois na parte anterior e dois na parte posterior.

Na parte posterior do quadrilátero principal da construção, havia um retângulo mais estreito e alongado em que se achava um pequeno quarto, a despensa. A varanda culminava com a cozinha. O fogão era equipado com uma chaminé que se erguia de uma estrutura retangular, com abertura para colocar lenha e a devida chapa em que se encaixavam as panelas e vasilhas para cozinhar ou a chaleira de passar café. Era ali que, pela manhã, era produzido nosso quebra-jejum, bem como as demais refeições.

Normalmente, papai ou mamãe faziam saborosos beijus, em que, depois de devidamente assados, quando se tinha, passava-se manteiga. Não me recordo se tínhamos leite para misturar no café.

Outras vezes, papai, ao voltar do mercado com a carne dependurada num gancho de ferro no formato de um S, trazia também saborosos bolos de arroz. Essa iguaria era uma especialidade dos portuenses dos velhos tempos.

Pouco tempo depois de nossa chegada a Porto Nacional, os três filhos estávamos, mais uma vez, matriculados na escola batista local, por ser a mais barata e não termos conseguido vaga nas escolas públicas que eram as preferidas e logo estavam todas lotadas pelos filhos das famílias locais.

Os forasteiros tinham de se contentar em matricular-se numa escola particular, que, nesse caso, ou era a das irmãs, mais cara, ou a dos batistas, mais ao alcance de pessoas mais pobres.

Ganhamos, cada um, uma bolsa feita de madeira e couro, com cabeceira em madeira e as extremidades arredondadas. O corpo dela era constituído de uma tira de couro, melhor dizendo, sola, pregada com tachinhas e ornada nas extremidades com um desenho daqueles que nosso pai usava para enfeitar arreios. Era nessa bolsa que levávamos nosso material escolar. No período em que estivemos estudando (na escola batista), os moleques da rua zombavam dos três manos marcados pelo estigma da hostilidade contra os crentes. Não perdiam oportunidade de insultar-nos com palavras de ordem como: "Olha os crentes!", "Olha as bolsas dos crentes!", "Olha a farda dos crentes!"

É claro que isso nos incomodava muito, sobretudo porque não éramos crentes, mas católicos, como eles!

Entretanto, na década de 1950, essa hostilidade era alimentada de ambos os lados. Anos mais tarde, professor Duval Godinho deliciava-se relatando que, quando era aluno na escolinha dos frades missionários de Porto, Frei Gil, um dos mais aguerridos nesse conflito religioso, mineiro de Uberaba, após a missa da noite, convocava um magote de meninos para, arrastando latas e sacudindo chocalhos, postarem-se na frente do único templo local dos batistas e promoverem gritaria e barulheira de latas e chocalhos para tumultuar o culto deles!

Acho que chegamos a Porto Nacional ainda com dois potes de argila muito bem assados. Tenho vaga impressão de que eram procedentes de Babaçulândia. Os potes ficavam agasalhados em forquilhas de três pontas. Mais tarde, tivemos uma espécie de banca de madeira com aberturas em que se encaixavam os potes, por sua base. Para assento, tínhamos uma meia dúzia de tamboretes com pernas de madeira e tampo de couro curtido, inteiramente fabricados por nosso pai. Foi exatamente num deles que se aco-modou o primeiro visitante ilustre que recebemos em nosso humilde barraco, o Padre Lázaro Noel de Camargo.

Era realmente um simples barraco, mas o devotado e zeloso pároco de então, o famoso e muito querido Padre Lazinho, foi visitar-nos.

Nossos armários eram as malas de couro e os baús onde mamãe guardava cuidadosamente suas vasilhas. Lembro-me de que grande parte de nossos pratos era esmaltada. Parece que tínhamos um ou outro de louça. Os garfos eram uma parte de aço e outra de ferro.

As panelas eram todas de ferro. Tinham na base três suportes que garantiam o equilíbrio de seu fundo arredondado. A propósito dessas panelas, lembro-me de que eram uma das peças que menos gostávamos de limpar. É que tinham uma crosta preta do acúmulo da fumaça e do fogo, a que estavam sempre expostas.

Quando morávamos no sítio, uma das formas de lavá-las era, depois de removermos toda a gordura da parte interna, tirarmos o grosso do carvão da parte externa. Para remover a gordura, além de sabão, usávamos folhas de malva. Esse vegetal rasteiro tem folhas revestidas de um pelo bem macio nas suas duas faces. Esses pelos têm a propriedade de reter toda a gordura.

Já para limpar o excesso de carvão da parte externa, usávamos folhas de sambaíba ainda verdes, mas já bem adultas, que medem de 15 a 20 centímetros de comprimento. Ao contrário da folha da malva, a da sambaíba é revestida de pelos bem curtinhos e muito rígidos, que atuam como uma lixa bem eficiente para desgastar superfícies de madeira ou até mesmo de ferro.

Inicialmente, como era costume na época, papai cercou todo o nosso quintal com varinhas de madeira que cortamos nas matas que ficavam no perímetro externo da cidade.

Até hoje trago no corpo um vestígio dessa aventura. Num daqueles dias em que cortávamos essas varinhas, retornando já para casa, muito encalorados e suados, eu e o mano Aldo passamos pelo ribeirão para nos refrescar. De fato, o córrego era bem rasinho, e suas águas cristalinas não chegavam a 1 metro de profundidade. Dava para ver os seixos e peixinhos. Como estava muito agradável, tive a infeliz ideia de brincar com o facão dando cutiladas aleatórias n'água, pelo exclusivo prazer de ver a lâmina deste traçar dentro d'água vaidosas elipses. Extasiava-me vendo a lâmina dançando em linhas sinuosas.

Numa dessas cutiladas, a lâmina do facão avançou sobre minha perna e acertou-me bem na altura do joelho, produzindo um corte bem fundo, esbarrando sobre o osso da rótula.

Naquele momento, tinha a exclusiva companhia do mano caçula, que teve de apoiar-me até eu chegar em casa banhado em sangue. O tratamento foi borra de café com uma atadura. Felizmente, não sofri outras consequências.

Quem, hoje em dia, percorrer os sertões do Nordeste pelo agreste brabo ainda poderá ver esse tipo de cercado produzido com varinhas de, mais ou menos, 2 ou 3 centímetros de diâmetro.

Foram milhares de varas que nós três recebemos a incumbência de cortar no mato e, posteriormente, transportar para casa no lombo de nosso precioso jumentinho. Essa empreitada de cortar as varas foi uma verdadeira odisseia que enfrentamos.

Eis a técnica de construção dessa cerca. De 2 em 2 metros, aproximadamente, fincam-se esteios de madeira de mais ou menos 10 centímetros de diâmetro.

Entre um esteio e outro, ou melhor, de um esteio para o outro, prendem-se, amarrando-se com cipós ou até mesmo pregando-se, varas mais longas, em linha horizontal, ao longo de todo o perímetro que se deseja cercar.

Essas varas são colocadas em três posições dos esteios. Colocam-se três linhas dessas varas. Uma quase na extremidade superior do poste, a número 1; uma segunda no meio, a número 2; e outra a uns 20 ou 30 centímetros do chão, a número 3.

Fincadas as estacas e fixadas as varas nas três posições indicadas, inicia-se a construção da cerca propriamente dita. Seria melhor tecer a cerca.

Pega-se uma vara de, aproximadamente, 2 metros de comprimento e aprisiona-se na posição vertical com o seguinte procedimento: a parte mais fina fica para cima; e a mais grossa, para baixo.

Apoia-se a vara de 2 metros na vareta horizontal número 2, posicionada exatamente no meio das estacas verticais.

Feito isso, enquanto, com uma das mãos, empurra-se a vara vertical em sua extremidade superior para que se posicione na face posterior da vareta horizontal número 1, na parte inferior, com o pé, empurra-se a extremidade inferior fazendo-a também passar para a mesma face posterior da vareta horizontal número 3. Isso será feito deslizando-se a vara no movimento de cima para baixo, até que esbarre e se fixe no solo.

A seguinte vara vertical deverá passar pela frente da vareta horizontal número 1, e assim, alternadamente, as varas sucedem-se, formando um tecido que dará firmeza e criará uma parede compacta e completa.

Esse tipo de cerca impede a passagem de aves e animais. E esse era exatamente o propósito do cercado de nosso quintal.

A brincadeira custou-me quase um mês imobilizado e sem poder ir à escola. Quando a ferida sarou, fiquei com a perna esquerda dura, sem movimento. Com medo de romper o ferimento, caminhava sempre com a perna dura. Mamãe, vendo o ferimento totalmente sarado, partiu para uma solução drástica: açoitou-me com umas duas lapadas de cinturão. Esqueci-me do medo da ferida e, incitado pela dor, saí correndo aos pulos primeiro e, logo depois, já movendo a perna e flexionando o joelho. A terapia funcionou.

Nossos dois lotes incluíam uma boa área municipal ociosa. Com esse acréscimo, nosso quintal se tornava bem comprido.

Papai, então, aproveitou essa área disponível para plantar capim que servia de pasto nas temporadas em que precisávamos manter ali, por alguns dias, animais para nos dirigirmos ao Sítio São Pedro, distante 5 ou 6 léguas, isto é, mais ou menos, uns 30 quilômetros.

Muitas vezes, também mantínhamos lá um jumentinho de pelo liso e cor cinza. Este tinha muita serventia. Nalguns fins de semana, íamos apanhar lenha no perímetro externo da cidade, num vasto cerrado que circundava todo o povoado pelo lado oeste. No tempo apropriado, colhíamos o saboroso murici-amarelo, caju, cajuí, cagaita e, com muita sorte, um ou outro bacupari e até a deliciosa mangaba.

Peculiaridades do velho convento dos dominicanos

Por algum tempo, o pequeno Seminário de Porto Nacional recebeu seminaristas da Prelazia de Conceição do Araguaia/PA. O responsável pelo seminário de lá era o Monsenhor Augusto Dias de Brito, que enviava seus seminaristas para concluírem o ensino médio em Porto Nacional. Por esse motivo, de tempos em tempos, ele aparecia entre nós e divertia-nos muito com seu espírito jocoso e brincalhão. Gostava de pilheriar e, vez por outra, aplicava uma "caçoleta" num ou noutro. Divertia-se criando apelidos e corruptelas de nossos respectivos nomes! Desde logo, reconheceu os três irmãos Aires como parentes, porque nosso pai tinha o mesmo sobrenome: Dias. O primeiro seminarista vindo de Conceição do Araguaia foi José Ribamar. Logo que se juntou a nós, no primeiro dia, fez esta judiciosa observação: "Vocês aqui passam o dia sem fazer nada, só encangando grilo?!".

Enquanto nós de Porto Nacional usávamos traje civil, eles já chegavam a nosso seminário envergando elegantes batinas pretas de pura casimira e uma bela faixa. De fato, nas horas de recreação, ocupávamo-nos jogando pingue-pongue e joguinhos de mesa como veludo e similares. Tínhamos muitas horas ociosas.

José Ribamar seguiu conosco para o Seminário Maior do Rio de Janeiro. Muito dedicado e aplicado, esteve por sete anos conosco, ordenou-se presbítero e fez um belo trabalho em sua terra natal, Conceição do Araguaia, onde, mais tarde, como eu, obteve sua dispensa e constituiu família.

Outro procedente de Conceição do Araguaia era um jovem magro, alto, moreno e de nariz adunco, José Gomes. Recebia bastantes ovos de tracajá e, muito generoso, partilhava conosco suas preciosas iguarias.

Preocupado com essa rotina pobre, Dom Alano pediu à superiora das dominicanas, uma educadora e líder natural muito eficiente, que promovesse atividades mais proveitosas entre nós. De fato, ela nos assumiu como uma mãezona, amiga, mas disciplinadora. Pôs a todos nós para fazer canteiros no quintal e orientou-nos em todas as práticas. Cada equipe cuidava do próprio canteiro. Foi uma fase florescente. A partir de então, provemos nossa mesa e a dos padres com toda variedade de hortaliças. Foi com ela que descobrimos que a simples beldroega, erva rasteira de folhas miúdas e bem espessas, era uma excelente hortaliça, muito rica em ferro. Por falar em riqueza de alimentação, evoco aqui um dos muitos comentários que sempre ouvíamos de Padre Luso. Ele nos ensinava que era muito bom comer mangas, porque elas contêm muita terebintina!

Posso dizer que aquele foi um período áureo. Nas festividades religiosas maiores, tínhamos o privilégio de assistir a filmes que Madre Nely apresentava em seu convento para as internas e para nós seminaristas como convidados. A maior parte desses filmes tinha como protagonista o imortal Charles Chaplin, que Dom Alano adorava. Ria e se deliciava com as inocentes peraltices do grande artista.

Pelo que me consta, no mesmo ano em que Dom Alano assumiu a diocese, seu mais novo padre secular, Padre Dídimo, apresentou-lhe carta de excardinação para ingressar na Ordem

Dominicana. Pouco tempo depois do desligamento do Padre Dídimo, a Ordem Dominicana resolveu abandonar o posto missionário em Porto Nacional, concentrando suas forças em São Paulo. Esses missionários franceses deixaram nas tradições culturais da cidade um estilo de vida simples com hábitos de fino trato com as pessoas. Conheci diversas pessoas que passaram pelas mãos desses educadores religiosos. Uma delas, Durval Godinho, gostava de relatar, com muita ironia, passagens mais hilariantes dos frades e seus antigos mestres. Comentava que Frei Gil, um brasileiro muito culto e original na linguagem e nos procedimentos, acabou seus dias vivendo entre os indígenas. Quando frade novo, assim que apareceu um pastor batista na cidade, ele se deliciava em reunir um magote de crianças e jovens, todos equipados com sinetas, latas e chocalhos, dirigir-se com elas para frente da pequena igreja dos crentes e promover um grande barulho entremeado com alaridos e gritarias para infernizar o culto.

Tive oportunidade de conhecer este frade, dono de uma fala de timbre bem fino. Relatando para os seminaristas como era a vida entre os indígenas, descreveu a seguinte cena. Ele, Frei Gil, providenciando seu jantar, usando trempes de pedras, por um pequeno descuido, deixou sua panela virar e entornar toda a comida. Essa cena foi matéria para entreter toda a noite dos indígenas. Relatavam e riam; riam e relatavam o mesmo episódio, sempre rindo do missionário que derramou toda a sua comida em cima do fogo.

Já no Seminário de Porto Nacional, logo nos primeiros anos, conheci um nativo da cidade, mestiço de negro e indígena, que por muitos anos fora empregado dos frades franceses. Mesmo sendo uma pessoa de pouca leitura, conhecia e falava alguns termos em um francês macarrônico.

Num dos terminais da estrutura em um U do convento, ficavam as latrinas. Estas eram, na verdade, grandes fossas negras abaixo do nível do solo. Eram fechadas por uma caixa de madeira quadrangular, espécie de plataforma ou trono onde o cristão podia aliviar suas necessidades fisiológicas. O furo era coberto por uma tampa de madeira no formato de uma grande raquete. Para evitar o excessivo mau cheiro das matérias orgânicas em decomposição e dos gases ali acumulados, além da higiene semanal, mensalmente, despejava-se nessas fossas uma boa quantidade de cal virgem. Este consumia uma grande parte do material e dos odores indesejáveis.

A propósito dessas latrinas, o Durval Godinho relatava como verdadeiro que o intelectual Frei José Maria Audrin tinha o hábito de andar sempre com um livro à mão ou debaixo do braço. Já avançado em idade e um pouco desligado do quotidiano, certo dia, foi à latrina aliviar suas necessidades. Ao concluir sua missão, pegou o livro que levara consigo e com ele cobriu cuidadosamente o furo da latrina. Em seguida, pegou a tampa de madeira e enfiou debaixo do braço, no lugar do livro.

Singularidades da Porto Nacional dos anos 40

Bem no centro da cidade, havia uma praça, hoje chamada Praça do Centenário. Era lá que, nos fins de semana, as famílias mais tradicionais traziam de suas fazendas para tirar seu leite durante todo o ano.

Naquela época, não havia luz elétrica em Porto Nacional. Muitas vezes, em noites escuras, não era raro que alguém acabasse atropelando aqueles montículos escuros, arredondados, quentes e macios ou até mesmo tropeçando num gigantesco, mas felizmente pacífico, ruminante. Pisar nos seus verdes e rotundos excrementos era a coisa mais comum. Quase todos nós tivemos essa experiência. A mamãe mesmo, que cultivava o hábito de assistir à missa das 5 h 30 min da manhã, por diversas vezes, atolou seus pés nessas massas esverdeadas e malcheirosas.

Entretanto, atraídos pelo dinamismo progressista dos missionários e missionárias dominicanas, havia em Porto Nacional da época excelentes profissionais artesãos. A presença dos missionários dominicanos franceses em Porto Nacional trouxe inúmeras vantagens religiosas, culturais e até profissionais. Isso, sem dúvida, multiplicou as ofertas e possibilidades profissionais. Pense-se a quase ilimitada variedade de móveis que se necessitava para equipar um convento.

Muitos profissionais caprichosos puderam aprimorar seu gosto e seu desempenho profissional. Dentre esses finos marceneiros, destacavam-se os da família Pinheiro. Fui informado de que uma bela escrivaninha que conheci e me encantou no quarto de Dom Alano era obra do Senhor Pinheiro. Além das gavetas comuns às escrivaninhas, essa do bispo dispunha de uma proteção especial no formato de meia-lua. Ou seja, abaixo da placa superior da mesa, erguia-se acima de pequenas gavetas dispostas na parte posterior uma cobertura constituída por lâminas ou palhetas de madeira presas a uma lona. O todo era flexível como os componentes das armaduras medievais. A cobertura flexível e móvel era aprisionada pelas suas extremidades num encaixe perfeito. Podiam deslizar como um teto móvel, e, uma vez apoiadas na posição de proteção, uma boa fechadura garantia que objetos ou documentos reservados ficassem acessíveis apenas a seu usuário. Esse singular modelo de escrivaninha de estilo colonial francês despertou-me grande curiosidade e admiração. Tanto que, já residindo em Curitiba, vim a deparar-me com esse precioso modelo de escrivaninha. Encontrei-a num antiquário e, fascinado por ela, fui compelido a adquirir o último exemplar disponível, modelo exportação. O primeiro motivo é a própria beleza do móvel, de perfil aristocrático e muito prático. Acredito que o maior impulso deve ter sido prestar uma homenagem póstuma de reconhecimento e gratidão por seu primeiro usuário, o Bispo Dom Alano, a quem devo muito de minha vida pessoal e profissional.

Inesquecíveis figuras portuenses dos anos 50

Limito-me a descrever alguns que, por singulares motivos, mais se destacaram. Começo descrevendo aqui um artesão que reunia em si algumas singularidades. Trata-se do sapateiro Senhor Joaquim. Esse cidadão destacava-se logo onde comparecesse. Primeiro, por seu porte quase hercúleo. De raça negra legítima, tinha uma constituição de lutador de arena romana: era musculoso, sólido e de elevada estatura. Bem acima da convencional da época e da cidade. Além disso, era um músico bem qualificado pelo educador dominicano Frei Reginaldo Tournier. Tocava trombone ou saxofone na Lira Municipal Santa Cecília. Profundamente religioso, singelo e humano, gostava de confidenciar longamente com o Padre Luso. Era um devoto de missa diária.

Outro artesão de relevo na cidade era Francisco, o "Chico". O pico de sua popularidade alcançou no açougue. Isso ocorria impreterivelmente todos os dias pela 5 h da matina. É que o costume vigente entre os portuenses dos anos 1950 e 1960 era cada um ir adquirir no mercado municipal seu naco de carne. Cada um dispunha, para isso, de um gancho em forma de S. Numa das extremidades, prendia-se a carne; na outra, segurava-se e conduzia seu quinhão do dia.

Chico era o encarregado de atender à clientela recebendo o gancho com o pedido, fazendo a retirada da porção desejada, pesando-a e recebendo o pagamento. Os solicitantes, às vezes, passavam de 20. Cada um queria ser o primeiro a ser atendido. Todos se amontoavam no balcão e tratavam de gritar: "Chico, ô Chico! Chico, ô Chico!". Muito paciente e gentil, Francisco tratava de ir acudindo aos mais agoniados e persistentes. Por anos, ele desempenhou essa difícil missão com a paciência de um monge.

Anos mais tarde, quando a cidade adquiriu iluminação pública, Chico abandonou aquela árdua missão e ingressou no contingente de funcionários ou empregados das Centrais Elétricas de Goiás (CELG).

O terceiro artesão que devo mencionar aqui é, infelizmente, de triste memória. Nunca ouvi seu nome. Falava-se apenas seu apelido: o "Cearense". Senhor de pele bem clara e cabelos crespos, era taciturno e de pouca fala. Muito caprichoso no corte de cabelo e em escanhoar barbas, fez isso para as pessoas mais gradas da cidade.

Sua barbearia ficava bem no centro da cidade, no interior do bar do Caé. Anos a fio, discretamente se manteve, com dignidade, nesse seu posto de honra.

Um triste dia, ou melhor, uma triste noite, explodiu a surpreendente e macabra notícia: prenderam o Cearense. Ele degolou o velho Caé com uma navalha. Qual foi a motivação do crime ignoro.

Caé era o apelido do Senhor Caetano, proprietário do bar onde o pobre e infeliz barbeiro labutou discretamente, por anos a fio, e cometeu o triste desatino.

Nunca mais o vi nem dele tive notícias. Ficou-me gravado aquele rosto branquelo de expressão vaga com certo travo de amargura e frustração.

Retornando ao cenário das imagens mais leves, preciso registrar, em paralelo, dois profissionais artesãos do ramo da alfaiataria, um nativo e outro forasteiro. O nativo era o Senhor Manduca; e o forasteiro, o Senhor Sílvio.

Recordo em primeiro lugar o forasteiro Senhor Sílvio por ter sido o profissional com quem minha mãe aprendeu as técnicas de confeccionar paletós. De fato, minha mãe fez todo um curso de artesanato com ele. Era vulgarmente chamado de Silvinha, por ser um senhor amável e sempre bem humorado. Tenho a vaga impressão de que era maranhense ou piauiense.

Lembro-me bem de alguns instrumentos, ou melhor, equipamentos que minha mãe adquiriu para concluir seu curso, como réguas e triângulos de madeira, que usava para traçar as linhas para corte dos tecidos.

Na verdade, fui beneficiado com essa qualificação profissional de minha mãe. Ela fez o terno que levei para o Seminário Arquidiocesano do Rio de Janeiro.

Enverguei-o para embarcar no avião militar da Aeronáutica que me levou de Porto Nacional ao Rio de Janeiro.

Tão logo recebi a investidura da batina, não precisei mais do paletó. Lembro-me de tê-lo negociado em permuta por uma batina com um jovem que estava deixando o seminário e precisava dessa indumentária civil para reingressar no mundo comum dos mortais.

Retomando ao paralelismo dos dois alfaiates, ocupo-me agora do Senhor Manduca. Esse era o sobrenome de família pelo qual ele era conhecido. Era antes um bom costureiro que um alfaiate. As más línguas da cidade comentavam que as obras do Senhor Manduca eram muito justas no corpo do cidadão. Diziam que seu traçado não tinha muita simetria. Os mais debochados comentavam que seus ternos eram mal engendrados. As línguas mais ferinas alardeavam que todo cristão malvestido era uma vítima do Manduca. Diziam simplesmente: "Isso é obra do Manduca!". Esse ditério foi tão propalado que se metamorfoseou num provérbio popular. "Qualquer coisa está malfeita? É obra do Manduca".

Falando em ofício artesanal, recordo-me de dois personagens muito amigos de nossa casa e de nossos vizinhos nossos. O piauiense Rosalino Piauí, que era carpinteiro e marceneiro, e o Raimundo "Óclo" de Pau, que, pelo que me lembro, era maranhense, como meu pai. De fato, ele tinha e usava uma armação de óculos que ele teve o capricho de fazer em madeira para aproveitar as lentes que lhe eram muito apropriadas.

Por serem meio colegas de profissão de meu pai, os dois carapinas frequentavam nossa casa quase todos os dias. Por desfrutar da amizade do simpático marceneiro, nas horas vagas de estudo, dávamos um pulo na oficina do velho "Carapina", como ele se chamava.

De fato, o velho Carapina piauiense, além de sua simpatia, era dono de gargalhadas sonoras e onomatopaicas. Nós manos brincávamos imitando a risada em cascata com esta onomatopeia: "Pam-pam-pam-pam; pam-pam; pam-pam-pam; pam-pam".

O velho piauiense apreciava ditos chistosos e ironias. Um dos gatilhos para desatar suas cascatas era o provérbio que nosso pai gostava de proclamar: "Amigo velho, tô mais quebrado que milho pra canário!". Eu apreciava muito ver e examinar, detalhadamente, cada uma das ferramentas que o simpático velho marceneiro, piauiense, Sr. Rosalina, usava em sua oficina. Especialmente a plaina, que, pressionada e impulsionada sobre uma peça de cedro ou sassafrás, arrancava finas lâminas enroscadas em forma de parafuso ou de pétalas de rosa ou de marfim. Até hoje, guardo em minha memória olfativa o agradável cheiro do cedro bem como do sassafrás. E como eu apreciava vê-lo ir lavrando empenadas tábuas em peças bem niveladas.

As lâminas onduladas arrancadas da madeira iam caindo lentamente no piso junto às gotas de seu suor, que também escorriam de seu rosto e logo de todo o seu corpo. Era também agradável ouvir a vibração sonora da plaina cantando ao arrancar encaracolados anéis que eu adorava apanhar do chão para aspirar o suave perfume da madeira recém-lavrada.

O odor do sassafrás era mais forte em seu perfume. O do cedro, mais discreto, oscilando entre o cravo e a canela.

Quando o velho marceneiro cansava lá de seu monótono ofício, vinha para nossa casa, onde era sempre muito bem recebido, com um papo sempre muito proveitoso do papai ou da mamãe. Trocavam favores e ideias profissionais.

Os dois, sempre que precisavam de algum favor, citavam logo esse provérbio: "Com uma mão se lava a outra e com as duas se lava o rosto".

Seu Raimundo, "oclo" de pau

Por falar em rosto, um dia, Seu Raimundo "Óclo" de Pau chegou com uma espécie de charada para meu pai decifrar. Disse ele:

"Me diga, mestre Miliano, qual é a palavra certa para esta parte da frente de nossa cabeça: rosto, cara ou face?! Por que dizem que rosto é de chinelo, cara é de cavalo e face é de santo? Qual é o nome certo: rosto, cara ou face?". Batia as mãos satisfeito e soltava gargalhadas homéricas!

Não me saem da memória as risadas poderosas, em sonoras cascatas, em que o velho Raimundo se deliciava, ao ouvir algum comentário de pilhéria do papai ou da mamãe. Apreciava muito a conversa e a amizade de nossos pais. Tinha mesmo a liberdade de reclamar um cafezinho gostoso que a mamãe, sempre muito prestimosa com seus visitantes, não se esquecia de oferecer.

Em outra visita de bate-papo, em que viera retribuir um favor profissional que nosso pai lhe fizera, seu Raimundo fez o seguinte comentário: "Já reparou, mestre Miliano, como é a conversa do sino lá na igreja? Preste bem atenção, que o sino diz sempre a mesma coisa: 'Dá a quem te dá, quem não te dá não dá não! Dá a quem te dá, quem não te dá não dá não'!". E soltava gostosas gargalhadas!

Por sua vez, nosso pai também tinha lá suas saídas de pilhérias e dictérios, lá de sua terra. Vez por outra, sempre declarava aos amigos. "Eh, amigo velho, tô mais quebrado que milho pra canário!".

Já outras vezes, comentava com minha mãe sobre o resultado de ter apertado tal ou qual devedor: "Eh, o cara tentou me enrolar numa conversa comprida, sem pé nem cabeça! É sempre aquela história de gato com cachorro; pan-pan-pan caixa de fósforo, tapioca engoliu o beiju".

Arraigado catolicismo dos portuenses

Devo registrar aqui alguns dos momentos mais ricos de emoção religiosa. Entre eles, são inesquecíveis as solenidades do mês de maio, mês das flores, mês das mães, mês dedicado à Nossa Senhora.

E, uma vez que a padroeira da cidade e da diocese é Nossa Senhora das Mercês, os 30 dias de maio eram os mais solenes e intensos de todo o ano. Nesse cenário de belas imagens e recordações, duas figuras logo se destacam: as moças da Pia União das Filhas de Maria e o solene e dedicado vigário Padre Lazinho.

Durante todos os dias do mês de maio, lá pelas 19 h, iniciavam-se a solenidade do terço, as ladainhas e os hinos dedicados à Nossa Senhora das Mercês.

Dentre os diversos hinos religiosos mais comoventes, destaco dois: um deles é o "Flores, flores a Maria, que mãe nossa é". O outro, pleno de poesia e ingênua comoção, é o:

> Tudo darei só por Maria ao meu amável bom Jesus, astro brilhante, doce luz, flor divinal és tu Maria.
>
> Estribilho: Tudo a Jesus, tudo a Maria, tudo a Jesus, tudo a Maria!
>
> Meu guia certo, meu abrigo, deve na vida ser Maria, a minha senha e doce abrigo o nome santo de Maria!
>
> Estribilho: Tudo a Jesus, tudo a Maria, tudo a Jesus, tudo a Maria!
>
> Pela manhã, quando eu acordo, digo teu nome, ó sim Maria.
>
> A bela prece então recordo, rezo com fé: Ave-Maria!
>
> Estribilho: Tudo a Jesus, tudo a Maria, tudo a Jesus, tudo a Maria!

> E gravarão na minha lousa, em homenagem a Maria,
> hoje no céu, enfim repousa o fiel servo de Maria!

> Estribilho: Tudo a Jesus, tudo a Maria, tudo a Jesus,
> tudo a Maria!

Todos os dias do mês, antes do hino final de encerramento da homenagem, as moças da Pia União, nunca menos de 20 a 30 jovens, todas de vestido branco, em procissão, levavam flores frescas para homenagear a Mãe de Jesus.

No encerramento do mês, era armado um palco, na frente do altar. Ali se erguia um belo trono em que Maria era coroada e homenageada como Rainha.

Praticamente toda a cidade era envolvida nessa doce euforia e ingênua empolgação de fé. O vigário, Padre Lazinho, que apresento a seguir, sabia mobilizar o melhor do idealismo de uma família cristã, espelhada no modelo de Maria, Jesus e José.

Apontando para a família sagrada, estava sinalizando as melhores virtudes cristãs da família, uma vez que falar de mãe é eleger a família como o lugar ideal para desenvolver as melhores virtudes humanas: solidariedade, ternura e amor!

O segundo momento de maior prestígio e encantamento religioso era a festa anual da padroeira da cidade e de toda a diocese, Nossa Senhora das Mercês. A data desse grande acontecimento de fé social é 24 de setembro.

Com a criação do estado do Tocantins, houve uma grande explosão demográfica em toda a região. De quase todos os estados vizinhos, centenas de famílias buscaram no novo estado novas oportunidades de vida.

Muitas famílias nativas de Porto Nacional, por diversos motivos, mudaram-se para a capital do estado, Goiantigo. Por ocasião da festa da padroeira, os mais velhos voltam a seu ninho antigo.

A grande celebração da padroeira converte-se numa excelente oportunidade de os parentes se reunirem e confraternizarem. Eu mesmo, que acumulei muitos laços com o lugar, as pessoas e os valores locais, residindo em Curitiba há quase 20 anos, já retornei ao velho berço várias vezes.

Nos anos 1950, o forte da Semana Santa era a penitência. Nossa mãe seguia rigorosamente a disciplina tradicional. Observávamos a rigor o jejum e a abstinência de carne. Comíamos peixe, ao qual, quase sempre, mamãe adicionava leite de coco. Esse tempero, somado à fome adicional do jejum, conferia um sabor especial aos alimentos apropriados da Semana Santa.

Além do peixe, outra iguaria mais rara que aparecia mais na Semana Santa era o palmito, e tinha um sabor um tanto amargo, lembrando mais o jiló.

Nos tempos áureos dos vários frades dominicanos, todos franceses, havia uma banda musical com uma grande variedade de instrumentos de corda, percussão e sopro, como flauta, trombone e clarinete.

Aliás, assim que cheguei ao seminário, lembro-me de ter visto, num cômodo anexo a uma das alas do convento, pedaços cilíndricos em latão ou bronze, já oxidados, do que fora um trombone ou clarinete.

Como os dominicanos já tinham abandonado a velha missão de Porto Nacional, ali estavam vestígios de uma encantadora fase da velha Porto Nacional!

Tive oportunidade de conhecer alguns dos remanescentes dessa banda, como o já bem idoso maestro Adelino Gonçalves. Conheci e lembro-me muito bem de tocadores de instrumento de sopro como Agemiro Pereira de Assumpção, notário ou escrivão de cartório; mestre Joaquim, o sapateiro; e outros.

Conheci uma velhinha desses tempos áureos, cujo nome não me recordo, que fez uma elegante referência àqueles momentos preciosos. Dizia que amava, adorava música, principalmente os instrumentos de corda. Ponderou-me ela: "Até hoje, quando ouço o pinicar de um violão, me vejo logo bailando!".

O prestimoso e dedicado Padre Lázaro Noel de Camargo

Por essa época, pode-se dizer que um profissional que desfrutava de maior prestígio na cidade era um volumoso e bem-apessoado padre. Chamava-se Padre Lázaro Noel de Camargo. Para nós sertanejos, era um aristocrata.

Fizera a promessa de trabalhar na diocese de Dom Alano por uns 20 anos. Quando chegamos a Porto, na década de 1950, ele já lá estava e reinava soberano. Era de fato um ser muito humano que sabia compadecer-se das misérias humanas. Tanto assim que foi a primeira visita importante que tivemos em nosso humilde barraco.

No ponto mais alto da igreja catedral, colocou potentes alto-falantes, que, no silêncio urbano da época, podiam ser ouvidos nos pontos mais distantes da cidade. Além do toque do sino que era aí amplificado, rodava músicas religiosas e do folclore italiano, com o famoso Santa Lucia.

Quase sempre que evoco a imagem do Padre Lazinho movendo-se no presbitério da Catedral de Porto Nacional, enxergo nossa mãe, bem na frente da mesa da comunhão da Igreja Catedral Nossa Senhora das Mercês, abordando o atencioso vigário, aparentemente para relatar-lhe nossas agruras.

O Padre Lazinho era um mineiro de porte e maneiras elegantes, bem forte de estatura, sempre calçando elegantes sandálias de cor clara e meias impecavelmente brancas. Portava uma batina de cor creme muito bem talhada, ornada de botões decorativos na abertura da frente e nas ombreiras. Prezava muito sua aparência e seu asseio. Sempre impecavelmente limpo e perfumado. Presenciei na sacristia uma cena que ilustra bem sua intolerância à má aparência. Ao conferir os panos brancos que serviam no altar, notou que não estavam impecavelmente limpos e engomados. Tomado de repentina ira, atirou os panos sagrados no chão e, literalmente, sapateou sobre eles.

O prestimoso sacristão, um português, o Senhor Manuel, logo os recolheu para reapresentá-los à zeladora que cuidava desse serviço particular.

Por comentários do próprio Lazinho, era beneficiado por uma rica senhora mineira que cuidava de suas despesas extras. Vestia-se muito bem e adquiriu e mantinha uma estação de radioamador. Inicialmente, instalou-a na própria sacristia da catedral. Depois, transferiu-a para um cômodo vizinho da casa do Senhor Sena Dias.

Essas duas primeiras localizações ficavam bem vizinhas de nosso salão de estudos. Muitíssimas vezes, enquanto estudávamos, ouvíamos o fraseado de sua fala chamando outros radioamadores. De tanto ouvir sua ladainha, até hoje me recordo claramente do fraseado: "Alô, alô, colega de 40 metros, colega de 40 metros, aqui fala PPY2, Y3, Rádio Ipiranga Tocantins, Rádio Ipiranga Tocantins. Alô, alô, colega de 40 metros, colega de 40 metros, aqui fala PPY2, Y3, Rádio Ipiranga Tocantins, Rádio Ipiranga Tocantins".

Mantinha essa cantilena, com breves intervalos, até encontrar alguém na escuta e, então, entabular contato com esse distante colega.

Alguns anos mais tarde, Padre Lazinho levou sua estação radioamadora para um pequeno cômodo do colégio das irmãs. E lá permaneceu até deixar definitivamente Porto Nacional, retornando à sua diocese de origem, Uberaba/MG.

Ainda retornou a Porto algumas vezes, até não termos mais notícias dele. Sei que nossa mãe lhe devotava particular estima.

Foi um dos primeiros a circular na cidade com uma bicicleta. Era uma linda bicicleta com farol e campainha para alertar os transeuntes. Como ele andava sempre de batina, sua bicicleta tinha o formato feminino, isto é, em vez de um varão retangular, tinha um arco em V, que permitia deixar livre e caída sua veste talar. Além do mais, era equipada com uma tela de tecido colorido ao longo de todo o para-lama traseiro, o que evitava que sua batina fosse "mastigada" perigosamente pelos raios da bicicleta.

Por alguns anos, sua bicicleta foi a única da cidade. Pouco depois, a família Alencar também adquiriu as suas.

Além da bela associação das filhas de Maria, outro grupo menos numeroso, mas que desfrutava de um grande prestígio religioso e social era o grupo dos coroinhas. Sempre muito criterioso, Padre Lazinho escolhia só crianças de até 12 ou 13 anos. Recordando essas figurinhas, uma delas destacou-se no meu repertório. Era o Rafael Belles, filho de Dona Caetana. Era um garoto baixinho, mas bem forte, bem moreno, quase negro, um tanto displicente em sua apresentação social e também no empenho em ser elegante e correto nas suas tarefas de coroinha.

Estou falando da década de 1950, quando as missas eram em latim e o padre ficava de costas para o povo.

Os termos vigentes da época: o padre "dizia missa" e o fiel "ouvia a Santa Missa!".

Um belo dia, os colegas do Rafael começaram a censurá-lo: "Você nem sabe as respostas do padre, em latim". Ele não vacilou: "Não interessa. Eu sei a hora que o padre qué vim!".

Em outra oportunidade, Padre Lazinho comentou: "O latim do Rafael nem Deus entende!".

De outra feita, notando que o Rafael pisava macio, viu que ele estava descalço!

Seminário São José, sob o reinado de Dom Alano e Padre Luso Matos

Primeira fila, reconhecidos, da esquerda para a direita: terceiro, Humberto Sardinha; sexto, Vitor, amigo Mano Aldo. Sentados, da esquerda para a direita: Padre Patrício, Padre Luso Matos, Dom Alano, Padre Lázaro Noel de Camargo. Terceira fila, em pé, da esquerda para a direita: Raimundo José Barrinhas, Rui Virgolino, Jacinto, Edwards, Ismael, Joaquim Oliveira, Ismael, Rui Cavalcante, Joarez Virgolino, Geraldo Torres, Celso Cavalcante, Justino, Wagner Maia, Ernesto, Itamar, Ignoto, Ibanez, Wagner Tavares, Antonio Costa Lima e mano Aldo Virgolino

O que levou os três jovens filhos de "Miliano e Marica" a ingressarem no Seminário de Porto Nacional?!

A religiosidade de uma mãe de missa e comunhão diária? A possibilidade mais concreta de um estudo com melhores perspectivas? As motivações pessoais de cada um, conscientes ou inconscientes? O DNA da vó paterna, que era professora e catequista no sertão?

O certo é que, pelos idos de 1950, os três irmãos apelidados pelo Padre Luso "Os cara redonda" encontravam-se internos no velho convento dos dominicanos. Um após o outro, os três entraram.

Na verdade, não se pense que, mesmo naqueles tempos e na cidadezinha de Porto, em que o padre ainda desfrutava de alto prestígio social, fosse lá muito agradável viver na pele de um seminarista. Como era uma condição básica o uso da veste talar, chamada batina, a meninada xingava-nos de "vestido de saia". E, quando nos desejavam insultar, xingavam-nos de "filhos do padre". Ou simplesmente "fio de padre!".

Sem demora, nossa mãe, que era costureira, teve de engendrar três batinas para seus três filhos homens! Ficou de fora apenas a caçula, Maria de Jesus, que, vendo aquilo, e cansada de levar e trazer a roupa dos irmãos, tomou sua decisão. Declarou simplesmente: "Mamãe, eu também quero ser padre!".

Na sua inocência, a mana não poderia imaginar que essa possibilidade, muito comum na Igreja primitiva, na Igreja tridentina, era absolutamente impensável. E, mesmo nos dias atuais, continua sendo algo muito remoto.

O mano Aldo ficou no seminário uns três anos. Sentiu que aquele não era seu caminho. Ficou fascinado pelo porte atlético dos aviadores da Força Aérea Brasileira (FAB) que então, por cortesia de Dom Alano, hospedavam-se no seminário. Acabou ingressando na carreira militar. Findou sua trajetória integrando o quadro da Polícia Federal.

Os outros dois manos continuaram seu itinerário eclesiástico, e ambos se tornaram presbíteros. Com menos de dez anos de ministério, o mais velho decidiu constituir família. Teve seu enlace matrimonial testemunhado pelo mano do meio. Quatro ou cinco anos depois, foi a vez de este tomar o mesmo caminho.

Naquele tempo, não tínhamos água encanada no seminário, nem na cidade. Para todas as serventias da casa, dispúnhamos de uma cisterna, muito profunda. Era toda calçada em tijolos e ficava amparada por uma casa aberta de telhas. Nas proximidades da cisterna, existiam dois grandes pés de manga "de espécie", como chamávamos. Tudo isso estava posicionado nas proximidades do muro do fundo do quintal do convento.

Devíamos puxar água numa lata ou balde, por uma corda passada numa carretilha. Anos mais tarde, os próprios aviadores providenciaram um sistema de puxar água por uma corrente que deslizava dentro de um tubo. O conjunto era movido por uma manivela que tracionava a corrente circular. Era um sistema engenhoso, que consistia numa corrente de elos alongados formando uma só extensão. Os elos passavam pela água e, por arrasto, conduziam as porções d'água entre os elos da corrente ascendente. Isso já foi um grande progresso.

Esse avanço nos aliviou da rotina de, diariamente, puxarmos água em latas e baldes e com a força do braço. Para tomar banho, tínhamos, sob uma grande caixa d'água, um banheiro. Ali havia um balde com torneira e chuveirinho suspenso por uma carretilha. O balde, aprisionado por uma corda, ficava suspenso enquanto se despeja a água necessária para o banho. Naturalmente, como só havia um banheiro para mais de 20 pessoas, na hora do banho, era inevitável formar-se uma fila, por ordem de chegada.

Era uma velha cisterna, quase centenária, de seus 20 metros de profundidade, escavada no solo e toda calçada em pedra. Pelo que nos constava, era um precioso legado dos primeiros missionários dominicanos. A cisterna encontrava-se amparada por uma cobertura de telha com calçamento de piso de tijolo de argila assado.

Como era dali que retirávamos água para beber, além dos outros serviços, havia um duplo sistema de manutenção periódica daquele reservatório subterrâneo. O procedimento mais comum e frequente era lançar ali cal virgem. Outro, mais raro, era o nosso valioso sacristão, Sr. Manoel, descer por uma corda e realizar pessoalmente a limpeza. Dono de nervos de aço, o decidido sacristão, sentando-se no balde e agarrado à corda, tranquilamente descia ao fundo do poço, apoiando os pés por entre as pedras e os tijolos do calçamento.

Antes disso, deveríamos esgotar toda a água disponível na velha cisterna. Só então, o eficiente e corajoso Sr. Manoel descia e cuidava de garantir a limpeza total do fundo do poço. Enquanto uma dupla retirava a água da profunda cisterna, outra transportava em baldes ou latas a água para a cozinha e as demais serventias da casa.

Inicialmente, tínhamos apenas um grande tambor onde devíamos despejar a água que cada um deveria recolher por uma lata ou balde e despejar no balde-chuveiro.

Como não havia água encanada, padres e visitantes ilustres, como os aviadores, dispunham de um jarro esmaltado, equipado com uma alça. Fazia parte desse conjunto uma bacia também esmaltada. Cabia a nós seminaristas escalados naquela semana pelo Regente, todos os dias pela manhã, recolher jarro e bacia, com os resíduos para, levando as proximidades do fundo do quintal, ao lado da cisterna, lavarmos jarro e bacia e levarmo-los com água limpa para o serviço de mais um dia.

Algum tempo depois, quando a cidade ganhou rede elétrica, demos um segundo salto e passamos das correntes para água puxada por uma bomba elétrica. Ao mesmo tempo, também ganhamos uma grande caixa d'água.

Há ainda um detalhe na retirada da água. Embora o balde, para retirar água, tivesse preso em uma de suas laterais um peso para garantir que, ao tocar o fundo, ele entornasse, nem sempre isso acontecia. Quase sempre era preciso dar lateralmente um tranco na corda para que o balde mergulhasse n'água. A longa corda que puxava passava por uma roldana. A ponta inicial da corda achava-se aprisionada a um sarilho equipado com uma manivela em ferro roliço. Acionando manualmente a manivela, tracionava-se do fundo do poço o balde com água.

Pelo conjunto apresentado, dá para ver que puxar água dessa cisterna era uma operação trabalhosa e complexa. A operação de retirada d'água era um dos compromissos semanais de todos nós. O regente que cuidava de definir as tarefas garantia que todos desempenhássemos cada uma delas. Isso era o que chamávamos "semaneiros".

Basicamente, havia semaneiros para: serviço d'água, da limpeza de todos os cômodos da casa. Acredito que era a tarefa de, por uma semana, ficar responsável por limpar as mesas; forrá-las com uma toalha; distribuir pratos e talheres na exata quantidade dos seminaristas e internos presentes; depois transportar da cozinha os alimentos de colocá-los sobre a mesa. E, terminada a refeição de todos, levar de volta para a cozinha todos os pratos e vasilhas para serem lavados pelos cozinheiros. Só depois de tudo isso é que os semaneiros se sentavam e se serviam.

Além dos semaneiros do serviço da mesa, havia também um outro semaneiro, o leitor. Pela tradição determinada por Dom Alano, durante as refeições, observava-se pleno silêncio. Nesse período, havia um leitor. A leitura tinha dois momentos. No primeiro momento, logo após a oração de agradecimento e bênção dos alimentos, lia-se no *Martirológio romano* a biografia do santo do dia. Esse texto clássico faz a narrativa dos sofrimentos e martírio do santo do dia. Concluída a narrativa hagiográfica, esta invariavelmente se encerrava por uma espécie de antífona em latim, que era a seguinte: *"Et álibi aliorum plurimorum sanctorm martirum et confessorum atque sanctarum virginum, Tu autem, Domine, miserere nobis"*. Ao que todos respondiam: "Deo gratias!" (Tradução: "E, em outros lugares, muitos outros santos mártires e confessores e santas virgens. Tu, porém, Senhor, tende piedade de nós!". "Graças a Deus!").

Já a limpeza geral da casa era feita duas vezes por semana. Nesta, todos atuavam ao mesmo tempo, nos diversos cômodos de todo o seminário. A diferença é que, para cada cômodo da casa, havia uma escala diferente a cada semana. Assim, todos passavam por todos os cômodos da casa, dos mais fáceis aos mais difíceis. Entre os mais fáceis, estava varrer quartos, corredores e dormitórios.

Todo o piso do velho convento era em ladrilhos de argila assada. Usávamos vassouras de piaçava para a limpeza geral. Para suavizar essa operação, jogávamos água no piso e passávamos a vassoura. Isso evitava levantar uma fina poeira, mas, com o andar do tempo, alguns pontos mais vulneráveis do piso iam se desgastando e abrindo muitas depressões esburacadas. De fato. Alguns anos mais tarde, na reforma geral do velho convento, todo o piso foi trocado por ladrilhos prensados.

Entre os mais difíceis estava o asseio semanal aos cubículos das privadas. É preciso esclarecer que o período descrito é anterior ao encanamento de águas. As assim chamadas privadas tinham as seguintes características. Nas duas extremidades das alas dos claustros, havia dois a três pequenos cubículos, separados por paredes meias. Na área específica dos cubículos, havia uma grande fossa, calçada com tijolos. Estas vinham cobertas por um piso de tábuas. Para cada cômodo, havia uma elevação em um degrau de seus 50 centímetros. Essa elevação era uma espécie de trono culminado por uma abertura no topo do tabuado. Ali, a pessoa que buscava aliviar suas necessidades fisiológicas se postava de cócoras, cuidando para posicionar-se exatamente no alinhamento do furo de acesso à fossa. Por ali devia-se despachar fezes e urina. Assim, todo o ambiente das privadas estava sempre saturado por fortes odores de fezes, misturado com odor de creolina.

Na limpeza semanal, devia-se lavar todo o piso com água, despejar um pouco de creolina no interior da fossa, onde asquerosos vermes regurgitavam. Para o completo asseio, era recomendado também despejar-se no interior da fossa um pouco de cal virgem. Esse cuidado adicional garantia que os materiais orgânicos fossem, em boa parte, consumidos.

Havia também os semaneiros do refeitório dos alunos. Mas a escala de semaneiro mais cobiçada de todos era servir a comida dos padres. Esta era, sem dúvida, a mais cobiçada por todos nós. É que o refeitório dos padres recebia uma preciosa complementação de iguarias fornecidas por Dona Caetana e pelo convento das freiras. Naturalmente, estando presente o bispo, as freiras sempre caprichavam nos paladares mais elaborados. Entre essas raridades, grudou-se em minha memória gustativa, além de suaves e saborosos doces de mangaba, caju ou de leite, pratos raros, como uma farofa torrada em manteiga.

Nas proximidades da cozinha do seminário, ficava um velho chiqueiro, bem ao pé do muro de limite do nosso quintal. Era, talvez, remanescente dos dominicanos. Ali eram levadas as sobras de comida. A dieta dos suínos era completada com abóbora e milho. Nessa época, se não me engano, era cozinheiro no seminário um senhor baixinho e moreno, beirando seus 50 anos. Esse "vivente", como gostam de chamar os gaúchos tradicionalistas, era uma criatura bem original.

De tempos em tempos, os porcos mais graúdos e gordos do chiqueiro eram abatidos. Nesse momento, nós seminaristas entrávamos para ajudar. Depois de abatido o animal, era a vez de retirar os pelos do bicho. Isso era feito com água superaquecida. A equipe de apoio dessa tarefa era escalada entre nós. Coube a mim participar, algumas vezes, dessa labuta. Essa era uma das coisas que mais me desagradavam e constrangiam. O todo me parecia muito agressivo e violento. No momento do abate, essas pobres animais emitiam estridentes e desesperados grunhidos. Além do mais, nunca me agradou participar de agressões à vida!

Para meu desagrado e estupor, numa dessas feitas, quando as entranhas do animal estavam abertas, estarrecido, vi brancos e asquerosos vermes que se moviam nas entranhas e vísceras para todos os lados!

Bem razão, pois, tinham os judeus em proibir o consumo desses perigosos alimentos. Recentemente, conheci e convivi com uma pessoa da Igreja, muito serviçal e dedicado ao próximo, que findou seus dias consumido e atormentado pelas larvas desses vermes que se alojaram em seu cérebro! Nenhum recurso da medicina moderna conseguiu poupar sua vida.

Em cada uma das laterais dos claustros do velho convento dos dominicanos, havia duas construções de aparência improvisada, bem mais baixas que a dos claustros. Na lateral esquerda de quem entra pela portaria principal, ficavam o refeitório e a despensa. O primeiro cômodo era maior e amparado, do lado externo, apenas por uma baixa mureta de arrimo. Havia ali duas mesas, de seus 4 metros de comprimento cada. Eram servidas por bancos de madeira, sem encosto.

Tanto o cômodo da despensa como o do refeitório ficavam num piso em nível, cerca de 75 centímetros abaixo. O acesso a esse nível era garantido por uma escada em degraus. Era por ali que os semaneiros subiam e desciam com as vasilhas de alimentos.

Pela manhã, tínhamos um café servido num copinho esmaltado com um prato de alumínio. A refeição matutina era, na maioria das vezes, pão adquirido da panificadora de Dona Caetana. Sendo uma senhora muito religiosa e caridosa, creio que entregava esses pães num preço inferior ao do mercado. Tinha profunda admiração e devoção filial a Dom Alano e Padre Luso. Nalguns dias, tínhamos por suprimento alimentar um prato de farofa de carne picada miúda, fritada com farinha. O acompanhamento era de café, servido numa canequinha azul esmaltada. Nos primeiros anos tomávamos café ralo e sem leite. Sob a administração do Padre Jacinto, ganhamos o privilégio do leite já misturado com o café. Muito eficiente, o Jacinto estabeleceu que um interno determinado traria de bicicleta um bujão de leite da Fazenda Mato Escuro. Pelo que lembre, nessa época o zelador da propriedade era o Carlos e sua família.

No cômodo menor, ficava a dispensa. Era toda fechada. A parta de acesso era servida por uma pequena abertura para que os gatos pudessem entrar e sair. Cabia a esses bravos "guerreiros" exterminar os ratos que infestavam a despensa. É que ali havia um grande chamariz para esses roedores. Tratava-se de uma grande tulha, onde eram armazenados os cereais como arroz, milho e feijão. Era um imenso caixote de aproximadamente 1,7 de altura por uns 3 metros de comprido. Era servido por tampas diferentes para cada uma das divisões internas do grande depósito. Era nesse mesmo espaço que ficavam dependurados os cachos de banana que, quase sempre, tínhamos como a merenda ou sobremesa mais habitual. Essas bananas tinham o inconveniente de atrair morcegos, que buscavam naqueles cachos sua base alimentar. Como essas espertas e estanhas criaturas ficavam fora do alcance dos eficientes gatos, de tempos em tempos, promovíamos um ataque coordenado a esses vorazes consumidores. Tratava-se de fechar bem porta e janela e, agitando no ar uma vara fina, ir fazendo uma varredura em todos os espaços. Embora equipados com seus astutos radares, conseguíamos atingir vários deles e eliminá-los!

Nos últimos tempos, tivemos dois guardiões da despensa. Primeiro foi o Ernesto e depois o "compadre Zuza". A figura do guardião dos cereais era muito cobiçada entre nós. É que, adolescente, vivíamos quase sempre famintos. E naquele esconderijo, vedadas a quase todos nós, existiam, no mínimo, saborosas bananas. O escolhido desfrutava, portanto, de grande prestigio social entre nós. Muitos entre nós disputávamos atenção e cuidados especiais. Todos queriam ser amigos do rei.

Havia duas categorias de internos no Seminário São José de Porto Nacional/TO. Os que aí entravam com o propósito de se tornar padres eram classificados como seminaristas. Os que ingressavam apenas com o intuito de moradia em função do estudo eram denominados internos. Entre estes, uns pagavam, outros eram gratuitos. Logo que ali chegamos, por um motivo ou outro, alguns desses internos me chamaram atenção.

O primeiro, por ser bem mais velho que todos nós, ganhou de todos nós o apelido de "adulto!". Esse adjetivo era sempre pronunciado com conotação depreciativa. Quase como um xingamento. O segundo interno despertou-me a curiosidade, por ser mais alto e forte que todos nós. Era um rapaz de cor branca e cabelos encarapinhados. Esse perfil era classificado entre nós como "sarará". Tinha todo o corpo marcado com pintas escuras. Era de família rica ou, no mínimo, bem aquinhoada. Vestia-se e portava-se com elegância e distinção. Chamava-se Juraci. Veio a tornar-se médico, se não me engano, na cidade de Arraias. Embora apenas interno, era religioso e participava de nossos atos de piedade e devoção, como a recitação diária do terço, e das missas quotidianas.

O terceiro interno não pude deixar de reparar, por ser portador de um nome muito estranho para nós. Chamava-se Deusdedit. Era um maranhense de família distinta. Baixinho e também de porte elegante, ostentando um bigodinho sempre bem cuidado. Um dos melhores alunos no ginásio estadual, tanto que acabou sendo o orador de sua turma.

Raríssimos eram os internos pagantes. A maioria era constituída por jovens de família pobre e recebia o benefício de sua manutenção pelos recursos provenientes do Estado. Pelo que sei, formal e juridicamente, nosso internato estava constituído como "Patronato São José". Nessa condição, recebia ajuda do governo do estado.

O regulamento era comum para todos. Só que, para os internos, as cobranças eram mais brandas, no que se refere aos deveres de piedade, como missa e orações. As demais normas eram comuns

Dormitórios e salas de estudo eram coletivos. Não havia camas. Todos tínhamos nossas redes. Durante o dia, estas deviam ficar recolhidas e encaixadas entre os punhos de uma das laterais. Eram desdobradas e esticadas só durante a noite.

As salas de estudo eram também coletivas. À frente de cada sala, havia um colega escalado para manter a disciplina e a ordem. Contudo, este era sempre um seminarista, nunca um interno! Essa figura se chamava regente. Este controlava entrada e saída. Sobre sua mesa ficava uma sineta que era acionada quando chegava a hora do intervalo ou recreio ou de atos coletivos como merenda, almoço e jantar. Havia uma palavra de ordem para autorizar o recreio. Era uma jaculatória em latim: *"Benedicamus Domino!"* (Bendigamos ao Senhor), proclamava o regente. Ao que todos respondíamos *"Deo gratias"* (Graças a Deus!).

Cada um de nós tinha uma carteira de madeira, espécie de escrivaninha. Na parte superior desta, havia um espaço reservado para guardar livros e cadernos. A tampa era equipada com uma dobradiça. Com isto, erguia-se a tampa, sempre que necessário para recolher ou guardar os materiais escolares.

Nessa época, não conhecíamos caneta esferográfica. Estávamos ainda em plena vigência da caneta-tinteiro com seu respectivo mata-borrão. Este era uma espécie de papel mais espesso macio e poroso que atuava como absorvente da tinta remanescente na trajetória das letras.

Os períodos de estudo, refeição, oração e dormida eram sempre de silêncio. Internamente, no seminário, havia apenas palestras de formação espiritual ou aulas de religião e de latim, para os do segundo grau. O estudo curricular era feito fora. Nos primeiros anos, era no colégio das irmãs dominicanas. Anos depois, passamos a estudar no ginásio estadual.

Um presente inesquecível: 11 de setembro de 1953

Exatamente a 11 de setembro de 1953, não sei por que, mas só à noite, encontrei depositado dentro de meus sapatos um modesto presente. Meu pai tivera a delicadeza de lembrar-se de meu aniversário e levar-me um presentinho, com seus cumprimentos. Não podendo encontrar-me pessoalmente, entregou-o a um colega na portaria do seminário.

Dentro de um modesto pacote, um sabonete e um envelope com um cartão, que **ainda guardo comigo**. O envelope desdobrado e o cartão de visita que recebi de meu pai, talvez no último ano de meu seminário menor, em Porto Nacional, guardei-os comigo e os mantenho até hoje. Esse envelope quase mágico continha, na formalidade, o primeiro, e talvez único e último, presente que recebi de meu pai, em vida.

O objeto, em si, era muito pouco, quase nada, um simples sabonete Life Boy! Mas a grandeza do gesto e do símbolo era imensa. E observe-se que meu pai ainda teve a gentileza de obter um cartão e um envelope adequados para a formalidade social de uma visita! Até hoje ainda me emociona o impacto dessas palavras: "Ilustríssimo Senhor". Era meu pai que me chamava de "ilustríssimo". Nunca me vira como alguém ilustre, muito menos ilustríssimo. Eu era simplesmente um desconhecido adolescente, ginasiano e modestíssimo seminarista. Num quase desconhecido seminário menor, na também modestíssima cidadezinha do Norte Goiano. E era um simples sabonete. Mas a riqueza simbólica do presente era tão grande que sobrevive depois de mais de 60 anos. E preservei-o como que para resgatar esse raro perfume do carinho de um pai e testemunhar quanto apreciei e me fez bem esse pequeno e grande sinal de amor. Tanto mais que, como era próprio e esperado do pai-autoridade, ele se mostrava muito reservado em demonstrações de afeto. Um pai dessa época não se permitia demonstrações de afabilidade!

Com o traçado peculiar e belo da caligrafia de meu pai, estava grafado em manuscrito, por caneta tinteiro: "Boa tarde, Joarez, embora retardado, aceite meus parabéns, por mais um ano de vida. Teu pai e amigo".

E no cartão estava igualmente manuscrito: "Emiliano Ayres Dias. Junto um presente". E abaixo do nome "Maria Aires", impresso no cartão, estava manuscrito: "O mesmo Dias". E no canto inferior do cartão, impresso pela gráfica "Porto Nacional". No canto direito, também, impresso pela gráfica "Goiaz".

Aí estão os vestígios que guardei com muito apreço, como um precioso tesouro que recebi de meu pai. Por trás desse modestíssimo presente, há algo maior, infinitamente maior: o zelo, a dedicação, o sacrifício, ou melhor, os inúmeros e imensos sacrifícios e privações que nosso pai atravessou, sofreu e dedicou pelo melhor destino de nossa vida.

O amor, a fidelidade, a dedicação, os sacrifícios feitos pelos nossos pais remetem-me à bela oração que Ruy Barbosa dedicou à Pátria:

> A Pátria é a família amplificada e a família divinamente constituída. Tem por elementos orgânicos a honra, a disciplina, a fidelidade a benquerença, o sacrifício. É uma harmonia instintiva de vontades, uma desestudada permuta de abnegações. Um tecido vivente de almas entrelaçadas. Multiplicai a célula e tereis o organismo. Multiplicai a família e tereis a Pátria. Sempre o mesmo plasma, a mesma substância nervosa, a mesma circulação sanguínea. Os homens não inventaram antes adulteraram a fórmula sublime que Cristo lhes dera "Diliges proximum tuum sicut te ipsum!" (Ama a teu próximo como a ti mesmo).

Preciosas "heranças" dos dominicanos e da cultura de Porto Nacional

Com, aproximadamente, seu 1,50 metro de altura. Quase atarracado. Cabelos encarapinhados, pele cor de cobre, bem ao feitio indígena. Rosto triangular, quase imberbe. Possuía alguns fiapos de bigode nas extremidades do lábio superior. Bem na pontinha do queixo, exibia também alguns fiapos de barba. Seu nome, Enedino. Era um dos raros remanescentes e "crias" dos missionários dominicanos. Conhecera e convivera com o Frei Bertrand, o Frei Audrin e o próprio Dominguinhos, primeiro bispo diocesano de Porto Nacional, Dom Domingos Carrerot. Mencionava e exibia, com orgulho, esses nomes todos como se estivesse nos apresentando documentos de sua própria identidade! Era visível que o fazia de boca cheia e com uma pontinha de orgulho. De pouca fala e dotado de um gênio mais para irascível. Por um bom tempo cuidava de todas as atividades da cozinha do seminário, quando lá cheguei. Entre as atribuições do Enedino, incluía-se tratar os porcos.

Do convívio com esses missionários franceses, o Enedino herdara algumas palavras de francês macarrônico que se integraram ao seu vocabulário habitual, tais como a assertiva: é *"même"*! A torto e a direito, ele sapecava essa indefectível e prestigiosa declaração: é *"même"*! Era seu momento de triunfo e prestígio social. Era como se ele, galgando um termo afrancesado, estivesse alçando o topo da pirâmide social. Aos curiosos, se indagado, ele poderia puxar da algibeira de seu repertório e pronunciar alguns outros escassos termos avulsos no mesmo dialeto afrancesado: *"Comantalevus"*, *"Si vou plais!"*!

Quando conheci o Sr. Manoel Gouveia no seminário, ele já ostentava uma abundante cabeleira, toda branquinha. A cor dos cabelos contrastava com as feições do rosto moreno, mas de pele lisa, sem rugas. Pelos cabelos da cabeça, dir-se-ia que tinha mais de 60 anos. Mas o visual do rosto aparentava, quando muito, seus 40. Pelos traços gerais, lembrava, de longe, as feições do Padre Cícero, já avançado em anos. Pelo todo de sua postura, diria mesmo que andava pelos 40 anos. Pelo que sei, era mesmo originário de Porto Nacional. Pelo que lembre, tinha esposa e uma filha moça.

Chamava logo nossa atenção o fato raro de ter manchas brancas pelos braços e mãos. O tal de vitiligo. Aparecia no seminário ali pelo fim de semana e logo se dirigia ao Padre Luso. Não digo de certeza, mas parecia que contava sempre com uma pequena mesada. Decerto, era uma pessoa bem pobre. E o Padre Luso, com sua intensa humanidade, estava atento aos mais carentes e sempre estendia para eles a sua ajuda. Enedino era outra dessas criaturas socorridos habituais do Padre Luso. Andava com muito recato e discrição. Parecia estar sempre envergonhado de dirigir uma palavra de saudação a quem quer que fosse.

Anos mais tarde, por indicação de alguém, contratei os serviços da esposa do Sr. José Gouveia para lavar e passar minhas vestes. Quase sempre, ele mesmo me trazia a roupa limpinha e bem passada. Algumas vezes, eu mesmo levava até ela alguma veste necessitada de algum reparo. Infelizmente, não me recordo do nome da esposa do Zé Gouveia.

Uma outra exclusividade da Porto Nacional dos dominicanos, nos anos 40! Naquela época, o pequeno povoado era quase isolado do resto do mundo.

Nos anos 40, o pequeno povoado de Porto Nacional não dispunha de uma única panificadora. Ninguém conhecia nem produzia trigo. Se uma ou outra família conhecia e sabia produzir pão, teria de importar as matérias-primas do Rio, vindo por Belém do Pará. Mesmo vindo do Rio de Janeiro, quanto custaria esse trigo que precisava viajar quase 5 mil quilômetros?!

Entretanto, a região era grande produtora de arroz e mandioca. Dessa forma, a cultura local desenvolveu e aprimorou uma boa técnica de produzir excelentes e saborosos bolos de arroz. E como se faz esse bolo de arroz?!

Primeiro, deve-se retirar as escolhas, grãos de arroz que permanecem sem descascar. Esse procedimento é chamado de "escolher o arroz".

Feito isso, o arroz é colocado em água morna durante toda a noite para amolecer. No dia seguinte, pela manhã, cedo, esse arroz é moído ao pilão até que se torne em pó ou uma massa bem fina. Concluída essa fase, depois de peneirada, a massa é colocada com fermento, durante algumas horas, até que ele fermente e cresça. Nesse processo, a massa ganha um sabor um pouco azedo. Corrige-se a situação com açúcar e temperos a gosto, como cominho, além do óleo, naturalmente.

Devidamente colocado numa fôrma adequada e levado ao forno, quando chega ao ponto bem amarelo, está concluído um saboroso bolo de arroz, de grande preferência nas famílias locais.

Como se vê, é um bolo muito trabalhoso, mas de sabor inigualável quando as misturas e os temperos são feitos na medida certa. Nem todos conseguem os pontos certos. Entra aí a experiência e a arte. Algumas boleiras da cidade alcançaram essa perícia.

Quando os tabuleiros desse bolo eram anunciados na praça, logo desapareciam todos. Uma dessas boleiras mais bem-sucedidas, disseram-me, adquiriu apartamentos em Goiânia e deu estudo aos filhos.

Nossa mãe veio a conhecer essa modalidade em Porto. Não era perita nessa arte, mas havia outra modalidade de bolo que ela produzia com perfeição: o cuscuz de arroz.

À diferença daquele bolo de arroz, este não leva fermento e não é assado, mas cozido em banho-maria. Depois que se pilou o arroz, colocam-se temperos como açúcar e um pouquinho de sal e acomoda-se a massa em um prato esmaltado, forrado com um pano branco e bem limpo. O pano é amarrado sobre o prato, e prende-se tudo com um nó. Com a água bem fervente, numa panela ou vasilha apropriada, coloca-se o prato com a massa e o pano virado para baixo e deixa-se cozinhar bem, até que comece a exalar o perfume da massa cozida. Eis o cuscuz de arroz. Esse era nosso quebra-jejum em algumas ocasiões especiais. O quebra-jejum mais comum era o beiju, a maior parte das vezes, feito por nosso pai.

Memórias da escolinha das dominicanas

Ao chegar a Porto Nacional, mais uma vez, tivermos que nos contentar com uma escolinha dos batistas. Claro que isso nos incomodava, porque éramos católicos e não gostávamos de ser apontados como crentes. Pois, envergando nossas fardinhas da escola batista, a molecada logo gritava: "Lá vêm os crentes!".

Felizmente, nossas provações não duraram muito. Logo chegou aos ouvidos do zeloso pároco Padre Lazinho que uma católica de missa diária tinha seus três filhos matriculados na escola dos "crentes". Não sei que tipo de solução ou ajuda mamãe obteve do Padre "Lazim". O certo é que passamos para a escola das freiras dominicanas. O colégio destas era um casarão quase todo de adobe, com grossas paredes e bem mais alto que a maioria das casas dos portuenses.

Naquela época, meninos e meninas estudavam em salas separadas. Aliás, o edifício em que ficavam as salas de aula dos meninos era um pouco mais baixo e ficava bem na frente do grande casarão, onde a quase totalidade dos estudantes era de meninas.

Dois singulares aprendizados da minha infância

Assar castanha era uma coisa mágica. Chamava-se assar porque era preciso queimar a castanha, ou melhor, sua dura casca, para remover suas preciosas amêndoas. Quando as castanhas se aquecem muito, desprendem um óleo abundante. Quando esse óleo atinge intensidade máxima, o fogo que está sob a vasilha de flandres salta, de repente, para dentro da bandeja.

Nesse momento, o fogo dentro da bandeja é maior e mais intenso que o debaixo. Logo que se percebe que o fogo tomou conta de todas as castanhas, é preciso, com o auxílio de duas alavancas de madeira, remover rapidamente a bandeja das trempes e atirar as castanhas incandescidas sobre areia e rapidamente apagar o fogo delas; do contrário, elas se queimam por inteiro e as próprias amêndoas são consumidas pelas chamas.

Temos de tomar das chamas as castanhas com suas amêndoas íntegras. Isso requer certa prática, senão se perde o mais importante, que são as amêndoas.

No período que antecedeu nossa entrada no seminário, além de ajudarmos nossos pais em seus ofícios, nos fins de semana, pudemos desfrutar de algumas atividades de lazer. Uma delas era vagar na periferia da cidade em busca de frutas silvestres, nas épocas apropriadas. Nas primeiras chuvas de setembro para outubro, proliferavam abundantes frutas silvestres do cerrado, como a cagaita o caju e o cajuí.

Outra atividade de lazer que aprendemos com nosso pai foi produzir uma bola emborrachada, com base no látex obtido do leite do arbusto denominado mangaba. Depois de obtida uma boa quantidade de leite de mangaba, este deve ser cuidadosamente vertido sobre uma tábua de superfície plana, depois de se ter espalhado um pouco de tapioca nela para impedir que o leite condensando impregne as fibras da madeira e dificulte a remoção da película que, sem demora, surgirá por causa da oxidação deste.

Antes de iniciar a fabricação da bola, é necessário já se dispor de uma bexiga de animal. Àquela época, isso não era difícil de obter no próprio açougue, tendo-se o cuidado de encomendá-la previamente.

Então, enche-se a bexiga ainda fresca de ar soprando-a com a boca, usando para isso, por exemplo, um talo oco de mamona ou qualquer outro canudinho. Convém deixá-la secar bem ao sol, já inflada no tamanho desejado, amarrando-se bem o terminal dela para impedir a saída do ar.

Pois bem, obtida já a primeira partida da película do leite seco da mangaba, aplica-se a bexiga sobre a película emborrachada pressionando a primeira sobre a segunda. A película adere facilmente à bexiga, desde que já esteja bem seca e cheia de ar.

O leite emborrachado da mangabeira prende-se facilmente sobre a bexiga, como um adesivo. Aí, então, é só ir girando a pequena bola circularmente, tendo o cuidado de ir pressionando com maior ou menor força, conforme a necessidade de controlar o diâmetro da bola para que fique bem arredondada, evitando as irregularidades, circundando-se sempre a bexiga e sobrepondo-se as camadas umas sobre as outras.

Continua-se o processo até que a bola tenha adquirido sólidas camadas e pareça bem regular em seu diâmetro geral.

Ritual dos festejos do Divino

Pelos festejos de Pentecostes, uma tradição imemorável era religiosamente cultivada pelos mais velhos: a Festa do Divino. Havia todo um ritual, que passava de pai para filho, envolvendo os diversos papéis e incumbências.

Um mês antes, um grupamento de cavaleiros rodava pelo sertão, de casa em casa, arrecadando donativos para a Festa do Divino.

Os protagonistas desse ritual eram o imperador e o alferes da bandeira. Cabia ao primeiro reunir seu grupamento de foliões, distribuir e organizar os pousos e ainda providenciar comes, bebes e foguetório para os dias do festejo.

Competia ao alferes da bandeira ser o porta-bandeira em todo o percurso e cumprir a liturgia dos encontros nas moradias. Nesses momentos, cabia-lhe zelar pelas evoluções certas, saudando os anfitriões da casa e os demais assistentes e participantes.

Atores indispensáveis também eram os tocadores de tambores e os cantores. Havia dois pequenos tambores que dialogavam entre si. Os cantores entoavam em duas ou três vozes, geralmente também dialogando entre si. O conjunto sonoro era envolvente e carregava muita magia. Quem estivesse presente não poderia ficar indiferente. Era quase impossível não se emocionar.

Ao chegar toda a comitiva à residência de um morador previamente avisado, esta, primeiro, estacionava na frente da moradia e entoava uma cantoria pedindo permissão para entrar. A petição e a saudação eram sempre feitas em nome do Divino.

Os anfitriões de cada moradia têm o direito de serem abençoados pela bandeira que se apoia flutuando sobre suas respectivas cabeças. Eles devem ajoelhar-se e, apanhando a bandeira com as mãos, beijá-la respeitosamente.

E isto é, sem dúvida, uma excelente pedagogia de fé. A emoção da fé entra pelos olhos e poros e também pelos ouvidos por meio da melodia insinuante e de letras instrutivas. Todos esses recursos sonoros e visuais são caminhos de uma excelente catequese popular.

Embora alguns ou muitos deles cultivassem a hábito de ingerir pinga e outras bebidas alcoólicas, talvez até para criar coragem, era inegável que agiam com muita intensidade e convicção. O sentimento religioso era patente, pelo tom de sinceridade que ressaltava no vigor de suas respectivas vozes. Bocas escancaradas, gargantas dilatadas e veias quase explodindo no pescoço.

Vejamos esse mesmo cenário descrito por Frei José Maria Audrin (1963, p. 121-126) em seu *Os sertanejos que eu conheci*:

*A festa do Divino é organizada por um "imperador",
designado por sorte, no fim da festa do ano anterior. O
eleito dispõe, portanto, de doze meses para tudo calcular
e preparar de tal modo a solenidade, que possa satisfazer
a expectativa do povo e deixar, assim, um bom renome
nos anais sertanejos.*

*Compreende-se que a tarefa não deixa de ser pesada;
ninguém, entretanto, ousa recusá-la, pelo receio de
cometer grave ofensa ao santo e de suscitar a indig-
nação do povo.*

*O primeiro cuidado do "soberano" eleito consiste em
organizar e despachar, logo depois da Páscoa, as "folias"
ou bandos precatórios encarregados de esmolar em
torno do arraial ou da vila. Escolhe, para esse fim, um
grupo de homens chamados "foliões", apronta-os com
roupas, calçados, víveres e bons animais de montaria e
de carga, vistosamente arreados. Manda-os em grupos
de oito, dez ou mais indivíduos, chefiados pelo "alferes da bandeira" e ladeados por tocadores de violas e
caixas de rufar. Com as comitivas, seguem, atrás, os
"bagageiros", encarregados das cargas e da cozinha, e
mais atrás ainda, marcham os "tangedores" de gados e
animais oferecidos ao Divino, ao longo da peregrinação.
Como o itinerário e as paradas do cortejo são previamente fixados, os moradores dos sítios preparam, com
cuidado, a recepção. Apenas avistam ao longe a "folia",
grupos sucessivos vão apressados ao encontro e começa
o barulho ensurdecedor das descargas de espingardas
reforçadas pelo vigoroso rufar dos tambores.*

*O alferes desenrola, então, a bandeira sagrada, pano
vermelho em que resplandece a pomba do Divino. A
chegada à casa suscita a mais intensa emoção e todos
caem de joelhos, pressurosos em beijar a imagem e
envolver, um instante, a sua cabeça nas suas dobras
sagradas. Entretanto, os cantores entoam os louvores ao
Divino, acompanhados por violas plangentes e sonoros
pandeiros. Continuam a saudar, em diversas estrofes, os*

moradores, exaltam o "imperador", anunciam as suas próximas grandezas e dádivas copiosas prometidas a todos os que se dignarem ajudá-lo com generosas esmolas, convidam, enfim, a todos, a virem participar dos festejos. Sentimos não poder transcrever, aqui, as cantigas moduladas pelos foliões, umas decoradas, outras improvisadas e inspiradas pelas circunstâncias e pelas situações diversas dos moradores visitados. Há versos especiais para cumprimentar o casal legítimo, outros para saudar viúvos. Os solteiros recebem, também, um louvor diferente, e até para os amasiados, há estrofe especial, embora não tenham o direito de ajoelhar-se juntos para beijar a imagem.

Em seguida, confia-se o estandarte ao dono da casa, que o recebe com reverência e o recolhe no interior de um quarto. Seria, com efeito, indecoroso deixá-lo na sala grande, onde, depois de servido o café, vão começar e prolongar, até alta madrugada, todos os divertimentos profanos, sapateados, sambas e batuques, entremeados por mesadas repetidas e reforçadas por copiosas libações de cachaça.

Esse programa de folia recomeça, cada dia, e durante semanas, no longo percurso da região visitada. E como muitas pessoas, por simples devoção ou por voto, se juntam [sic] ao cortejo e aproveitam das festanças oferecidas aos foliões, é fácil imaginar os abusos provocados por essa profusão de danças e bebedeiras.

Tanto mais que os foliões são considerados como um grupo sagrado; nada se lhes pode recusar; toleram-se até os seus atrevimentos e insolências. O que motiva as justas condenações e proibições formuladas pelos padres, mas, infelizmente, pouco atendidas em certas regiões. Incrível o rendimento desses giros de folias, não tanto em dinheiro, sempre escasso, no sertão, como sobretudo em gêneros, isto é, em cereais, galinhas, leitões, gados e animais oferecidos. Todos, até os mais pobres, preparam as suas dádivas, com semanas e meses de antecedência. Muitos, no decurso do ano, fizeram promessas e pagam-nas, por ocasião da passagem da bandeira, dando de bom grado o que reservaram de melhor. As pequenas ofertas servem para os banquetes pantagruélicos, durante as solenidades. Os bois, bezerros, cavalos e poldrinhos serão vendidos em leilão pelo "imperador" e organizados de tal maneira que o "soberano" sertanejo e seus comparsas ladinos ficarão, por baixo preço, donos de verdadeiras fazendas. Este é outro grave abuso resultante das folias; mas a devoção ao Divino está de tal modo enraizada que ninguém se atreve a criticar as manobras do eleito. Tudo o que o festeiro fizer estará bem feito e o povo continua a entregar-lhe, de olhos fechados, os objetos de suas promessas. Chegam, enfim, os dias do "império". Dia e noite, pelas estradas caminham os devotos, empenhados em não perder nada dos festejos. Na véspera de Pentecostes, à noite, realiza-se o primeiro ato, a solene coroação do "imperador". Pomposo cortejo conduz o "príncipe" à igreja ou capela, indo à frente a bandeira desfraldada, aos lados pajens carregando, em lindas bandejas, a coroa e o cetro, atrás os músicos e cantores com violinos, violas, flautas, pandeiros e caixas. A multidão acompanha, empunhando velas acesas e repetindo os vivas, entre tremendos estrondos de roqueiras e o espocar de foguetes. Ao chegar à igreja, o festeiro sai do quadro de varas em que vinha marchando para não ser oprimido pela massa do povo.

Ajoelha-se na entrada e recebe aí as insígnias tradicionais, antes de penetrar no recinto sagrado e sentar-se no trono para presidir a reza solene. Concluídas as cantorias, levanta-se e vai assistir, no pátio iluminado, ao levantamento do mastro.

Este é o segundo ato da solenidade e pertence ao "capitão do mastro". Dias antes, esse dignitário escolheu na mata e derrubou uma árvore de tronco esbelto, bem direito e de prodigioso comprimento. Desbastou-o com cuidado e, na véspera, mandou carregá-lo com ruidoso acompanhamento para o adro da igreja, onde o enfeitam com cores vivas e fitas. Ao sair o "imperador" do interior do templo, acendem-se fogueiras, fixam na ponta do mastro a bandeira vermelha e erguem a pesada peça de madeira, cujo pé fincam numa cova profunda. Essa manobra difícil e arriscada suscita verdadeiro delírio popular: vivas da multidão, cantos dos foliões, tambores, foguetes e roqueiras tornam a cena deslumbrante e altamente emocionante.

Apenas concluída a cerimônia, reconduzem o "imperador" à sua residência e lá, em amplo barracão feito de hastes de palmeiras e enfeitado de grinaldas, sentam-no em elevado trono de onde vai presidir a fabuloso lanche composto de todas as variedades de bolos, pastéis e doces, regados com café e licores.

Se nas primeiras mesas reservadas às famílias se observam ordem e decência, nas seguintes nota-se menor reserva. A noite inteira, na sala e nas vizinhanças a balbúrdia mantém-se intensa: garrafas, garrafões e até baldes de aguardente circulam e esvaziam-se. Lembramo-nos de certo festeiro que instalara um pequeno chafariz, no qual o povo vinha encher à vontade copos de cachaça. Entretanto, animam-se os bailes, uns mais decentes, para as famílias, outros mais livres e barulhentos, para a negrada, que até o dia amanhecer saltará ao ritmo ensurdecedor das caixas e tambores.

É o sinal para a retirada geral, depois dos mais calorosos vivas ao "imperador".

Nenhum sertanejo ousa trabalhar nos dias dedicados aos festejos do Divino ou ignorá-los!

Consta que Dom Alano, segundo bispo de Porto Nacional, alegando as bebedeiras e a mistura do sagrado e do profano, proibiu a continuidade das festas. Ocorreu que, algum tempo depois, um dos padres que mais se empenharam em cumprir as ordens do bispo sofreu um acidente aéreo fatal. Pouco tempo depois, o próprio bispo sofreu um acidente em que fraturou uma perna.

Alguns nativos mais aferrados a essa tradição divulgavam que o padre que cancelou os festejos do Divino em Porto Nacional teria sido castigado, morrendo tragicamente nas serras que vão de Arraias a Dianópolis.

Na versão dos antigos, também o bispo recebeu castigo do Divino por ter cancelado uma tradição religiosa centenária. Esses devotos incondicionais explicavam: "Vejam, nem o bispo escapou do castigo do Divino!".

Peculiaridades do ginásio estadual no palácio episcopal

Na década de 1950, o sistema de ensino vigente no governo de Getúlio Vargas tinha instituído uma espécie de cursinho preparatório para o ingresso no segundo grau (ensino médio). Chamava-se exame de admissão.

Ele poderia ser vencido num semestre. Era constituído de quatro matérias básicas: Português, Matemática, História e Geografia. Era editado um livro bem volumoso, contendo as quatro matérias. Esse sistema correspondia ao hoje ou até recente vestibular. Para muitos de nós, era um verdadeiro terror vencer esses exames.

Aquele exame de admissão era tão temido que ficou famoso, àquela época, o episódio do aluno Militão.

Militão era, se não me engano, um jovem que, vindo dos sertões do Jalapão, trazia uma bagagem de conhecimentos bem precária. Tentou umas três vezes e nunca passava no tal exame de admissão. Parece que, lá pela quarta ou quinta tentativa, acabou passando.

O coitado ficou tão alegre e feliz que, quando enxergou seu nome na bendita lista de aprovados, não se conteve e saiu proclamando seu êxito como um louco, por todas as ruas da cidadezinha. Exultante, ele gritava a plenos pulmões: "Militão passou, Militão passou! Militão passou, passou, passou!".

O austero e aristocrático diretor e professor Manoel Ferreira Lima

De baixa estatura, cor clara, com ares de intelectual. Muito sério, reservado, portando indefectíveis óculos de aros grossos e lentes espessas. Não me lembro de tê-lo visto rindo ou soltando gargalhadas. No máximo, esboçava tímidos sorrisos. Sempre que sua imagem me vem à mente, revejo-o com um perfil mais para autoritário que para amigável.

Fora seminarista em Mariana. Muito católico e amicíssimo de Dom Alano e do Padre Luso, entrava muitas vezes no convento. Era um dos poucos que tinham passe livre pela portaria, onde sempre havia um de nós sentado para atender a visitantes e chamar algum padre ou permitir a entrada de alguns bem conhecidos nossos.

Devo dizer que o seminário herdara a mesma disciplina conventual de acesso a pessoas estranhas. Era o que se chamava "clausura". Por essa norma, mulheres não podiam entrar. Para isso, à entrada da portaria, havia uma sala denominada locutório. Era aí que as mulheres deviam ser atendidas. Escapavam a essa norma apenas as freiras e uma ou outra senhora autorizada. Os homens podiam, com certo controle.

Recordo-me de que esse diretor, Manoel Ferreira Lima, criara letra e música para o ginásio estadual e ensaiara-a conosco. Todos os dias, antes da entrada das aulas, entoávamos o hino oficial do ginásio, que tinha como padroeiro Santo Tomás:

Estudantes do norte goiano, aos clarins da alvorada ideal,

da ignorância o inimigo tirano, libertemos o berço natal.

Que o mais sábio dos santos nós temos por patrono que é Santo Tomás

Eia, avante, pequenos guerreiros, bandeirantes de um róseo porvir.

Hoje somos também brasileiros e ao Brasil nós queremos servir.

Manoel Lima casou-se com uma irmã da professora Ninfa, irmã do carismático Manoel Mascarenhas, um dos grandes amigos de Dom Alano.

O circunspecto diretor era muito compenetrado de suas responsabilidades. Andava sempre com seu paletó.

Quando ia ao mercado comprar carne fresca, era o único que não carregava a carne dependurada num gancho de ferro. Levava sempre uma pasta preta mais surrada, em que conduzia, discretamente, seu naco de carne, como todos os mortais.

Nosso ginásio sofria muita turbulência política. No período de quatro anos, lembro-me de uns três diretores. O primeiro foi o professor Manoel Lima; o segundo, a Eulina Braga; e o terceiro, o Antônio Balestra Filho.

Esse terceiro foi o que mais marcou nossa época. Fora também seminarista. Bem apessoado, alto e de porte elegante, irradiava muita simpatia. Era um líder nato. Sabia insinuar-se entre os alunos e ser bem aceito e admirado.

Durante seu período, recepcionou o secretário de Educação Cônego Trindade. Participamos de um ensaio em que o próprio diretor treinou conosco um pequeno hino de acolhida ao tal cônego, secretário ou secretário-cônego.

Ficou-me apenas um fragmento de verso em que dizíamos: "Pra receber da educação o secretário!" Esse pequeno fragmento foi memorizado pelo mano Aldo, que apreciou muito o sotaque pesado de paulista em que soava bem engraçada a sua pronúncia das palavras: "Pra recebiê da educação o secretário".

O inesquecível professor de História Milton Ayres da Silva

Era um dos numerosos filhos do Dr. Chiquinho. Formado em Direito, como os demais da família, era de altura mediana, magro e esbelto. Tinha uma fala de timbre agudo. Chamava atenção pela maneira de dar aula caminhando pelo corredor e ditando frases mais relevantes.

Lecionava História, uma das matérias de minha preferência. Tanto que decorei alguns tópicos que me chamaram mais atenção.

Preparando-nos para uma prova, ele comentava questão por questão. Disse ele: "Eu posso muito bem perguntar: quem foi Licurgo? E vocês me responderão: foi um legislador espartano!".

Chamava-nos atenção a inflexão melódica que ele imprimia à sua locução. A primeira parte do período obedecia a uma escala ascendente, enquanto o segundo membro da proposição seguia uma escala descendente. O todo da fala ganhava um efeito melódico mais vivo e colorido.

Em outra aula, ele dissertava sobre o estilo de vida dos soldados espartanos. Descrevia a batalha das Termópilas, em que os estoicos e valentes guerreiros caíram numa cilada que os atenienses lhes armaram por intermédio de um caçador. De repente, os valentes guerreiros acharam-se encurralados dentro de um desfiladeiro de rochas. Eram 300 indômitos combatentes, e todos pereceram naquela emboscada. Esparta mandou erigir ali um monumento em honra aos seus heróis. Ao pé do monumento colocaram esta inscrição: "Viandante, vai e anuncia a Esparta que aqui morremos para defender as suas leis!".

A pródiga e milagrosa "gameleira"

Desde minha infância, conheci uma bela árvore que, lembrando os cedros do Líbano, de que falam os salmos, cresce frondosa às margens de rios e córregos. Chama-se gameleira. É uma árvore que produz uma seiva leitosa muito usada como purgativo. Uma colherada desta em jejum produz uma espécie de diarreia em que são expelidos os vermes amortecidos por seu poderoso efeito. A tradição indicava que, após ingerir a seiva leitosa, devia-se tomar um banho em água fria. Era isso o que fazíamos, uma vez ao ano.

Essa medicação vermicida era completada por uma colherada de óleo de rícino dissolvido em mel de abelha. Dado o forte e nauseabundo odor desse óleo, quando éramos criança, só o engolíamos sob a convincente ameaça de umas chibatadas no lombo. Pelo que me lembro, pelo tom persuasivo de nossa mãe e tendo sempre à vista o chicote como pior alternativa, creio que todos os anos conseguíamos escapar das chibatadas.

O nome "gameleira" parece derivar do fato de que essa singular árvore tem muita serventia na confecção de gamelas, vasilhas de utilidade doméstica dela produzida. Isso por dois bons motivos. O lenho dessa madeira é macio, e seu tronco alcança, facilmente, 1 metro ou mais de diâmetro.

Utensílios da gameleira nos anos 40 em Goiás

A mesma madeira também se presta à confecção das bateias, utensílios em forma cônica usados para procurar ouro ou diamante nas areias de córregos especiais. Desde que me entendi por gente, sempre convivi com esses dois utensílios, bateias e gamelas. Ainda hoje, quase enxergo essa bateia que sempre acompanhava nosso pai, desde Babaçulândia; acredito mesmo que ele já a possuía antes de nascermos. Guardo, como nesgas de vaga lembrança, que nosso pai teria passado por um período de investidas em garimpos de ouro e diamante. Aliás, no bojo desses fiapos do passado, consta que ele teria se aventurado nos garimpos do Jacundá, estado do Pará. Teria, até mesmo, mergulhado naqueles antigos equipamentos chamados de escafandros. Pelo que sei, como a maioria dos garimpeiros, não conseguiu resultados satisfatórios. Parece que esse era uma espécie de sonho ou delírio que sempre o acompanhava com a indefectível bateia dos meus tempos de meninice.

Faiscando em garimpos

Lembro-me, perfeitamente, de ver meu pai, por diversas vezes, pesquisando, explorando nas beiradas de córrego com leito arenoso, alguns dos sinais de possível presença de ouro ou diamante. Chamava-se a isso também de "faiscar"! Além da forma cônica, bem diferente da gamela, que tem o formato de um trapézio, a bateia apresenta outra grande diferença: não é equipada com as quatro orelhas ostentadas pela gamela. É que estas, como utensílios domésticos, são necessárias para dar maior estabilidade e firmeza no segurar. Já as bateias funcionam de forma mais dinâmica e nem podem ter garras laterais. É que a principal função da bateia é girar dentro d'água, livremente, entre as mãos, fazendo circular areia e resíduos. A bateia deve flutuar na superfície da água. Com o auxílio das mãos, o garimpeiro deve girá-la, em movimento contínuo, para a direita ou para a esquerda. Por força da gravidade, o material maior e mais pesado busca a superfície e pode ser expelido nas laterais ou removido com as mãos. O ouro ou o diamante, sendo pequenos grânulos de maior densidade, pelo movimento de gravitação, vão depositando-se no fundo.

Os olhos experientes distinguem facilmente os materiais espúrios dos similares ao ouro ou ao diamante. Expelidos todos os resíduos inúteis, logo identificam sua preciosa joia. Bateia e biguá eram equipamentos básicos dessa garimpagem sentimental e afetiva. O que é o biguá? Espécie de tubinho obtido da cânula da pena de ave de grande porte, como a ema. Melhor que o vidrinho para guardar eventuais grânulos de ouro ou diamante, por não ser quebradiço. Como tampa, leva uma pequena rolha talhada em madeira ou da flecha da palmeira-buriti.

Presenciei esse procedimento, bem como a coleta desses preciosos achados que nosso pai apresentava orgulhoso abrindo seu valioso biguá e exibindo na palma da mão seu raro achado. Não me recordo de que tenha alcançado resultados valiosos, mas nosso pai carregava sempre esse sonho de garimpeiro. Embora de pequeno valor comercial, notava que ter seu biguá com alguns desses resíduos preciosos fazia brilharem seus olhos de contentamento.

A versátil gamela nos anos 40 no Norte Goiano

O segundo utensílio doméstico obtido da árvore gameleira é a gamela, uma espécie de bacia equipada com quatro "orelhas" na sua parte externa e superior. Estas servem de pontos de apoio para serem manipuladas com mais firmeza e segurança. A gamela concorria ou rivalizava, com vantagem, com bacias de alumínio ou esmalte e, sobretudo, com a cuia. Desde criança, conheci gamelas em nossa casa. Todas confeccionadas por nosso pai. Antes de conhecer as bacias de esmalte ou alumínio, conheci as gamelas como as vasilhas de maior utilidade numa cozinha do antigo interior goiano. Tínhamos sempre em casa duas ou três gamelas para serviço doméstico. E, quando uma delas se rachava, nosso pai ainda calafetava suas fendas com cera de abelha e esta passava a servir de bebedouro para galinhas, que sempre tínhamos soltas ou fechadas em ceveiros. Era ali que lavávamos o arroz, antes de despejá-lo na panela para cozinhar. Recorríamos à mesma gamela para cortar e picar a carne seca antes de ser lavada e lançada ao arroz quando se tratava de fazer uma "maria-isabel". E, quando tínhamos uma boa quantidade de bacabas, contávamos com uma gamela de tamanho maior para amolecer, com água morna, suas duras polpas. Uma vez amolecidas, a própria gamela prestava-se para, esfregando-se vigorosamente os caroços, fazer estas se desprenderem e, depois de peneirados os caroços, esfregando-se bem as poupas, obter-se a rica e preciosa sambereba de bacaba.

A prestativa cuia do antigo Norte Goiano

Chamávamos de "cuia" o utensílio doméstico (espécie de bacia) que era usado como uma vasilha para manipular cereais em geral. Basicamente, é uma fruta que é produzida em ramas como a melancia, mas é mais arredondada que esta e tem a crosta bem mais dura e fina que a casca da melancia. Em situações mais raras, serviam também como unidade de medida no empréstimo ou venda de cereais em grãos, como arroz, feijão e farinha. Isso porque nem todo criador ou produtor rural daqueles tempos dispunha em casa de um litro. Assim, recorria-se a quem tinha uma dessas cuias que contivesse um volume correspondente ao de um litro. A cuia também era usada para se "soprar o arroz" descascado no pilão, ou seja, remover as cascas desprendidas dos grãos. A forma mais comum de fazer isso era despejar o arroz descascado de uma cuia para outra de tamanho semelhante. Sendo as cascas mais leves que os grãos de arroz, o vento as tange para fora da vasilha. Já os grãos, sendo mais pesados, caem na cuia de baixo.

Radiografando uma casa de taipa

Boa parte de minha infância, vivi e passei em casas com paredes de taipa e teto coberto com a chamada palha de piaçava. Participei da construção de algumas delas. Sei exatamente como fazê-las. Primeiro, arma-se a estrutura física da mesma, começando pelas forquilhas e pela cobertura. A lógica da colocação das palhas baseia-se no princípio de que a plena impermeabilização da cobertura do teto decorre exatamente do efeito de sobreposição. Essas placas, embora fracionadas, vão sendo sobrepostas produzindo um isolamento pluvial perfeito, de tal sorte que, terminada toda a cobertura, as palhas constituem-se numa só placa inteiriça e compacta. A parte mais vulnerável das duas placas laterais é seu ápice, a cumeeira. Esse inconveniente é remediado sobrepondo-se, no alto, duas ou mais camadas de palhas de coqueiro, mais longas, e aprisionando-as com forquilhas de madeira com bom peso, de forma que toda a cumeeira se torne firme e compacta. Esses contrapesos protegem as palhas dos ventos que açoitam o alto da casa por ocasião de chuvas, de ventos e de ventania.

Recordo-me bem de que uma das madeiras escolhidas e preferidas por nosso pai para essa finalidade era a sambaíba, exatamente porque essa caprichosa árvore dos cerrados se desenvolve sempre ondulatoriamente. O S de suas curvas sinuosas confere mais peso ao todo. Outra madeira que se prestava para a mesma finalidade, por apresentar configuração bem semelhante, era o pau-terra.

Uma casa coberta de palha como essa aqui descrita é o ambiente mais bem protegido e agradável para se proteger de uma chuva. Nas casas cobertas de telhas, sejam elas coloniais, sejam francesas, se não existir uma laje abaixo delas, por ocasião das chuvas de ventos que sopram em todas as direções, uma infinidade de gotículas consegue vencer os encaixes das telhas e promover uma verdadeira garoa abaixo do teto.

Já na cobertura de palha de piaçava, as palhas bem acomodadas e sobrepostas em muitas camadas produzem um isolamento total. Nem chuva ou vento conseguem atravessar essa barreira de isolamento pluvial.

O segredo dessa cobertura com isolamento, cem por cento, está nas distâncias das varas em que vão aprisionadas as palhas e o ângulo de abertura do teto. O ângulo ideal deve ter menos de 45 graus. Isso porque, com esse ângulo de inclinação, a água escorre rapidamente e seca melhor também sob a ação do sol. O terceiro segredo é que as palhas tenham sido cortadas na Lua minguante. Esse detalhe faz com que escapem da ação das lagartas.

Logo depois que concluímos a cobertura da casa principal, cuidamos de erguer paredes em volta de toda a construção.

E aqui está mais uma operação, talvez ainda mais complexa que erguer a estrutura da casa: armar todo o teto e cobri-lo adequadamente. Eis os procedimentos envolvidos na construção de paredes de taipa. Primeiro: cortar madeira linheira e com um diâmetro entre 8 e 10 centímetros.

As madeiras que mais se usavam para isso eram as das palmeiras tucum e pati. A primeira tem o inconveniente de ser revestida de espinhos, que precisam ser retirados. Já o aproveitamento da segunda exige o cuidado de se cortarem as mais envelhecidas e que tiveram sua crosta externa vitrificada até quase a altura das primeiras folhas da copa.

Em caso de necessidade, era possível lançar mão da macaubeira, tendo-se o mesmo cuidado de remover toda a sua armadura externa de espinhos lancetantes e muito perigosos. Uma vez penetrando nosso corpo, eles tendem a avançar nas partes moles da carne humana.

A macaubeira, por apresentar diâmetros bem superiores aos indicados *supra*, exige que seus troncos sejam divididos em quatro partes para se acomodarem às.

Para se estaquear toda a extensão das paredes, são necessárias algumas centenas de estacas. Estas devem ter exatamente a altura que se pretende dar às paredes. Entretanto, nas partes anterior e posterior da casa, nos chamados oitões, que têm alturas mais avantajadas, de 4 a 6 metros, pode-se sobrepor um esteio ao outro. Isso não trará nenhum inconveniente de segurança para a parede, por dois simples motivos. O primeiro é que essas estacas são todas amarradas longitudinalmente por duas varas: uma na face interna da parede e outra na externa. O segundo motivo que garante o bom desempenho dos esteios sobrepostos é que eles, depois de amarrados nas duas faces, recebem um enchimento de barro amassado que acaba produzindo um efeito de estabilização e solidez para a parede. Outra madeira bem cotada para estaquear as paredes de taipa é a cega-machado.

Depois de cortados e transportados todos os esteios necessários, chegou o momento de obter milhares de varas de 2 a 3 centímetros de diâmetro. Para essa finalidade, há duas naturezas de material preferido.

Em primeiro lugar, vem a taboca, ou taquara, pelo motivo óbvio de ser impecavelmente linheira e bem comprida. Pode-se aproveitar esse material independentemente de seu diâmetro. Os caules mais grossos podem ser rachados em duas ou quatro partes. Basta cortá-las e retirar pequenas derivações como se fossem galhos, mas geralmente se apresentam bem finas e fáceis de serem removidas.

O segundo material predileto, pela mesma primeira razão, são alguns talos de palmeiras que se desenvolvem nas margens de córregos ou nas encostas de morros ou matas. Estes exigem também que se removam todas as folhas que se apresentam ao longo deles.

Fora os dois materiais descritos anteriormente, todos os demais arbustos com hastes delgadas de 2 a 3 centímetros de diâmetro são aceitos e bem-vindos, com uma única exigência: que sejam linheiros.

Há ainda um terceiro material de que se necessita para preparar a estrutura básica de sustentação das paredes: são os cipós ou também fibras da entrecasca de algumas madeiras especiais, como a taipoca e a mutambeira. Essas duas árvores têm uma entrecasca com fibras alongadas e extremamente macias. Aliás, a taipoca, por ter em sua casca fibras de cor bem branca e em camadas, tinha também uma segunda serventia: invólucro para cigarros.

Quando faltavam palhas de milho, nosso pai usava essa fibra da entrecasca da taipoca para produzir cigarros. Nesse processo, ele cortava uma pequena secção de menos de 1 metro na parte baixa da árvore. Depois de retirar a casca externa enrijecida e quebradiça, dividia a manta obtida em pequenos pedaços. Macetava esses pedaços de entrecasca sobre um cepo de madeira, tendo o cuidado de não bater com muita força. Depois de algumas macetadas, as camadas fibrosas iam-se descolando.

Feito isso, era só ir removendo camada por camada. Depois de secas, essas camadas bem finas se assemelham a papel. Dá para escrever ou enrolar fumo picado, produzindo-se cigarros nativos para os fumantes. A entrecasca da mutambeira é bem parecida com a da taipoca, só que a da mutambeira tem uma gosma pegajosa e exala um cheiro pouco agradável, além da tonalidade amarelada e com películas mais espessas.

As camadas de sua fibra também não são muito fáceis de serem manuseadas. São as duas de cuja obtenção me recordo de ter participado.

Falemos agora do material usado para amarrar as varas nos esteios das paredes de taipa.

Estou me referindo ao cipó chamado escada. Essa trepadeira cresce bem rápido se enroscando em outros vegetais. Pelo que me recordo, apresenta um talo mais fino e rígido no centro e duas laterais mais fibrosas e macias. Tem o capricho de crescer em ondulações e exatamente no formato de S. De um mesmo tronco, brotam várias ramificações que alcançam até a copa das árvores.

Aproveitam-se os cipós que não se tornaram muito grossos nem muito rígidos, o que torna possível, sem muita força, puxá-los de seu enrosco no corpo e na copa dos arbustos e árvores. Uma vez puxados e liberados, basta, com uma pequena incisão numa e noutra lateral, rasgar suas laterais do miolo endurecido.

Retirado o miolo enrijecido, é só enrolar as grandes tiras. Quando se inicia o trabalho, deve-se ter o cuidado de mantê-los sempre à sombra para permanecerem verdes e macios. Quando secam, torna-se impossível produzir nós em suas ataduras.

Quando já se obteve uma boa ou grande quantidade de cipós e embiras para a amarração, é chegada a hora de prender varas em todos os esteios fincados na extensão das paredes que se pretende erguer.

O procedimento de amarração inicia-se do alto para baixo. E isso por uma simples razão: os nós que se empregam para prender as varas nos esteios são feitos sempre de dois em dois. Isto é, as varas são amarradas aos pares: uma na face interna e outra na face externa da parede. Essa é, portanto, uma tarefa que não dá para executar sozinho. Para melhor desempenho, são necessárias duas pessoas: uma na parte interna da parede e outra do lado de fora — esta coloca as varas ao mesmo tempo que efetua a amarração.

Quando se conclui a amarração das varas nos esteios em todas as paredes que se pretende erguer, é chegada a hora mais dura e mais pesada de preencher todos os espaços entre as varas com barro amassado.

Atento a todos os detalhes, Frei José Maria Audrin (1963, p. 66) descreve aspectos interessantes desse original estilo de parede. Aqui vai um pequeno relato que ele faz em *Os sertanejos que eu conheci*:

Pelo que se verifica, esse trabalho de erguer paredes de taipa é muito árduo e demorado. Entretanto, o certo é que não importa a dureza nem o esforço ou o tempo.

Conseguimos fechar nossa casinha toda com essas paredes de taipa e o fizemos também em torno de mais outro cômodo que construímos: uma cozinha. Na verdade, era uma casa bem menor que a principal, e suas paredes de taipa ficavam a meia altura com a finalidade de clarear melhor a cozinha, assim como permitir mais circulação de ar e evasão da fumaça do fogão.

Há ainda um pequeno detalhe de acabamento da construção das duas peças de moradia. Uma vez concluídos todos os procedimentos já mencionados, nosso pai tinha o capricho de aparar as pontas das palhas para que ficassem todas igualmente alinhadas e permitissem que a água da chuva caísse por igual.

Assim, entre as biqueiras da casa principal e da cozinha, papai colocou uma canaleta ou aparadeira da água da chuva que produziu com um tronco de macaubeira rachado ao meio e retirado todo o seu miolo. Uma vez cortada a peça no tamanho desejado, é só retirar todo o miolo da palmeira que, no caso, é bem macio e não oferece maior dificuldade para isso. Acontece que a crosta externa é muito sólida e resiste às intempéries por muitos anos.

No acabamento final dessa nossa moradia do Sítio São Pedro, papai teve um requinte de bom gosto que, decerto, muito agradou nossa mãe. Depois de ter erguido todas as paredes, preenchido todas de barro e coberto todos os furos que restavam, nosso pai teve o capricho de, na parede da frente, já devidamente rebocada, providenciar um acabamento final à guisa de pintura.

A referida pintura foi obtida de uma espécie de argila que ele procurou e localizou nas encostas dos barrancos do Ribeirão Gameleira. Essa espécie de argila tem o nome de tabatinga. Conforme a natureza do terreno, apresenta-se em tonalidades entre o marrom-claro e o branco. Depois de retirada e bem amassada, ela adquire uma plasticidade macia. Após secar, fica branca e confere certa beleza natural.

Mobílias tiradas do mato

Nosso Sítio São Pedro ficava distante da cidade um dia de viagem em lombo de animal. Como era de costume, para mobiliar as casas que ali construíramos, nosso pai lançou mão das suas habilidades artesanais e dos recursos naturais de nossa propriedade.

Por sorte ou providencialmente, nossa pequena propriedade rural tinha uma boa variedade de madeiras. Entre elas, havia uma bem comum nas matas ciliares e nos capões de mata, o versátil embiruçu. Pelo que me recordo, esse vegetal é da mesma família das paineiras. A semelhança está mais no tipo de flor ou aparência do tronco da árvore.

As paineiras também são chamadas de barrigudas, porque desenvolvem uma barriga em torno de todo o seu tronco. Já o embiruçu não só não desenvolve essa barriga como tende mais à forma achatada, chegando alguns a se apresentarem com um achatamento que alcança quase 1 metro de planura.

Há mais duas grandes diferenças entre esses dois vegetais aparentados. O tronco das paineiras, de tonalidade verde e uniforme, é revestido de espinhos rombudos, curtos e sólidos, enquanto o do embiruçu é liso, sem espinhos, apresentando discretas listras verdes e amarelas.

Pelo que sei, a madeira do embiruçu é extremamente macia; e a das paineiras, bem mais resistente.

Os dois vegetais produzem aqueles cartuchos assemelhados a frutos ovais que, quando amadurecem, abrem-se como pétalas de flores e liberam de seu interior centenas ou, talvez, milhares de sementes voadoras. Essas caprichosas sementes são engendradas numa espécie de ventre que o embiruçu produz em época de frutificação. Inicialmente, esses frutos assemelham-se ao chuchu ou ao abacate, mas, quando atingem sua maturidade, rompem-se em seis ou sete gomos e abrem-se como pétalas de uma flor.

Então, irrompem para todas as bandas centenas de sementinhas negras, maiores que a semente de mostarda, mas menores que a pimenta do reino. Todas elas se apresentam envoltas em milhares de finíssimos pelos sedosos e brancos como a neve. São eles suas preciosas asas que lhes permitem voar, tangidas pela mais suave brisa. Então, todas elas saltam de seu leito e disparam em todas as direções que o vento, o ar ou a aragem as conduzir.

Quando essas sementinhas acordam de seu sono, alçam aos céus como estrelas voadoras e viajam em todas as direções como flocos de neves ou espumas de algodão. E, errantes, navegam como abençoados peregrinos.

Muitas dessas sementinhas se perderão como alimento de aves ou insetos, mas uma ou outra germinará em solo e ambiente favoráveis, e a espécie estará salva em novos vegetais embiruçus.

Esse singular vegetal tem uma madeira macia e fácil de ser aparelhada. Suas fibras verdes ou secas são macias e fáceis de serem moldadas e talhadas no formato que se desejar. Esse dócil vegetal parece aceitar a forma que se lhe queira imprimir. Não é rebelde e voluntarioso como o pequizeiro ou mesmo a mais modesta sambaíba.

Quando adultas, essas árvores, em terreno generoso, alcançam 1 metro ou mais de diâmetro. Sabendo de todas essas virtudes do embiruçu, nosso pai extraiu dessa preciosa árvore todos os móveis de nossa casa no Sítio São Pedro. Lembro-me muito bem de uma grande mesa de embiruçu talhada por nosso pai com quase 1 metro de largura por uns 2 de comprimento e uns 15 a 20 centímetros de espessura.

Um imperioso dever de justiça cobra-me deixar gravada aqui, neste relato de memórias, uma homenagem muito justa e necessária ao grande credor de minha gratidão: o generoso e prestimoso embiruçu.

Meu querido irmão e benfeitor embiruçu, receba minha modesta e imorredoura gratidão por meio deste pequeno e lindo poema que tomei emprestado do poeta Jan Muá (2015):

Flor de embiruçu

Eu sei que uma flor

Segundo a doutrina poética de Alberto Caeiro

É apenas uma flor

Mas esta do embiruçu é uma flor falante

Que posou na passarela

Em trajes naturais quando eu estava na plateia

Ela sabe que a sonhei

E que amanheceu comigo numa alvorada

Em Olhos de Água

E que me estendeu suas belas formas de origem
Aninhadas num leque redondo

Em vestido branco de noiva!

Ela sabe que apaixonou meus olhos

E me levou até suas pétalas níveas raiadas

Iluminadas pelo sol

E se entregou a mim com um sorriso puro

Do alto de seu ramo

Sem esconder seu habitat humilde e favelado

Encaixado num tronco soturno

De um cerrado de vegetação seca e amarelecida.

Eu gosto de flores falantes tipo embiruçu

Que posam na passarela em trajes naturais

E me olham com amor para eu sonhá-las!

Apologia a uma velha mesa de embiruçu

Por mais de dez anos, nossa modesta família pôde desfrutar de inúmeras refeições em que nos acomodávamos todos, três vezes ao dia, ao redor daquela mesa ampla e acolhedora.

Recordar essa mesa de embiruçu é evocar as centenas de vezes que ali assentamos, em família, para saborearmos as delícias de um curau de milho ou nos refestelarmos com uma deliciosa coalhada de leite de nossas vaquinhas.

Nem dá para esquecer que, além do açúcar ou da rapadura semeados sobre aqueles flocos de neve da gentil coalhada, espalhávamos sobre ela uma leve camada da nata do leite para conferir-lhe um requinte de sabor.

Tudo isso era uma verdadeira sofisticação para nosso paladar. E, como se não bastasse, para melhor acudir a voracidade de nossa fome, os três irmãos ainda lhe acrescentávamos uma generosa camada de farinha de puba.

Já nossos pais preferiam a chamada farinha seca. Diziam eles que essa era mais sadia. Nós preferíamos a de puba por considerarmos mais saborosa.

Vendo tudo isso, alguém poderia dizer que éramos muito gulosos. Talvez. Entretanto, o certo é que nossos pais nos cobravam muito, no duro trabalho, mas nunca se recusaram a atender a nossas necessidades ou até mesmo a esses pequenos, mas importantes, prazeres, como uma boa alimentação.

Além da mesa, dos bancos e dos cepos, tínhamos também vários cochos talhados no mesmo embiruçu. Os cochos serviam para se colocar água para as aves de criação. O que chamo de cepo é simplesmente uma tora de 70 a 80 centímetros de altura por uns 40 ou 50 de diâmetro.

Além dos cepos a que me referi, tínhamos dois ou três pequenos bancos em que nos assentávamos muitas vezes durante o dia.

Nem posso me esquecer das centenas de vezes em que pude deitar-me sobre esses bancos para tirar meu pequeno ou grande cochilo após as refeições do dia ou nas tardes vazias do sábado ou do domingo.

Construindo aristocráticos currais

Sítio São Pedro, município Monte do Carmo (ensaio do autor)

Por exigência do melhor desempenho profissional de artesão, diria que meu pai era exímio na arte de talhar e aprimorar em madeira e couro. Tanto que, quando ele estava concluindo um demorado processo de aparelhamento de peça de madeira, examinava bem se as partes se ajustavam com perfeição. Ao concluir que estavam muito bem ajustadas, ele, feliz com o excelente resultado obtido, exclamava: "Anianhaim! Tá justo que só boca de bode!".

Ele gostava de tudo muito bem-feito e feito sem pressa e perfeição.

Em nosso sítio, São Pedro, situado no município de Monte do Carmo, hoje Tocantins, sendo já adolescente, lembro-me exatamente de todos os detalhes dos novos currais que fizemos. E tudo com a então chamada "madeira de lei". Assim se chamava toda madeira com cerne duradouro, não suscetível ao ataque de cupins ou às próprias intempéries do tempo.

Tenho quase certeza de que nosso pai reservou a si aparelhar as peças de madeira para erguer o curral no estilo e no gosto próprios.

Eis como se ergue um curral no estilo de nosso pai. As cercas do curral são erguidas basicamente com dois tipos de material: os mourões e os varões. Os mourões são fincados perpendicularmente em duplas. Cada um dos pares da dupla tem na ponta superior pequenas forquilhas em U, isto é, um par de orelhas em que se encaixa uma espécie de gato, no formato de uma palmatória de duas cabeças.

Os mourões são fincados com um espaço entre eles suficiente para encaixar os varões. Nos terminais da cerca onde se encontram as porteiras, as cabeceiras dos varões apoiam-se sobre cepos aparelhados com aberturas arredondadas nas faces superior e inferior. E isso é feito visando-se ao perfeito equilíbrio e à estabilidade de cada um dos varões. Os dois pares de mourões aprisionam todo o conjunto de varões de cada lanço de cerca.

Todo o conjunto do curral é erguido simultânea e/ou sucessivamente cobrindo toda a planta do curral. Como se vê, esse empreendimento requer um planejamento meticuloso de toda a planta que se pretende erguer.

Podemos e devemos assinalar que a obra toda se desenvolve em um mínimo de cinco etapas.

A primeira é o corte completo de todo o madeirame. Anote-se que o material indicado e preferido para isso será a chamada madeira de lei, isto é, pau-d'arco, angico ou aroeira.

Detalhes do curral da cultura maranhense

Segunda etapa: transportar todo o material para o pé da obra. Terceira: aparelhar todas as peças e ir dispondo-as já dentro da planta traçada do curral. Nesta etapa, já se observa o cuidado de esboçar uma espécie de rascunho da obra a ser executada e já em execução.

Concluídas essas etapas e aparelhadas todas as peças, parte-se para a penúltima: cavar os buracos em que devem ser fincados os mourões, sempre dois a dois, em todo o perímetro do curral.

As cavas dos mourões devem ser profundas, com cerca de 80 a 90 centímetros de profundidade. Grande é a responsabilidade desses mourões, pois são eles que conferem firmeza e estabilidade a todo o conjunto. Cada mourão fincado é socado com muita potência.

Erguidos todos os mourões, chega-se então à última etapa: ir distribuindo todos os varões devidamente apoiados nos cepos nas inserções das porteiras. Feito tudo isso, vem o acabamento: todos os varões recebem uma espécie de presilha que mantém os dois mourões na sua justa posição, exatamente paralelos entre si, não permitindo que se afastem um do outro e garantindo que todos os varões fiquem estabilizados.

Note-se que a firmeza e a grande estabilidade de todo o conjunto são obtidas pela conjugação de dois fatores. O primeiro deles é que todos os encaixes são aprisionados pelos mourões, que, por sua vez, acham-se também aprisionados nas suas duas extremidades. Na parte de baixo, por se encontrarem fincados firmemente no solo. Na extremidade superior, porque eles se acham aprisionados pelas "orelhas" fixadas por uma sólida presilha, o chamado "gato". O segundo fator é o peso do conjunto, articulado em série, de tal sorte que, em qualquer ponto da cerca, incide o peso total.

Com esse tipo de cerca, pode-se amarrar e aprisionar qualquer bicho bruto e violento a qualquer ponto dela, que esta jamais será abalada ou demolida pelo embate da força animal.

Observe-se ainda que, para se estabilizar o curral, não se usa prego nem arame, nem mesmo cipó. Tudo é feito por encaixe, ajuste, pressão e jogo de forças conjugadas.

Deve-se apenas reconhecer que construir um curral como o aqui descrito é uma operação bem mais cara e custosa e de execução mais demorada.

Esse processo permite que todas as peças estejam articuladas umas às outras como um só conjunto. Essa articulação conjunta inclui as próprias divisórias, que se articulam também nas ligações perpendiculares. Essas características conferem um inigualável grau de solidez ao conjunto. O curral comporta-se como uma só unidade.

Fechando porteiras

Concluídas todas as cercas e divisórias, faltam as porteiras. E aqui está outro assunto em que nosso pai gostava de fazer as coisas muito bem-feitas. Essas porteiras eram uma verdadeira obra de arte. As madeiras que nosso pai apreciava destinar para essa finalidade eram a aroeira e o pau-d'arco.

Um dos motivos que percebo é que essas árvores eram de grande porte e permitiam obter uma peça lavrada de 30 a 40 centímetros de largura por 10 a 15 de espessura. As duas laterais da porteira eram igualmente lavradas numa prancha, deixando apenas uma sapata de 80 a 90 centímetros de comprimento na base a ser fincada na terra.

Era muito conveniente deixar a madeira inteira na base para ser ficada com maior diâmetro e permitir mais firmeza à peça, depois de fincada na terra. Todavia, as duas peças não são exatamente iguais.

Um lado da porteira tem buracos redondos perfurados a formão. Essa condição permite que o varão possa deslizar livremente nos momentos de fechar e abrir. O outro lado da porteira tem furos quadrados. É aí que é se encaixada a parte mais grossa das varas que devem fechar e abrir as porteiras.

A experiência mostra que os animais mais espertos logo percebem que, forçando ou sacudindo as varetas, elas podem sair de seu encaixe e permitir que eles abandonem sua reclusão.

Assim, quando se lida com animais fujões, o costume é bater cunhas nos furos arredondados, deixando-se a porteira fechada e garantida contra evasões! Em casos mais extremos, os varões são ainda amarrados.

A cheirosa baba dos bois de canga

Até hoje, quase sinto o cheiro gostoso que exalava da espuma da boca dos bois quando eles arrastavam e continuavam ruminando seu bolo vegetal ingerido durante o dia. Pelo esforço, o suor que exalavam emanava também um odor selvagem agradável.

O ponto mais crítico para mim era quando a grande tora de madeira que arrastavam, às vezes pressionada por um toco de árvore cortada, rolava ou tombava sobre os cascos e as pernas deles, esfolando sua pele e fazendo escorrer sangue. Eles não gemiam nem gritavam, mas, pela maneira como erguiam rápido os cascos do solo, exprimiam a dor que tinham padecido.

O caneco "alcoviteiro"

Em nossa casa, sempre tivemos um mínimo de dois potes para beber água. Para isso, tínhamos pendurada ou acomodada, sobre a banca ou forquilha de acomodação do pote, uma vasilha exclusiva para a finalidade de retirar água de dentro do pote. Dentro dessa atitude de higiene, também não se admitia que a vasilha usada para tomar água, ou beber, fosse enfiada dentro do pote. O correto procedimento: primeiro se tira a água com a vasilha reservada para isso. Aliás, essa vasilha tinha uma confecção de feitio bem diferente. Trata-se aqui da tal caneca "alcoviteira", de que nos fala Luiz Gonzaga em sua bela peça musical descrevendo a famosa Feira de Caruaru.

Dentro desse tema higiene e boa qualidade da água de beber, meu pai adotava o costume de inserir umas pedrinhas de enxofre dentro do pote. Conferindo no Google, sou informado dessa antiga tradição para a manutenção da boa qualidade da água.

Como era essa caneca? Trata-se de uma vasilha constituída de duas partes. Primeira parte: uma espécie de caneca. Esta vai aprisionada numa haste do mesmo material. Normalmente, é feita de uma chapa do chamado flandres.

Na extremidade superior, há uma espécie de argola, que serve de pegador. A caneca que recolhe a água tem na sua parte superior, à guisa de boca, recortes dentados. Estes impedem que um visitante que ignora o uso e a serventia dessa caneca "alcoviteira" tente colocá-la na boca para beber. Naturalmente, não conseguirá beber nada, porque a água se derrama pelos ângulos recortados da boca da caneca.

Havia também uma outra variedade de caneco para retirada de água do pote. Espécie de "caneco-foguete". Era este também constituído de duas partes, ambas em forma cilíndrica e articuladas entre si. Um cilindro bem mais volumoso, para acomodar a água subtraída. O segundo cilindro bem mais fino e alongado, e conectado ao primeiro por solda branca. O cilindro volumoso tinha o formato de chuchu ou abacate. O ponto terminal deste era aberto, da mesma forma que a da parte superior.

Procedimento: ao mergulhar o "caneco-foguete" n'água segurando-o na parte superior do cilindro, com a mão direita, ao constatar-se que ele foi invadido pela água, basta obstruir a abertura desse cilindro com o polegar para reter no caneco toda a água bloqueada no seu interior e retirar o "caneco" do pote, sobrepondo-se este ao copo de beber e liberando-se a desejada quantidade de água, pela lenta retirada do polegar.

Artefatos do mestre Emiliano

Uma vez convertido todo o couro cru em uma só tira, cortam-se quatro ou cinco pernas nas mesmas dimensões. Com um prego de bom calibre, prendem-se as quatro ou cinco pernas sobre uma madeira macia, mas firme. Em vez de se torcerem os fios do couro uns sobre os outros, com os fios de couro levemente umedecidos, as pernas dos fios vão sendo cuidadosamente urdidas com a mesma técnica de se urdir um tecido. Só que, no caso de urdir uma corda de couro — tanto faz cru como curtido — como um pano no tear, urdido num único plano horizontal, o processo de urdir uma corda de couro torna-se mais complicado, porque a urdidura da corda de couro vai sempre girando em forma de elipse. Ou seja, em volta de um núcleo — no caso, um dos fios, o mais grosso. O tecido vai-se constituindo em volta de um núcleo estabelecido como guia da urdidura dos fios de couro.

O fio do núcleo funciona como a alma central dos fios tecidos que vão girando os 180 graus.

A aparência do tecido dos fios de couro assemelha-se à resultante da fabricação de uma peneira ou urupemba. O todo da corda que vai surgindo ganha um visual estético agradável de ser visto. Basta olhar para concluir-se que o objeto resultante agrega beleza à sua utilidade óbvia. A corda assim produzida é, antes de tudo, um objeto de arte. Concluída essa segunda etapa, estica-se a corda entre dois esteios ou pontos de fixação. A distância entre esses dois pontos é determinada pelo tamanho da corda que se deseja.

Se a corda for de duas pernas, dão-se duas voltas com a tira de couro; e três voltas para a corda de três pernas.

Terminada toda a operação, deve-se torcer bem cada uma das pernas já esticadas. A peça bem torcida ganha mais resistência à tração e durabilidade.

Para isso, usava-se um instrumento talhado em madeira chamado "cambito". O cambito é constituído de duas partes. A primeira peça é uma pequena haste cilíndrica de madeira de uns 50 a 70 centímetros de comprimento.

O outro componente é uma espécie de hélice cortada ao meio. Uma das extremidades é pontiaguda e com um pequeno furo. A outra, um pouco mais larga e com um furo arredondado e de maior diâmetro. A hélice cortada é enfiada na vareta.

Normalmente, o furo é aberto tendo em conta o diâmetro da vareta. E esta deve ter a extremidade dianteira no formato de uma cabeça cilíndrica. Sendo maior que o furo da semi-hélice, ela impedirá que este escape por aí.

Na extremidade pontiaguda da semi-hélice, amarra-se a extremidade da tira de couro que se pretende torcer.

Assim, com uma extremidade presa ao poste ou ponto de apoio e segurando-se o cambito com uma das mãos, impulsiona-

-se a hélice a girar no sentido horário. Faz-se isso até que toda a extensão da tira fique bem torcida e por igual em sedém

Concluída essa providência, faz-se o mesmo com as demais tiras. Estas devem estar umedecidas para que, ao secarem, fiquem bem acomodadas, mantendo a forma de um cordão bem torcido.

Concluído o processo de torcer, deixam-se as tiras presas e bem esticadas em dois pontos de apoio extremos. Deve-se esperar que essas fitas torcidas fiquem inteiramente secas. Só então, mantendo-se uma das extremidades presa, manualmente se vai passando um fio sobre o outro — os três fios, sucessivamente —, torcendo-os bem de tal forma que se ajustem produzindo um todo com as duas ou três pernas que se deseje conferir à corda.

Nesse momento, se as tiras estiverem muito rebeldes, convém soprar com a boca vapores d'água para que se acomodem.

Concluída essa montagem, estica-se novamente a corda entre dois pontos de apoio bem firmes e deixando-a ali até que seque novamente.

A técnica de tecer cordas era também aproveitada na confecção do chicote. É claro que, nesse caso, empregava-se apenas o couro curtido e macio.

E, por tratar-se aqui de uma peça mais delicada e também artística, o couro usado era uma pele de animal silvestre, como veado-mateiro, catingueiro ou galheiro.

A característica dessa parte do chicote é ser ao mesmo tempo flexível, mas um componente muito sólido, já que, presa a esta, como componente terminal do chicote, encontra-se uma tira de couro bem grosso, com cerca de 50 ou 60 centímetros de comprimento por 5 de largura e 3 de espessura.

Essa é exatamente a parte do chicote que é açoitada no lombo do animal que se precisa castigar para acelerar seus passos ou sua corrida.

Normalmente, nosso pai usava, para esse fim, o couro de anta, por ser o de maior espessura disponível e conhecido naquelas bandas de Goiás e na época que descrevo no momento.

Pelo que se depreende, esse chicote é constituído de três partes. A primeira é uma alça que se usa para levar o chicote suspenso ao punho do cavaleiro. A segunda parte é aquela flexível com urdiduras de couro tecido. E essa é a parte intermediária. A terceira é a parte mais rígida e severa que castiga o lombo do animal a ser fustigado pelo chicote.

Na conexão, articulação ou emenda entre cada uma das secções, é aplicada uma espécie de argola com largura aproximada de 3 a 5 centímetros. Essa argola funciona como adorno e disfarce da emenda feita entre as secções do chicote. O material usado costumava ser latão ou aço inoxidável.

Cordas de sedém: o que são?!

Para quem não conhece o termo "sedém", trata-se de uma espécie de grande pincel de cabelos alongados encastoado na extremidade da cauda dos quadrúpedes. Funciona como um excelente espanador para tanger insetos que incomodem ao animal. Com esse "abanador", o vivente pode chicotear toda a extensão de seu lombo afugentando qualquer visitante indesejável!

Como esse sedém está sempre "crescendo", é costume apará-lo quando fica muito próximo ao chão e começa a ficar enlameado, perdendo sua finalidade principal. Dentro do capricho geral de nosso pai, todas as nossas reses tinham seu sedém aparado no tempo e na fase da Lua certos. Calculo, por alto, que nunca alcançamos a cifra de cem cabeças de gado. Acho que o máximo que tivemos foi por volta de umas 80 cabeças.

Considerando-se que todas essas reses tinham seu sedém periodicamente aparado, dá para fazer uma ideia de quanto material nosso pai conseguia recolher. E todos eles eram recolhidos e convenientemente armazenados.

Quando nosso pai tinha a quantidade que julgava apropriada, ainda que acumulasse de um ano para outro, todo esse material era cuidadosamente lavado com sabão caseiro.

Depois de cuidadosamente lavado e seco ao sol todo o material das caudas de reses, vem a segunda etapa: o cambito já descrito para a fabricação das cordas de couro cru.

Uma vez completamente secos, todos os fios devem ser acomodados com as pontas na mesma direção.

Inicia-se a torcedura das primeiras linhas ou cordas manualmente. Recomenda-se que as duas ou três primeiras secções sejam torcidas manualmente. Isso feito, prende-se uma das pontas do fio iniciado ao encaixe adequado do cambito, o mesmo descrito no fabrico da corda de couro cru.

A partir dessa primeira secção, e definida a grossura ou espessura que se deseja para cada corda ou fio, é só iniciar o comando pelo cambito.

É claro que essa operação exige duas pessoas, uma movendo a rotação do cambito e a outra destacando as porções adequadas de fio que devem ser inseridos ou emendados na extremidade livre da corda ou fio.

Quando a extensão da corda passa de 10 a 12 metros, é recomendável que ela seja enrolada numa pequena vara. Entretanto, não se deve cortar nenhuma parte. A corda deve permanecer inteiriça e convém que fique acomodada por um ou dois dias.

A terceira e última etapa consiste em juntar três a quatro pernas, torcendo-as umas sobre as outras para obter-se uma corda bem fornida. Essa parte da operação é realizada manualmente e por uma só pessoa.

4

ELUCIDANDO METAS: GUANABARA

Quarto dia, 1957-1963

"Dixit autem Deus: Fiant luminária in firmamento caeli et dividant diem ac noctem et sint in signa et tempora et dies et annos... et factum est vespere et mane, dies quartus" (Gn 1, 14-18. Disse porém Deus: Façam-se as luminárias no firmamento do céu e dividam o dia e a noite e sejam sinais do tempo dos dias e dos anos... e se fez manhã e tarde, quarto dia).

Fachada frontal do Seminário Arquidiocesano, Rio, Guanabara

Do Norte Goiano ao estado da Guanabara

Aeronave de fabricação do autor

Era o ano de 1957. Creio que lá pela segunda quinzena do mês de fevereiro, de manhãzinha, muito cedo, antes do sol nascente.

Contava eu meus 22 para 23 anos. Foi exatamente esse o marco histórico em que o jovem estudante goiano, o viandante, envergando um modesto terno azul claro, com listras brancas, acompanhado pelo seu progenitor, Emiliano Aires Dias, no alvorecer do dia, tomavam o rumo do aeroporto local, para, pela primeira vez de sua vida, embarcar num avião, para seu primeiro voo da vida!

A aeronave, um avião bimotor Douglas DC-3, da Aeronáutica, a serviço do Correio Aéreo Nacional. Os assentos eram bancos metálicos, longitudinais, dispostos nas duas laterais da aeronave.

Sempre que evoco essa viagem, há uma recordação que me deixa profundamente envergonhado. Foi quando, no embarque para o Rio de Janeiro, rumo ao aeroporto, quase contíguo ao cemitério municipal, meu pai fez questão de levar-me ao embarque. Eu, todo convencido, envergando o terno azul, achei-me todo importante e deixei que meu pai levasse minha mala. É verdade que a dita era grande e pesada.

Lembro-me bem que era confeccionada em couro curtido, obra de meu pai em que eu mesmo ajudei nas costuras. Tinha duas dobradiças posteriores e duas fechaduras metálicas frontais. Internamente, era toda forrada de um tecido conhecido como chita, de coloração avermelhada.

Essa mala me acompanhou de volta a Brasília. Infelizmente, não a tenho mais comigo, como uma preciosa lembrança pessoal de meu pai. Quando eu residia em Brasília, na cidade-satélite do Gama/DF, ela me foi roubada numa noite, com uma TV portátil com rádio. Numa bela manhã, dei pelo roubo desses dois bens.

O certo é que, ao despedir-me de meu pai, não sabia que nunca o veria em vida novamente. Assim, naquele ano de 1959, estávamos os três filhos homens no Seminário Arquidiocesano do Rio de Janeiro.

Sete anos na esperança de um só dia

Os sete longos e inesquecíveis anos que passei no vistoso e elegante edifício situado no bairro do Rio Comprido, Avenida Paulo de Frontin, marcaram definitivamente toda a minha vida.

Era constituído de cinco andares. No térreo, ficavam os serviços gerais do seminário. No segundo andar, residiam os padres professores. No terceiro, havia um grande salão de estudo e a capela. Metade para os alunos de Filosofia e a outra metade para os de Teologia. O quarto andar era destinado à residência dos filósofos; e o quinto, à dos teólogos.

Esse conjunto era conectado por uma ponte em madeira, que levava diretamente para um grande casarão, onde ficavam as dependências dos empregados do seminário e o grande refeitório para filósofos e teólogos. Esse velho casarão tinha o assoalho todo em madeira. E, de tão velho, oscilava quando por ali desfilávamos rumo ao refeitório, três vezes ao dia.

Três anos após minha chegada, recebemos o duro golpe. Nosso pai sucumbira às consequências finais da velha moléstia que o martirizara por toda a sua breve e sofrida vida. Infelizmente, esse desfecho já se nos apresentara iminente em diversas outras oportunidades.

Lembro-me de que, num daqueles momentos cruciais, mesmo antes de ingressarmos no pequeno Seminário de Porto Nacional, ele chegou a despedir-se de nós. Contudo, quis a Divina Providência que ele nos visse ingressar no Seminário Maior.

Edifício Carlota Joaquina, espaço de recreação contíguo ao Seminário Arquidiocesano São José, Rio de Janeiro, 1988. Em frente ao edifício, Joarez e Davi (foto do fotógrafo Daniel)

Habitávamos cubículos equipados com um pequeno armário embutido na parede e guarnecido por portinholas de madeira. Ali se guardavam as poucas roupas de uso e outros utensílios pessoais.

Referente ao ano de 1957, anotei uma lista de 42 livros lidos na parte final da caderneta. Já na contracapa dela, registrei detalhadamente as peças do pequeno enxoval que trouxera de Porto Nacional. Todas elas passadas pelas mãos de nossa mãe, que as comprou, cortou e costurou. Era esse o pequeno tesouro de minha vida, que transportara de Porto na mala de couro curtido, também talhada e costurada pelo nosso pai. E foi exatamente essa mala de couro que deixei que meu pai levasse, simplesmente porque eu estava envergando um pobre terno azul porque ia viajar de avião. Nos idos de 50, adentrar-se numa aeronave era algo solene e quase sagrado como integrar uma sagrada liturgia.

Entre os colegas, havia um colega gaúcho, Nicolau Rosso, com seus 2 metros de altura. Como o cubículo mal cabia seu corpanzil, teve que anexar à sua cama um pequeno estrado onde podia repousar os pés. Quem passasse por ali podia ver dois pés, como duas mãos em leque, em muda saudação aos transeuntes!

Pertencia a uma congregação religiosa que adotava, como signo da congregação, uma grande cruz, com os emblemas do martírio de Cristo.

Vindo residir em Curitiba, Paraná, tive notícias desse inesquecível colega, já sepultado no cemitério da pequena cidade Vitorino, estado do Paraná. Havia falecido por intoxicação alimentar, ele, que era uma pessoa tão precavida!

Naquela época, cultivávamos e éramos aconselhados a manter nossos diários. Em parte, éramos motivados pelos livros que nos eram recomendados por colegas ou professores. Ali eu registrava minhas memórias. Eram cadernos escolares de 40 a 50 páginas.

Entre os muitos títulos, posso citar *O diário de um convertido*, de Pierre van der Meer de Walcheren (1956); *História de uma alma*, de Teresa do Menino Jesus (1975); *Diário de um pároco de uma aldeia*, de Georges Bernanos (1951); ou até mesmo as narrativas autobiográficas, como *As grandes amizades*, de Raïssa Maritain (1958); e *Pelos caminhos de minha vida*, de J. Cronin (1954).

E devo dizer que li todos os títulos que cito. Aliás, estou transcrevendo esses títulos da referida cadernetinha de capa azul que os cupins respeitaram. E li todos em 1957.

Essas anotações tinham uma dupla finalidade: eram uma forma prática de mantermos um controle e disciplina espiritual sobre nossa caminhada de ascese e de termos sempre algo concreto para comentar com nosso diretor espiritual em busca de um melhor discernimento da vontade de Deus em nossa vida e como melhor responder-lhe.

Ali também eu anotava as melhores palestras de um ou outro conferencista, bem como dos melhores pregadores de retiro que tivemos.

Nos tempos áureos do Seminário Arquidiocesano do Rio de Janeiro, que não conheci, a revista *In Altum* era editada e impressa em gráfica, em papel fotográfico de excelente qualidade, e continha em torno de 50 páginas. Eliminada esta, os seminaristas buscaram uma alternativa mais modesta. Foi criado o pequeno folheto *Clarim*, rodado naqueles mimeógrafos a tinta e, quando estes quebravam, até mesmo nos singelos mimeógrafos a álcool.

Da extinta auréola intelectual e literária do Seminário Arquidiocesano do Rio de Janeiro, permaneceu uma academia artístico-literária que nos congregava em ocasiões especiais para apreciar e discutir literatura, cinema e arte.

Nela, tive minha participação com dois trabalhos literários que tiveram seu reconhecimento e premiação. De nenhum deles tenho os originais. Num, eu apresentava o romance *A imaginária*, da poetisa Adalgisa Nery. Noutro, analisava e discorria sobre a trajetória cristã da mística alemã Gertrud von Le Fort.

Manuseando um dos volumes de minha coleção de livros da Biblioteca de Autores Cristãos (BAC), encontrei um pequeno recorte de uma espécie de editorial que eu redigi para o número 60 do *Clarim*. Por curiosidade histórica, reproduzo aqui esse texto:

É incontestável que um sopro de renovação sacode a Igreja para uma mais decisiva ação evangélica, para uma conquista do mundo, mais eficaz. O espírito de Cristo está presente e o que parece prometedor para a Igreja de amanhã são estas perspectivas que se abriram dentro de nós lá no Alto da Boa Vista!

Quem não trouxe revigorada lá do alto a convicção de uma urgente reformulação interna de todos nós

Nesse sentido, demos um largo passo e um passo decisivo.

Talvez para uma coletividade de ação mais eficaz. Sim, porque é muito fácil admitir a existência da comunidade, mas é incômodo e doloroso acreditar nela e professá-la em atitudes. E a comunidade é uma comunidade de atitudes e relações concretas de pessoas humanas de existência individuais atuantes!

No Alto da Boa Vista, todos sentimos melhor o que podemos esperar de cada colega e o que devemos também a cada um.

Que ele seja ele mesmo, mas que não o seja sem nossa ajuda e compreensão, sem nosso amor.

Que ele e que eu nos afirmemos como pessoas, mas que a solidão de nossas individualidades não nos isole da responsabilidade que temos em comum.

Não há dúvida, a grande graça do nosso encontro foi despertar-nos diante de uma experiência de que, à semelhança dos ramos da videira, constituímos uma só unidade, um só corpo! Sem perdermos a identidade dos indivíduos estamos todos integrados num só corpo espiritual em que uma verdade fatal se impõe: ou existimos integrados e solidários, como um só corpo, ou nem existimos na individualidade!

No pequeno texto, não encontrei nenhum indício da data, mas, pelo tom do artigo, presumo que isso se deu no ano de 1962, exatamente meu penúltimo ano no Seminário Arquidiocesano e ano do início do Concílio Vaticano II, convocado pelo Papa Vendaval da Igreja João XXIII.

Ainda nem se falava em Concílio Vaticano II. Mas da França emergia uma ânsia de renovação na Igreja. Em duas linhas da práxis religiosa, isso se manifestava. Na liturgia e na reflexão teológica. Exemplos claros dos novos tempos que se anunciavam eram os famosos salmos de Gelineau que apareciam e encantavam todos que sonhávamos com ares novos dentro da Igreja. O movimento operário despertava nas ruas e nas fábricas. Um nome projetava-se nesse cenário: Mons. Cardijn.

Muito cioso da disciplina e da hierarquia, o Cardeal Dom Jaime de Barros Câmara dispensava grande apreço ao seminário. Por isso mesmo, havia uma meticulosa hierarquia na organização do seminário. E isso valia tanto para a estrutura administrativa quanto para a disposição e o posicionamento dos seminaristas.

Bem na base da pirâmide, ficavam os seminaristas menores. Eram assim chamados aqueles alunos entre 13 e 16 anos de idade. Estes tinham seus espaços de estudo e dormitórios em ambiente coletivo. No topo dessa pirâmide, ficava o reitor, coadjuvado pelos seus bedéis. Esse primeiro contingente era denominado Seminário Menor.

Nos idos de 50, da sexta série ao ensino médio, havia mais de cem jovens. Chamava-se Seminário Maior o conjunto de seminaristas estudantes de Filosofia e de Teologia. A Filosofia compreendia três anos. A Teologia, quatro. Nessa época, no primeiro bloco havia cerca de 70 pessoas. No de Teologia, de 20 a 30.

No caso do Arquidiocesano do Rio de Janeiro, o Seminário Menor e o Maior ocupavam um espaço contíguo. Eram dois grandes blocos de construção, encravados no sopé do maciço montanhoso que se integrava no rumo leste ao Morro do Sumaré, onde se encontrava a residência oficial do senhor cardeal; pela vertente oeste, a articulação dava-se com o Morro do Corcovado.

Aliás, postados na ponte corrediça que integrava dois blocos arquitetônicos, era possível avistar e contemplar, bem visível, a olho nu, o belo monumento de Cristo do Corcovado. Quantas e quantas vezes apreciávamos ficar ali em devaneios de conversas perdidas contemplando a bela e altiva estátua do Cristo Redentor, de braços abertos. Com sua viseira nobre e altiva, quase sempre estava mergulhada em nuvens, esparsas ou espessas (!), contemplando aos seus pés o mar da Guanabara, que se debruçava rumo ao infinito!

Como o belo monumento se encontra no pico mais elevado do Corcovado, naquelas alturas, quase sempre há nuvens movediças que preguiçosamente deslizam entre seus braços!

Tivemos vários reitores e diretores espirituais. O reitor de mais longa duração e com quem tive melhor entrosamento foi o Padre Narbal Stensil. Já me entrosara com ele quando fora nosso diretor espiritual. Era muito atencioso, cortês e elegante no trato pessoal. Diria mesmo que até um pouco tímido.

Ficou célere entre nós uma fala dele orientando nosso procedimento num daqueles momentos quase festivos que nos era concedido num dia santo especial como Natal ou Páscoa.

Como o evento envolvia no mesmo pacote padres professores e seminaristas estudantes, ele determinou: a cerveja seria só para os padres; guaraná, para os alunos.

Levamos na brincadeira, e não como discriminação. É claro que a recomendação nos parecia aceitável e razoável.

Outro reitor de que me recordo bem foi o Monsenhor Silveira, pessoa já dos seus quase 70 anos. Também gente boa e amável no trato conosco. Presenciei uma situação no mínimo exótica. Acontece que, além dos seminaristas residentes no próprio seminário, havia também outros de congregações diversas que lá compareciam apenas para assistirem às aulas de Filosofia ou de Teologia.

Chegavam em blocos e saíam em blocos tão logo terminavam suas aulas. Entre estes, havia um bom grupo da Congregação da Divina Providência. Fazia parte do perfil deles adotarem um corte raso de cabelo.

Acontece que um dos nossos internos, por opção pessoal, adotou também esse corte. Era de nossa obrigação solicitarmos permissão do reitor para sair tratar de algum assunto pessoal. Aquele colega interno, de corte raso de cabelo, ao solicitar ao Monsenhor Silveira sua autorização para sair, ouviu esta ingênua observação: "Mas vocês da 'Divina Providência' não precisam de autorização para sair". Ao que honestamente o colega interno corrigiu: "Não, Monsenhor, eu não sou dos da 'Divina Providência'!".

O seminário tinha uma máquina projetora de filmes numa sala adequada para isso. Pelas datas festivas, éramos brindados com filmes de fundo cultural ou edificante ou com tema religioso. Como o mais célebre, cito *Terra em transe*, de Glauber Rocha, ou *O déffroqué*. Naquelas datas, usufruíamos de refrigerantes, nunca de cerveja.

Encantadoras liturgias do Arquidiocesano São José

Considero os sete anos ali vividos intensamente como os mais preciosos de minha vida. Sou absolutamente sincero ao declarar que, na capela, sempre obtive muita paz e encantamento. Momentos ali passados bem que poderiam ser traduzidos nas sublimes palavras de Pedro, no famoso episódio da transfiguração: "Mestre, é bom estarmos aqui. Façamos três tendas: uma para ti, outra para Moisés e outra para Elias" (Lc 9, 33).

Nossa cerimônia litúrgica era solene e imponente. Além do celebrante, normalmente o reitor ou o vice-reitor, ou ainda um dos diretores espirituais, havia um mestre de cerimônia, normalmente um de nós mesmos previamente escalado. Tive também minhas atuações. Preparei-me com muito empenho para cada um daqueles momentos.

Até hoje, conservo entre as páginas de meu precioso *Líber usualis* pequenas folhas retangulares, datilografadas, em que eu resumia todo o andamento da cerimônia com todos os gestos e ritos — as famosas rubricas canônicas.

Um detalhe curioso dessas folhas em papel brilhante onde datilografei a sequência dos procedimentos da cerimônia litúrgica: eram fichas remanescentes da então extinta revista *In Altum*, que marcou profundamente o Seminário Arquidiocesano São José do Rio de Janeiro. Interpreto que essa aura de prestígio cultural era um vestígio do perfil do cardeal anterior, Dom Sebastião Leme, uma pessoa que muito prezava e valorizava a cultura. Foi em seu reinado que o Rio de Janeiro viveu período áureo entre os intelectuais do Rio de Janeiro. Foi nessa época que vários escritores se converteram, como Jackson de Figueiredo, Gustavo Corção, Tristão de Athayde e Alceu de Amoroso Lima.

Esse cardeal foi sucedido por um gaúcho pragmático de perfil mais pastoral. Não aprovou a linha mais racionalista e retirou a verba que para uma revista de elite.

Comumente, essas celebrações festivas eram as solenes vésperas. Algumas vezes, tratava-se do solene ritual de uma missa cantada pelo nosso coral de filósofos e teólogos, sempre sob a regência impecável do Padre Amaro, a que já me referi.

Recordo-me de todas elas com muito encantamento. Posso dizer, tranquilamente, que sempre participei de todas elas com muita unção e enlevo. Todas elas eram rigorosamente organizadas e escrupulosamente preparadas.

Para que se tenha uma ideia dessa meticulosa organização, destaco aqui que as celebrações litúrgicas mais solenes requeriam muito capricho e dedicação. Todos os ministros envolvidos necessitavam de um preparo individual, e havia um ensaio geral com todos os protagonistas do cerimonial.

Todas as rubricas litúrgicas eram literalmente observadas. Não se pode esquecer que tínhamos um professor específico de Liturgia, que estava sempre muito atento a todos os detalhes da celebração, bem como ao desempenho de cada um dos alunos de Teologia e Filosofia.

Além do oficiante, previamente definido, havia um mestre cerimoniário, um turiferário, lucíferos, leitores e salmista em solo.

As funções principais eram confiadas a clérigos, isto é, àqueles que, a partir do primeiro ano de Teologia, tinham recebido tonsura.

Tonsura é um corte rente de parte do cabelo, no ápice da cabeça, onde o cabelo se dispõe em forma de redemoinho. Sempre em forma circular. E isso ocorria numa cerimônia religiosa presidida pelo bispo, ao conferir ao ordinando o primeiro grau no clero, chamado também "prima **tonsura**". O significado original era o de renúncia às vaidades mundanas. Caiu em desuso, com a aprovação tácita da autoridade eclesiástica de Paulo VI, que suprimiu a prima **tonsura**, passando o ingresso no estado clerical a fazer-se pela ordenação diaconal. Entretanto a Ordem Franciscana mantém, ainda hoje, essa tradição.

Durante todo o período em que ali estive, o encarregado disso, devidamente nomeado pelo senhor cardeal, foi o Padre Amaro.

Era um simpático e afável mineiro de baixa estatura e um pouco atarracado e portador de um ventre bem proeminente. Apropriado mesmo para o grau clerical que ostentava: cônego. As normas vigentes requeriam que todos os protagonistas da liturgia, além de estudarem detalhadamente toda a evolução de seus movimentos, ao longo da cerimônia, realizassem um ensaio prévio de toda a celebração.

Além das batinas, indispensáveis para todos os alunos do Seminário Maior, havia também as que eram requeridas para os momentos litúrgicos.

Eram, basicamente, dois elementos: a sobrepeliz, espécie de camisolão, geralmente de linho ou algodão, amplo e caindo em pregas cobrindo toda a parte do tronco, descendo um pouco abaixo dos quadris. Podiam fechar no pé do pescoço, sobre a batina ou também ter uma abertura retangular, deixando aberta parte dos ombros. O preto da batina era circundado pelo branco da sobrepeliz.

Outro elemento, igualmente indispensável e muito apreciado por nossa vaidade, era o chamado barrete, espécie de chapéu moldado em forma de um quadrilátero perfeito. Era uma peça inteiriça moldada e montada em papelão e revestida de casimira ou linho preto, sendo a abertura que se encaixa na cabeça mais estreita na base e ampla na parte superior.

Para cada um dos três ângulos do quadrilátero, há um pro-longamento na parte superior acima e sobre o espaço livre deste.

Para concluir essa parte mais decorativa, acrescenta-se uma espécie de bolota, constituída de um feixe de fios de tecido que se abrem como um botão de ros.

Qual seria o intuito ou desígnio dessa ornamentação? Ele-gância, esplendor e majestade da cerimônia e do culto religioso.

Nesse visual e cenário grandioso, espectador e protagonista mergulham numa espécie de retalho ou recorte do esplendor, glória e majestade da própria corte celeste. De tal sorte que aquele que mergulha ou é envolvido nesse espaço sagrado possa viver a experiência de ter mergulhado e respirado, tocado e sentido a santidade e a majestade do próprio Senhor Deus!

No instante em que as vibrações sonoras penetram nossos ouvidos, parece que todas as células do nosso ser se diluem tan-gidas pela mesma escala musical. Movido então por esse impulso sonoro, todo o nosso ser é como que pulverizado em moléculas sonoras, e flutuamos.

Absorvida por essa magia e imersa nas volutas do incenso, a solene procissão de todos os ministros sagrados, piedosos e contritos clérigos e eclesiásticos avança rumo ao altar. Todos revestidos de suas vestes talares e sagradas; todos numa nuvem sagrada de fé e contrição.

Os "pupilos" de Dom Alano no Rio de Janeiro

Em visita ao Apoio Fraternal. Fila da frente: teólogo Juraci, Dom Alano, Celso; reitor Padre Narbal, Joaquim Oliveira. Fila de trás: José Barros, Barrinhas, Ruy Virgolino, Raimundo Nonato Barros; Wagner; Joarez; Ruy Cavalcante (1961)

Uma vez por ano, Dom Alano visitava seus seminaristas no Seminário Arquidiocesano do Rio de Janeiro. Nessa ocasião, conversava particularmente com cada um para ver como estava a saúde, a disposição de estudo e de empenho na caminhada vocacional.

A maior parte dos seminaristas do Rio, como nós, procedentes de outras dioceses, tinha inveja da dedicação que tínhamos de nosso bispo.

Recordo-me, por exemplo, que Dom Alano chegou a providenciar para mim uns vidrinhos de vitamina e de um tempero especial para eu ministrar à comida. Preocupava-se muito com minha saúde, que se mostrava frágil. Com 1,73 metro de altura, eu não passava dos 63 quilos. E assim me mantive ao longo de seis décadas.

Ele se via como nosso pai e sempre nos tratava como filhos. E eu nem reparava nisso. Hoje, em retrospecto, vivendo na pele de pai com dois filhos, sinto certo remorso desse alheamento que eu mantinha para com ele. Achava a coisa mais natural do mundo que ele tratasse a cada um como tratava, dispensando-nos um desvelo paterno.

Hoje, ousaria justificar-me pelo sentimento de temor que eu tinha por ele. Seu porte e gesto nobre e altivo o projetavam num pedestal tão elevado que me despertava mais temor que amor.

Hoje, reconheço que era seu modo peculiar de ser e portar-se. Esse distanciamento que cultivava era, decerto, um remanescente traço da nobreza hereditária que se incorporara ao seu caráter! De fato, no trato conosco, por mais afável que se mostrasse pessoalmente, nunca expressava nem nos permitia manifestações afetivas ou efusivas. Mantinha sempre certa distância.

Tanto que, dez anos depois, quando fui tomado por um devastador vazio existencial e aprisionado pelo afeto e carinho da gaúcha, hoje minha esposa, nunca tive coragem de confidenciar-me com Dom Alano.

Felizmente, isso nem me prejudicou, porque, naquela altura, tinha como bispo um ser afável e acolhedor, Dom Celso, e com este tive toda a liberdade para abrir-me inteiramente e apresentar-lhe meu estado de espírito.

Sempre que nos visitava, fazia questão de alimentar os contatos com pessoas amigas que o apoiavam em seu ministério. E, quando o destino dessas suas visitas e desses seus contatos era a comunidade do "Apoio Fraternal", nós sempre o acompanháva-mos. Ali ele se encontrava com pessoas e casais benfeitores que sempre o assistiam com recursos financeiros. Alguns de nós até conseguiam famílias benfeitoras que davam suporte financeiro para nossos estudos. Nesses eventos, ele, discretamente, nos fornecia pequenas quantidades em dinheiro para necessidades pessoais.

Era desse dinheiro que eu me valia para fazer preciosas aqui-sições como da coleção da Biblioteca de Autores Cristãos. Tenho certeza de que isso não passava despercebido por Dom Alano, e, decerto, ele levou em conta esses detalhes quando, mais tarde, decidiu que eu deveria trabalhar na formação dos seminaristas.

Muito centrado em meus ideais, eu nunca me preocupei com isso. Só mais recentemente é que me indaguei por que motivos Dom Alano me destinara a uma das atividades mais nobres da vida de um presbítero: trabalhar pela e na formação dos futuros presbíteros.

A visita de Dom Alano era quase uma festa para os seus seminaristas. Nesses eventos, havia sempre um grande alvoroço entre nós. É que o então jovem bispo Alano du Noday desfrutava de elevado conceito e admiração em todo o corpo docente do seminário. Além disso, o bispo portuense tinha um batalhão de amigos e admiradores na Arquidiocese do Rio de Janeiro. E isto se devia ao rastro luminoso que ele deixara junto à Arquidiocese do Rio de Janeiro, quando ali residiu, antes de ser designado bispo de Porto Nacional.

O fato é que, por um desses inexplicáveis e caprichosos desíg-nios da Divina Providência, o intelectual dominicano Frei Alano du Noday coincidiu de chegar ao Rio de Janeiro sob o comando do famoso e também intelectual então Cardeal Arcebispo do Rio Dom Sebastião Leme da Silveira Cintra. Conta-se que esse prestigioso cardeal, muito sagaz, tinha um hábito de testar a amplitude da cultura e competência de seus presbíteros por uma exaustiva entrevista, em que levantava e provocava discussões e debates em torno de temas críticos de teologia dogmática, ascética, mística e canônica.

Sabatinado como os demais, o intelectual dominicano Frei Alano causou profunda admiração e respeito junto ao ilustre cardeal. Assim, o recém-chegado missionário dominicano recebeu do antístite a incumbência de proferir conferências diversas nas mais diversas circunstâncias.

E é de notar-se que, sob esse dinâmico cardeal, os intelectuais cariocas tiveram uma grande efervescência.

De fato, foi nessa época que alguns intelectuais que ainda orbitavam no positivismo foram convertidos ao catolicismo, tais como Jackson de Figueiredo, Alceu de Amoroso Lima, Austregésilo de Athayde e mesmo o reacionário Gustavo Corção.

De alguma forma, pode-se dizer que o intelectual dominicano francês Alano du Noday deve ter contribuído para essa exuberância da elite intelectual católica na velha Guanabara.

Com esse cenário, dá para entender que uma eventual visita de Dom Alano ao Rio Janeiro sempre despertava bastante interesse na comunidade católica do Rio de Janeiro.

Memórias resgatadas dos cupins

Dois anos após minha chegada ao Rio, na travessia de uma gripe mais persistente, acabei caindo num início de tuberculose. Fui internado num hospital da saúde pública, no Rio de Janeiro. Quando retomei o apetite, recordo-me de duas iguarias que muito me agradavam: postas de frango grelhadas e peras macias e suculentas.

Pela convalescença, com o generoso patrocínio do Padre Penido, grande amigo e admirador de Dom Alano, fui enviado par uma estância em Campos do Jordão.

Joarez e dois padres amigos recuperando-se em Campos do Jordão (1958)

Lá desfrutei de uns 15 dias de agradáveis passeios, cavalgadas e alimentação privilegiada.

Ao retornar de minha convalescença no tratamento da tuberculose, cerca de dois meses depois, os cadernos do registro de minhas memórias sofreram um ataque de cupins, e lá se foi grande parte desses meus registros pessoais. Consegui resgatar apenas uma parte de um caderno escolar e uma cadernetinha de 40 e poucas páginas. Nesta se encontram registradas algumas sínteses dos livros e das diversas conferências que tivemos no seminário.

Acredito que a extinção da revista *In Altum* foi uma simples consequência do clima de controle imposto pelo aristocrático Papa Pio XII. Nos anos 1950, os pretensiosos estudantes de Filosofia e Teologia lamentávamos muito a censura pesada e implacável que Pio XII impusera ao famoso antropólogo jesuíta Teilhard de Chardin.

Por especulação, poderia apresentar a hipótese de que o nosso velho cardeal Dom Jaime Barros Câmara enxergara na revista ameaças inimigas em seu quintal.

De fato, a revista alimentava-se de novas teologias que a ação católica apresentava. Muitos dos nossos buscavam inspiração mais no famoso católico liberal Alceu de Amoroso Lima que no ranzinza Gustavo Corção, com quem, decerto, Dom Jaime mais se afinava.

Cultivávamos também grande admiração pelo filósofo neotomista Jacques Maritain, de quem Dom Jaime também não gostava de ouvir falar.

Dom Jaime nem sequer admitia um conceito inovador que, vez por outra, circulava entre nós, cunhado pelo romântico Blaise Pascal: *"Le coer a du raisons que la raison ne connais pas!"*.

Momentos inesquecíveis do Arquidiocesano do Rio de Janeiro

Vasculhando os subterrâneos de minhas emoções dos sete anos vividos sob o teto do Seminário Arquidiocesano do Rio de Janeiro, não encontrei nenhuma sombra de insatisfação, frustração ou decepção. Nunca me senti diminuído ou desrespeitado. Pelo contrário, enxergo, esbarro e mergulho num turbilhão de coisas boas.

Tirando as emoções mais sublimes que experimentei na capela do Seminário Arquidiocesano, posso destacar outro espaço que ocupou momentos muito vivos e fortes. Trata-se do espaço onde passávamos nossas recreações, no velho e majestoso edifício Carlota Joaquina.

No espaço da recreação, dispúnhamos de um ambiente destinado às leituras de jornais e revistas. Em outro ambiente, tínhamos audição musical, geralmente clássica. Pontificava aí um colega expert em música clássica, o Levy. Sempre nos brindava com excelentes concertos.

Em outro ambiente, mais livre, tínhamos um rádio, em que ouvíamos o indefectível "Repórter Esso, testemunha ocular da história", o glamoroso Heron de Lima Domingues. Por 40 anos, esse locutor, dono de uma excelente interpretação vocal, reinou absoluto. Teve sua última edição em 1969. Não tínhamos televisão no seminário.

E aqui me recordo claramente de nossa empolgação e euforia quando o revolucionário, então jovem, Fidel Castro acabou derrotando e depondo o escabroso ditador Fulgencio Batista.

No vetusto Carlota Joaquina, onde fazíamos nossa animada recreação diária, acompanhávamos os noticiários do empolgante Repórter Esso.

É claro que nossas novas ideologias teológicas não poderiam escapar da cerrada vigilância do íntegro cardeal.

Como fontes de informação escrita, tínhamos diariamente os jornais *O Globo* e o *Estadão*, mas o noticiário que mais apreciávamos era o radiofonizado Repórter Esso.

Depois de duras negociações com o senhor reitor, obtivemos o privilégio de desfrutarmos de uma geladeira e de um liquidificador, no qual um prestimoso colega cearense, o Pimentel, produzia deliciosas vitaminas de banana ou abacate e vendia-nos por módicos preços. Assim, podíamos mitigar nossa fome ali pelas 20 h, antes de nos recolhermos ao leito, ali pelas 22 horas.

A cobra que falava em latim

Era um jovem presbítero, recém-chegado de Roma, com fama de muito culto e inteligente. Tinha menos de 40 anos, baixa estatura, bem forte, sem ser gordo. Muito falante, com um discurso fácil, quase verborrágico, lecionava História da Igreja. Sua aula era uma das primeiras da parte da tarde. Hora de muito sono. Seu nome: Padre Celso Queiroz.

Num daqueles seus dias mais inspirados, isto é, mais exuberante em seu discurso, não sei a propósito de que assunto, o certo é que ele nos surpreendeu reproduzindo o diálogo da serpente com Eva.

Muito empolgado, ele teve o capricho de, dramatizando, reproduzir os movimentos da boca da serpente. Sobrepondo as mãos, simulando a boca da cobra, com timbre de voz nasal, imitando a fala da serpente, ela teria respondido à mulher: *"Nequaquam!"*.

Naquele ponto, procurou reproduzir, até mesmo, o timbre metálico e horripilante da serpente tentadora. Naquela altura da fala do professor, fui assaltado por um irresistível sentido de ironia e, entrando no clima do discurso, exclamei, bem alto, para todos ouvirem: "Professor, quer dizer que, naquela época, a cobra já falava latim?!"

Surpreendido, o padre emudeceu, e a turma toda desabou numa sonora gargalhada!

Os rigores da disciplina do Sr. Cardeal Dom Jaime de Barros Câmara

Seguindo os imperativos rigorosos do Senhor Cardeal Dom Jaime Câmara, o máximo que o reitor nos permitia, em nossa rotina diária, era livrar o pescoço do aperto do colarinho eclesiástico e, enquanto estivéssemos sentados na sala de estudo, recolher a faixa preta que integrava a veste eclesiástica. O calor imperava sem nenhuma amenização de ventilador ou ar-condicionado.

Nossa mente se debatia para digerir sentenças teológicas, mas sofisticadas. Precisávamos empreender uma luta titânica para afugentar o sono e o torpor.

Nosso salão de estudos ficava na parte da frente do edifício, ao longo da Avenida Paulo de Frontin. Estávamos alojados no quarto andar, bem à altura da copa das árvores.

O velho cardeal não permitia que se dispensasse a batina nem mesmo nas peladas de futebol. Para contornar a grande dificuldade de movimentação, todos cortavam suas batinas mais velhas pela altura dos joelhos. Restava, assim, uma espécie de túnica bizantina ou romana.

Envergávamos sempre nossa indefectível batina preta nas longas, calorentas e intermináveis tardes de verão. Por quase duas horas de estudo direto, ininterrupto, tínhamos de rever muitas lições das matérias de Filosofia ou Teologia.

Foram três anos de Filosofia e quatro de Teologia. De acordo com a prática vigente, controlada rigorosamente pelo Senhor Cardeal Dom Jaime de Barros Câmara, no curso de Teologia, os manuais eram em latim e as aulas também. Já no de Filosofia, eram em português.

Nossas férias escolares, Rio, Guanabara

Nas férias de julho, normalmente, encontrávamos uma paróquia amiga para ali passar uns dias e ajudar em atividades pastorais. Lembro-me de três paróquias. Uma de um padre nordestino, de perfil modesto, bem tímido mesmo, que atuava numa paróquia bem pobre, e o coitado gastava muito tempo peregrinando raros benfeitores que se dispusessem a ajudar sua comunidade, subscrevendo uma espécie de "livro-ouro", incluindo um pacote de intenções de missa.

A outra paróquia de que me recordo era socialmente mais aquinhoada. Era um padre extrovertido brincalhão meio pandego. Vez por outra, emergia em nosso meio, entretendo-nos com suas pilhérias. Era espanhol e residia com a velha mãe, já bem alquebrada pelos anos e por achaques diversos, sempre prostrada em sua cama. Foi com ele que conheci a tal de rabanada feita com pão dormido, embebido em leite e levada ao forno, assado e sobrepondo bastante canela.

Creio que essas duas ficavam nos subúrbios do Rio de Janeiro. A terceira ficava já bem distante da capital e era dirigida por um tal de Monsenhor Natanael. Criatura pouco afável, muito formal. Tinha uma vasta casa paroquial e, em período de férias, acomodava três ou quatro seminaristas. A cidade chama-se Marquez de Valença.

Já as longas férias de dezembro, pelos quatro anos de Teologia, uma ou duas delas, combinando com retiro de fim do ano, foram passadas na fazenda chamada Itaipava. Recordo-me bem de que era um lugar em zona rural e bem mais ameno que no Rio de Janeiro. Mas as duas últimas passei no Sul de Minas, na bela cidade de Varginha. Por um dever de gratidão, contávamos ali com om generoso benfeitor. Padre Vitor Arantes, que, pelas ferias, acolhia em sua paroquia três ou quatro de nós. Ali chegávamos em quase um dia de viagem, pela antiga maria-fumaça! Éramos gentilmente acolhidos por famílias mais achegadas. Graças a esses preciosos laços de amizade, eu próprio fui patrocinado em minha ordenação presbiteral, na paróquia São Sebastião a 7 de julho de 1963.

Fazenda Itaipava. O quarto da primeira fila, à direita, é o mano Ruy; o último da terceira fila, à direita, é o amigo especial gaúcho, o mais alto de óculos, Nicolau Rosso. O terceiro, segunda fila à esquerda, é o autor deste livro de memórias

5

DE VOLTA A PORTO NACIONAL

Quinto dia: assumindo missão confiada, 1963-1975

"Dixit etiam Deus: Producant aquae réptile animae viventis et volatile super terram... et factum est vespere et mane, dies quintus (Gn 1, 20-23. Disse também Deus: produzam as águas répteis e seres viventes voadores sobre a terra e assim se fez tarde e manhã, Quinto dia).

Assumindo um desígnio providencial

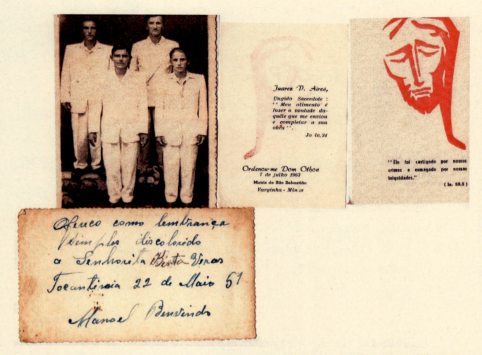

Em pé, ao alto, Sr. Manoel Veras Benvindo; à direita, Sr. Antônio Veras Benvindo

Em cumprimento ao que já determinara Dom Alano, assumi o papel de auxiliar do Padre Jacinto no cuidado e formação dos seminaristas diocesanos em março de 1964.

Minhas atribuições incluíam, além das aulas de latim, acompanhá-los nos fins de semana nos trabalhos de manutenção da fazenda do seminário, que chamávamos simplesmente de "Mato Escuro". Esta era uma das atividades que menos me apeteciam.

Também levava e trazia os seminaristas que deveriam trabalhar umas duas tardes por semana em trabalhos gerais programados pelo Padre Jacinto.

Em oportunidades excepcionais, tive de ser motorista do caminhão do seminário, quando, substituindo Padre Jacinto, tive de transportar umas carradas de toras de pau-d'arco providenciadas pelo colega nas matas da serra antes do povoado de Fátima.

Vista do frontispício da Catedral de Porto Nacional, pelos claustros do velho convento dominicano (acervo pessoal)

Analisando todo esse bloco do passado dos anos 1960, destaco como fato mais significativo e mais relevante uma sábia e sensata orientação de Dom Alano. Disse-me ele: "Meu filho, a nossa diocese é pobre. Sugiro que providencie no Colégio das Irmãs ou no colégio estadual umas aulas para obter um rendimento que o auxilie".

Foi exatamente o que fiz. A Irmã Santa Face, então à frente do colégio das freiras, conseguiu-me algumas aulas nas classes das alunas normalistas.

Dessa fase, como fato mais interessante, destaco que, ao entrar na primeira sala de aula, assustei-me ao deparar-me com minha antiga professora de geografia no Colégio Estadual Ninfa Mascarenhas.

Ouvindo sentidas confidências do velho antístite

Algumas vezes, compartilhando momentos de lazer após o almoço, ouvi breves mas sentidas confidências de Dom Alano. Evocando os primeiros tempos de seu ministério episcopal, já septuagenário, ele desabafava conosco. Com lágrimas nos olhos, comentava que, mal iniciara seu ministério, viu-se quase sozinho à frente de metade do estado de Goiás: um território que partia do paralelo 13 até o extremo norte do estado!

A província dominicana, com missionários quase todos franceses, decidira retirar sua representação de Porto Nacional. Recolheu os monges mais idosos entre os Convento de Perdizes, em São Paulo, e o de Uberaba/MG.

Naquelas alturas, contado apenas com quatro ou cinco presbíteros, todos brasileiros, coincidiu que um deles, o primeiro presbítero nativo de Porto, decidiu deixar o clero diocesano para ingressar na Ordem Dominicana! Se, por um lado, se orgulhava de dar as primícias de seu presbitério à família de Domingos de Gusmão, por outro, sentia-se desamparado e quase abandonado pela sua família religiosa.

Modesto legado do viandante em Porto Nacional

Quando iniciei o ministério do presbiterato, em 1963, respirava-se dentro da Igreja Católica Romana um clima de esperança e otimismo. Para ilustrar esses novos ares, aponto dois detalhes. Primeiro: um grupo de profissionais da saúde, talvez umas dez pessoas, chegava a Porto Nacional vindo de São Paulo. Quase todos provenientes de movimentos de renovação da Igreja, como o Juventude Estudantil Católica (JEC) e o Juventude Universitária Católica (JUC). Com o incentivo e apoio de três deles, criei um jornalzinho, rodado em mimeógrafo, denominado *Igreja Hoje*. Neste, buscávamos um diálogo de renovação apontando os novos caminhos da Igreja.

O segundo detalhe relevante foi a criação do Abrigo João XXIII. Ali, oferecíamos acolhida para convalescentes que ainda precisavam de cuidados médicos, mas não necessitavam ficar internados nos hospitais, bloqueando uma vaga para outras pessoas em estado de maior carência.

O VIANDANTE: RETALHOS DO TOCANTINS

Acredito que a mais preciosa herança que deixei em Porto Nacional foi a criação do Abrigo João XXIII.

Porto Nacional era o centro de toda demanda de saúde da região Centro-Oeste. O pequeno Hospital do Estado não dava conta da demanda. Notei que muitos doentes já quase recuperados bloqueavam preciosas vagas no hospital por não terem para onde se dirigir na fase de recuperação. Notei que um casarão que fora o primeiro hospital da cidade, instituído por Dom Alano sob o nome de Hospital Lays Neto dos Reis, estava abandonado e em ruínas.

Com a ajuda do sargento Guimarães, refizemos o teto em ruínas e reformamos as velhas camas do antigo Hospital Lays Neto dos Reis, abrindo espaço para acolher os convalescentes que poderiam receber alta e liberar vagas para os "chegantes" ao Hospital do Estado.

Contando com a generosidade dos médicos do hospital, estes continuavam monitorando todos os doentes convalescentes. A manutenção diária dos pacientes era garantida pelos próprios familiares. Para cuidar da administração do abrigo, acertamos com a sociedade dos vicentinos que já existia entre nós desde o tempo dos missionários dominicanos.

Esse foi um precioso trabalho que sobreviveu à minha retirada de Porto em 1972, por um bom tempo. Como um dos esteios dessa bela missão, devo destacar a enfermeira Messias Braga, irmã da também enfermeira Sr.ª Eulina Braga, que, além do mais, foi também minha professora e diretora do colégio estadual.

Com pesar, notei que o atual bispo polonês se mostra alheio a essa face do Cristo dos nossos dias. Esse antístite exibe uma face da instituição temporal que deveria ser o sacramento do Reino de Deus entre nós.

Tomara que o ardor da humana simplicidade do Papa Francisco consiga degelar essa face burocrática e carimbadora do estranho mundo clerical!

Ao assumir a direção da catedral, pelo que me lembre, fiz duas coisas boas e uma bem ruim. A primeira boa foi contratar uma secretária paroquial para passar a limpo os registros de casamento e batizados que estavam acumulados nos armários. A segunda foi reativar o serviço de som e alto-falantes da catedral, implantados ainda nos tempos do Padre Lazinho. O Maya, em parte por ter uma vocalização muito potente, não se incomodou com esses serviços sonoros.

Como ação negativa e, até mesmo, prejudicial, devo reconhecer a instalação de um forro de madeira para o teto da catedral. Tivemos a infelicidade, para não dizer azar, de utilizarmos madeira branca de péssima qualidade, que, após algum tempo, foi toda atacada por cupins e acabou atacando também o madeirame de estrutura do teto. Foi preciso remover todo o forro e corrigir os danos do teto.

Preciosas amizades da comunidade paroquial

Entre essas pessoas humildes com quem apreciava entreter-me, até hoje me recordo, com muita saudade, do Senhor Hermenegildo Dias. Era um piauiense muito religioso. Com uma numerosa família, residia no povoado de Fátima, que fazia parte do território da Paróquia Nossa Senhora das Mercês.

Sempre que vinha a Porto, procurava-me, e tínhamos longas confabulações. Àquela altura, ele já beirava os 70 anos. Muito autêntico e espontâneo, esse meu velho amigo assumia que era uma pessoa muito inteligente. Tanto que sua moleira permanecia aberta. Naquela altura, ele fazia questão de pegar minha mão e fazer-me apalpar a falha geológica que a natureza deixara no alto do seu crânio de pessoa privilegiadamente inteligente.

Confesso que sua conversa não era cansativa, mas muito viva e cheia de mil detalhes curiosos e pitorescos. Era um ótimo comunicador e muito esperto.

Não nos veremos mais neste vale de lágrimas! Já me precede no Reino de Deus. Que esse bom Deus, a quem tanto amou e serviu neste mundo, tenha-o em sua glória. Espero, em um dia feliz, podermos reatar nossa amizade lá aos pés de São Pedro.

Tenho plena certeza de que ainda poderemos dar boas risadas juntos no reino celestial! Gostava de elogiar o livro *Na luz perpétua* (LEHMANN, 1928), espécie de calendário do ano eclesiástico relatando a vidas de todos os santos do ano inteiro. Procurei este em Goiânia e nunca encontrei.

Pastor pentecostal Abel, confidente do viandante

Por dez anos atuei, por meio período, como docente, concursado, no colégio estadual da cidade. Garantia minhas despesas e necessidades pessoais com o salário mensal. Ocupava-me com as aulas no ensino público pela manhã. Tínhamos que caminhar umas seis quadras entre meu domicilio no seminário, também chamado convento. Foi assim que decidi facilitar um pouco minha vida e adquiri uma bicicleta. Era de cor azul, minha cor preferida. Rotineiramente, usava-a para ir ao trabalho e também para todas as tardes presidir a celebração da missa na Capelinha Imaculado Coração de Maria.

Meu trajeto passava bem na frente de uma Igreja Pentecostal. O Pastor Abel era meu conhecido e amigo Era uma pessoa que se mostrava muito sincera, e verdadeira. Admirava a simplicidade dele e a sincera postura de fé. Ele residia bem vizinho à capela onde eu presidia a celebração todos os dias. Ele era ferreiro e tinha sua forja anexa à sua residência. Tocava-me muito a autenticidade que eu sentia nele. Tanto que, por muitas e muitas vezes, apreciava estar com ele e dialogar sobre temas espirituais dos evangelhos.

Quando eu me dirigia à capelinha, ele estava dirigindo o culto. Vez por outra, não resistia à curiosidade e me detinha um pouco bem em frente à entrada da igrejinha do Pastor Abel. Duas coisas ali me comoviam muito. Primeiro, o fato de que um simples ferreiro estava conduzindo uma comunidade de fé. Outro detalhe me tocava muito também: é que, sentado bem nos últimos bancos, quase sempre, estava um médico paulista, que, diziam, fora auxiliar de destaque do grande cirurgião cardíaco Dr. Zerbini.

Encantava-me a atitude de profunda humildade do médico ilustre que, todo humilde e compenetrado, não se constrangia de juntar-se entre pessoas humildes para cultivar e aprimorar seus dons espirituais.

Meu inesquecível fusquinha vermelho, meu primeiro quatro rodas

Por falta de foto pessoal, estampo aqui imagem fac-símile do Google

Algum tempo depois, acabei adquirindo, da minha colega de magistério e professora de inglês, esposa do médico Dr. Azevedo, um fusquinha vermelho 1300. Era um lindo fusquinha. Dele, retenho em minha memória alguns detalhes que me chamaram mais atenção. Nos assentos dianteiros, havia, de cada lado, uma pequena abertura, equipada com uma espécie de parafuso que regulava o bloqueio ou abertura de uma canaleta que ali havia. Essas levavam diretamente à base do carburador. Por ser um motor refrigerado a ar, a base ficava literalmente coberta de gelo. Assim, quanto mais se acelerava o motor, mais este se revestia de gelo. A ventoinha que auxiliava na ventilação do motor acabava induzindo esse ar frio para as canaletas. Assim, ao abrirmos as torneiras dianteiras, tínhamos entrada de ar frio que se dissipava por todo o interior do veículo. E eis aí um simples e eficiente ar-condicionado.

Mas, se o ambiente fosse de frio, era só abrir a outra canaleta que recolhia o ar quente que se desprendia do aquecimento natural do motor. E aí está a grande sacada da engenharia alemã, que recolhia do motor toda a sua energia. Fui informado de que esse singularíssimo veículo foi concebido, para rodar pelo deserto, com altas temperaturas e sem água. Mas essa bela máquina carregava ainda outra singularidade. As suas rodas flutuavam em terminais de molas. Quando suspensas, as rodas elevam-se em radiais convergentes. Mas, pressionadas ao solo, abrem-se no sentido transversal. Essa peculiaridade faz com que, andando sobre areia, elas se movam em duas direções: horizontal e transversal. Essa originalidade evita que o veículo atole em areias. Se o condutor evitar encostar o assoalho do veículo no solo, o carro trafegará, livre e tranquilamente, em solos cobertos com muitas areias soltas.

Acompanhou-me por um bom tempo. Recordo-me de dois episódios mais relevantes.

O primeiro foi que, de uma bela feita, retornando de uma pequena viagem pelo sertão, tive a infelicidade de ver romper-se o cabo de aço que acionava o acelerador do motor. Fora do alcance de qualquer socorro, arranjei uma cordinha que, acionada pelo lado de fora, com a mão, me permitia acionar e regular a aceleração do motor.

O segundo evento original foi a pedido de Dom Celso: ir buscar em Goiânia a irmã provincial das carlistas que estava vindo visitar as comunidades religiosas de sua congregação. Não sei qual a pressa, mas recordo-me de que fizemos quase toda a viagem durante a noite.

Da direita para a esquerda: Padre Joarez e Irmã Sefora visitando ex-aluna em Fátima/TO

Dominicana Irmã Diva e Padre Joarez, na fazenda Mato Escuro, 1970

Engatilhando o Vaticano II

Naqueles momentos de colóquios "fazendo o quilo" do almoço, em raras e breves referências ao Papa João XXIII, notei certo desapontamento de Dom Alano para com o estilo pessoal mais plebeu do papa. Não pude deixar de reparar nesse detalhe porque, desde que ingressara no seminário, acostumara-me a ouvir palavras de enlevo e admiração pelos gestos, pelas palavras e pela postura pessoal do Papa Pio XII.

Isto era muito compreensível. Por um lado, o próprio bispo Dom Alano, como o Papa Pio XII, embora muito despojado, tinha um feitio e porte de nobreza. Na verdade, o nosso Jean Hubert Antoine du Noday descendia de um casal de condes, Arthur Rolland du Nodau e condessa Antoinette R. du Noday. Em todos os seus gestos, comedidos e disciplinados, havia sempre um toque de nobreza. Nunca o surpreendi em palavras, gestos ou atitudes vulgares. Aliás, abominava a vulgaridade.

Pode-se dizer que Dom Alano, e todo o episcopado de sua época, foi a última leva de um quadro de Igreja que alcançou seu apogeu com Pio XII. Eles se definiam como príncipes da Igreja. Suas residências eram denominadas palácios episcopais.

A Igreja-cristandade, num mundo monolítico em que o papa era quase um eixo, soçobrou com as tropas e os navios engolidos com os violentos conflitos das guerras de 45. Novas relações impuseram-se entre as nações. Novos poderes surgiram. Nos acertos do pós-guerra, é sintomática a indagação de Joseph Stalin estranhando a sugestão de incluir o papa nos entendimentos conclusivos. Indagou ele: "Quantas divisões o papa comanda?!"

Na verdade, a Igreja herdeira da imagem temporal do império romano acabou exaurindo seu ideário. Ainda na Idade Média, na vida de São Francisco, percebemos que a Igreja ou, pelo menos, alguns monges não se sentiam confortáveis envergando vestes principescas. Um colega sociólogo comenta mesmo que a Igreja tridentina que conhecemos era a exata configuração do Império Romano. O colega entende que o modelo temporal da Igreja romana era exatamente a sobrevivência do Império Romano, que, num golpe de mestre, encontrou na astuta mente de Constantino a fórmula salvadora para sobreviver. Mas, ao fazer isto, o Império Romano cooptara a estrutura leve e despojada dos seguidores do nazareno. O Mestre nunca imaginara ver seus seguidores engalanados em vestes principescas e residindo em suntuosos palácios. Os que deveriam ser modestos pregadores trajando túnicas grosseiras agora se entendem nobres e príncipes.

Em lugar do arbítrio de um papa, criou-se a Organização das Nações Unidas (ONU)!

Um acidente quase fatal

Numa de minhas viagens, retornava do Mato Escuro ao seminário em um jipe com um pequeno reboque. Neste, trazia cachos de banana e cana. Três seminaristas acompanhavam-me. Quando nos aproximávamos de uma ponte sobre um pequeno ribeirão, ouvi um deles gritar: "Padre, vem aí um caminhão des-governado à toda velocidade".

Como estávamos num longo declive e sobre um aterro, não tive alternativa senão manter o jipe firme nas mãos, bem nos limites da pista.

Esse trecho da estrada é bem longo. De um lado e outro da estrada, muitas casas. Havia na carroceria do caminhão muitas pessoas em pé, que tinham pedido carona. O motorista do veículo, ao notar que o freio não estava segurando a velocidade, tentou trocar de marcha, colocando uma mais forte. Entretanto, nenhuma marcha entrou, e, pelo contrário, caiu no ponto neutro.

Naturalmente, a velocidade do caminhão foi aumentando. Os passageiros começaram a gritar apavorados. Muitos dos moradores ao redor ouviram a gritaria, mas nada podiam fazer. Saíram correndo, acompanhando a bólide em alta velocidade.

Contaram-me depois que o acompanhante na cabine do caminhão era um funcionário de uma fazenda experimental chamada Pecuária. Disse ele que, quando reconheceu o jipe, sabendo que era do seminário, ordenou: "Desvia do jipe do padre!". Contudo, o caminhão colidiu com a lateral traseira do jipe no exato momento em que nos encontrávamos bem na entrada da ponte. Fomos atirados do alto da ponte para dentro do pequeno córrego, bem vazio à época. E o jipe caiu exatamente com as quatro rodas para o ar. A capota do veículo era feita com canos, que foram esmagados pelo peso dele.

Por um verdadeiro milagre, escapamos com leves escoriações. Alguns cacos de vidro nos braços e na testa. Sofri também uma forte pancada à altura do estômago, mas nada grave. Fomos atendidos e medicados no hospital e liberados.

Naquela mesma noite, ainda pude presidir a celebração da Eucaristia, explicar o acidente e agradecer a Deus.

Depois, fiquei sabendo que essa minha disposição de não dramatizar o evento causou ótima impressão em meu venerável Bispo Dom Alano.

"Docendo discitur!": aulas de Latim para os seminaristas

Uma segunda atividade que me competia como corresponsável pelo seminário eram as aulas de Latim para os seminaristas que estavam no ensino médio. Com uma turma iniciante, trabalhava as cinco declinações e as conjugações verbais. Fazíamos também traduções de fábulas de Fedro e Esopo.

Cito, entre as mais apreciadas pelos alunos, *O lobo e o cordeiro*; *A raposa e as uvas*; e *A raposa e a máscara trágica*. Esta última se encerrava com uma frase lapidar: "*O quanta species, sed cerebrum non habet!*" (Oh, que beleza, mas não tem cérebro!)

Olhando hoje para essa fábula, com essa sentença lapidar, não posso deixar de aplicá-la para nosso mundo atual. Refiro-me ao mundo das relações humanas e comerciais.

Pois a verdade é que vivemos num mundo que prioriza as aparências. Vemos, todos os dias, nas ruas, pivetes que matam por um tênis de marca, um objeto qualquer de marca ou etiqueta é que importa.

Poderíamos sintetizar este século 21 com esta sábia epígrafe de Escopo: "*O quanta espécies, sed cerebrum non habet!*" (Quanta beleza, mas é apenas aparência!) Essa declaração poderia ser convertida ao discurso de Cristo: "Nem todo aquele que me diz: Senhor, Senhor, entrará no Reino dos Céus e sim aquele que faz a vontade do Pai que está nos Céus!".

Com a turma mais adiantada, trabalhávamos as proverbiais narrativas do general Cesar, o *De Bello Gallico*, isto é, *Sobre as Guerras Gaulesas*. Destaco desse grande estrategista e fino conhecedor de pessoas uma tirada antropológica de grande atualidade.

Entre as normas desse general, figurava a determinação rígida de que, quando os soldados acampavam nas vizinhanças de uma cidade, eram terminantemente proibidos de frequentá-la, porque enfraqueceriam seu ânimo viril e combativo, ao experimentarem as comodidades da cidade. Era o que ele denominava como "aquelas coisas que tendem a efeminar os ânimos!".

Para quem não conhece a estrutura da sintaxe latina, devo esclarecer que essa língua tem uma estrutura lógica que exige muita disciplina mental. Não se poderá traduzir uma sentença sem identificar seus elementos básicos: sujeito, predicado e complementos. Quando se aplica seguidamente no reconhecimento desses termos, acaba-se desenvolvendo uma boa estrutura lógica no pensamento.

Hoje, compreendo melhor que, por meio de um exercício de disciplina lógica, cultivávamos também os melhores valores que fizeram do povo romano uma cultura vitoriosa, que, pela ordem e disciplina, conquistou e dominou toda uma civilização.

Rotinas de um pároco de aldeia

Nos períodos de férias, programava desobrigas pelo sertão, mantendo as tradições herdadas dos dominicanos. No espaço geográfico que me foi indicado, nunca fiz nenhuma delas em lombo de burro.

Por uns cinco anos, desempenhei as funções de presbítero em desobrigas. Estas envolvem uma rotina que se repetiu no interior do Brasil por alguns séculos.

Isso ficou muito claro para mim quando conferi a descrição de desobriga que os frades dominicanos faziam já na década de 1940.

Para retratar esse quadro do serviço religioso, reproduzo alguns parágrafos de *Entre sertanejos e índios do Norte*, de Frei José Maria Audrin (1946, p. 65):

> Ao alcançar à tardinha o pouso, previamente designado, achavam-se reunidos os fiéis da vizinhança e, sem mesmo uma horinha para descansar, começava o pesado trabalho da desobriga: catecismo às crianças (e quantos adultos eram crianças); anotações de batizados, informações e apontamento de casamentos etc. [...] Raras vezes havia quarto reservado para o padre. Até nas boas casas, via-se obrigado a armar a sua rede na varanda, sempre invadida por numerosos viajantes, mais dispostos a conversar e fumar do que a dormir e deixar os outros repousar. Na sala contígua do interior, separada por leve parede de barro ou de talos de buritis, ajuntava-se o mulherio com as crianças, estas chorando, as mães

e comadres tagarelando, enquanto costuravam às pressas um vestido de noiva ou uma roupinha de batizados.

Se acrescentarmos a toda essa algazarra o latir dos cachorros no terreiro, o berrar dos bezerros no chiqueiro e das vacas no curral vizinho, pode-se ter uma ideia do relativo sossego do missionário.

Esse cenário descrito pelo dominicano Frei Audrin foi exatamente o que encontrei e no qual pratiquei quase cem anos depois.

Para ser mais exato, devo dizer que, na década de 1960, a Igreja Católica estava iniciando uma nova fase, uma nova metodologia e uma nova linguagem. Sintetizando, posso dizer que estive numa fase de transição entre o modelo antigo e o moderno.

Nem Frei José Audrin (1946), em *Entre sertanejos e índios do Norte*, nem Frei Reginaldo Tournier, O. P., em seu *Lá longe, no Araguaia* (1942), quando mencionam as missas diárias que celebravam nas desobrigas, esclarecem que estas eram em latim. E, como o povo nada entendia, as velhinhas entretinham os fiéis rezando terços e outras devoções.

Novos tempos, novos ventos

Em síntese, podemos dizer que o Concílio Vaticano II assumiu nova abordagem teológica. Sem dúvida inspirado pelo Espírito Santo, o Papa Giovanni, em sentido alegórico, desejava abrir portas e janelas da igreja para uma nova primavera!

Nessa nova linguagem teológica, não é correto dizer "O padre celebrou a missa", e sim "O padre presidiu a missa". Na linguagem teológica de Trento, era comum e usual se anunciar: "Vamos rezar pela alma de fulano de tal..." No novo discurso teológico, deve-se dizer: "Vamos rezar por fulano de tal..." É que, nessa revisão ou releitura teológica, descobriu-se que o ser humano é um ser uno e indiviso. Corpo e alma constituem um ser único. Só é pessoa humana quando os dois se encontram integrados.

Na verdade, o Vaticano II apenas recuperou a tradição primitiva em que o próprio Cristo corrigiu o desvio teológico dos saduceus: o falso dilema dos sete irmãos que, em vida, desposaram uma mesma esposa. Jesus explicou-lhes que Javé não é um Deus de mortos, mas de vivos, apontando-lhes a única tradição que admitiam, a da Torá, em que Javé se apresenta como Deus de Abraão, de Isaac e de Jacó, e não Deus da alma de Abraão, Isaac e Jacó.

E, assim, existem muitas outras diferenças, as quais nem é conveniente eu abordar aqui, pois não estou desenvolvendo um tratado teológico.

Feitos esses esclarecimentos e ressalvas, só não posso dizer que minha atuação nas desobrigas do sertão era exatamente igual à de meus predecessores dominicanos na Diocese de Porto Nacional, porque, respirando já esses novos ares, ensaiei uma catequese mais dialogante e incorporando já a nova linguagem.

Como não desobriguei em lombo de burro, mas já contando com um jipe, pude levar projetores movidos pela bateria do carro. Com slides retratando algumas parábolas e trechos dos Evangelhos, eu apresentava a mensagem destes de forma mais acessível, com imagens sugestivas. Uma das coleções que eu mais apreciava e usava era a que relata a parábola do filho prodigo. O tema favorecia uma boa revisão catequética enfatizando um Deus que é Pai, e Pai amoroso e cheio de compaixão! Tinha sempre a impressão de que essa mensagem calava bem na mente e no coração dos assistentes.

Além desse tipo de experiência, recordo-me de um diálogo muito curioso que ouvi de um rapaz que se apresentava em confissão, preparando-se para celebrar o matrimônio na manhã do dia seguinte. Quando lhe apresentei a indagação inicial de uma confissão — "Quais os pecados?" —, ele, muito simplesmente, respondeu "Ataca que eu defendo". Eu deveria perguntar-lhe "Mentiu?" (ataque); "Não" (defesa); "Roubou?!" (ataque); "Não" (defesa). E assim por diante.

Desse episódio específico, retenho a viva lembrança de um jovem sertanejo de seus 20 e poucos anos portador de uma pureza e de uma integridade naturais, quase transparentes. Caráter nobre e reto. Dava para sentir nele uma certa pureza quase angelical. Sempre que me recordo da figura desse jovem me vem à mente aquela sentença de Rousseau: "O ser humano é bom por natureza; a sociedade é que o perverte!". E o próprio Seneca, em suas *Cartas*, dizia: "Sempre que estive entre os homens, menos homem voltei".

O próprio grande papa São Gregório Magno, ex-monge acostumado à austeridade e à autodisciplina, declara humildemente que se penitenciava por, inúmeras vezes, se surpreender entretendo e desfrutando de vãs conversações no diuturno convívio humano.

Mas, por outro lado, também devemos levar em conta a recomendação do Eclesiastes: "É melhor estarem dois juntos que um sozinho, porque tiram vantagem do seu trabalho: se um cair, será apoiado pelo outro. Ai do que está sozinho... porque quando cair não terá quem o ajude a levantar-se". Além disso, ao dormirem dois juntos, vão aquecer-se mutuamente. Quem está sozinho, como se aquecerá?" (Ec 3,i 9-11).

Equipe de catequese diocesana. Da esquerda para a direita: Irmã Sefora, Padre Joarez, Padre Joatan, Dom Celso Pereira de Almeida, Irmã Paula (francesa)

Duas investidas para obter carteira de motociclista

Nos últimos anos da década de 60, tive de permanecer em Goiânia por um mês cursando a licenciatura em Língua Portuguesa. Aproveitei a oportunidade para levar minha lambretinha azul. Antes de partir, despachei-a de caminhão. Assim, durante todo o mês, circulei pela cidade sempre na minha lambretinha. Aliás, aproveitei essa oportunidade para tirar a carteira de motociclista.

Lembro-me de um pequeno episódio dessa época. Sem muitas orientações, resolvi preparar-me sozinho, sem ajuda de um perito. Passei na prova oral, mas reprovei na prática. Tinha de fazer um oito circulando cones alinhados numa pequena reta e sem apoiar os pés no chão.

Lembro-me disto até hoje. Era um dia de chuvinha miúda e fina. Para impressionar o instrutor, apresentei-me envergando uma batina, que, àquelas alturas, eu raramente usava. Quando o militar notou que não consegui, ele simplesmente definiu: "É, seu padre, só voltando outro dia!".

E eu, que, embatinado, julgava merecer especial deferência, tive que, cabisbaixo e humilhado, engolir minha presunção!

Assim, sabendo exatamente em que consistiam as provas, treinei bastante. Aproveitei a quadra de esportes para exercitar-me. E, é claro, passei na segunda investida.

Tempo "nebuloso", sujeito a "ventos e trovoadas"

Dom Celso, Padre Joarez, Irmã Sefora em 1973 visitando minha mãe em Taguatinga/DF

Depois de exatos dez anos de tranquilo e feliz exercício do ministério presbiteral, ventos, trovoadas e borrascas vieram surpreender minha navegação. Depois de deslizar em total fidelidade e doação ao meu ministério, mantendo a rotina em Porto Nacional, fui surpreendido por um devastador vazio existencial.

Para ilustrar esse quadro de calmarias, recordo-me claramente de que um pastor que eu tratava com respeito e deferência, certo dia, causou-me estranheza e desagrado pelo simples fato de, num gesto talvez de maior familiaridade, chamar-me sem o predicativo específico que eu muito prezava àquela altura: "Padre"

Joarez. Para o tal, nada disse, mas comentei agastado com meu colega Jacinto: "Ele ignorou minha raiz".

Recentemente, conheci um padre indiano, muito intuitivo e amigo, que qualificou bem meu estado mental de transição dizendo: "Você ficou confuso".

E, para justa homenagem ao valioso professor e primo Ruy Rodrigues, que me introduziu no reino encantado da estética literária, eu, para melhor contextualizar aquela quadra crítica de minha vida, em paráfrase, evocaria as sentidas palavras de Luís de Camões, em seu lindo poema: "Inez de Castro": "Estavas, linda Inez, posta em sossego, dos teus anos colhendo o doce fruto da fortuna que não deixa durar muito…".

Poderia acrescentar um outro motivo para esse "abalo sísmico". A fonte dessa revoada de emoções foi, sem dúvida, a missionária gaúcha carlista Irmã Sefora, linda criatura, dona de expressivos e provocativos olhos azuis, que atuava na equipe de coordenação de catequese da diocese que eu integrava junto ao novo bispo diocesano Dom Celso Pereira de Almeida. Para não culpar só o conteúdo estético envolvido, eu poderia invocar a desculpa de que o referido presbítero estaria sendo vitimado pelo que um freudiano poderia apontar como espécie de "tara freiral", uma vez que, pela adolescência, o referido jovem teria contraído a síndrome de fatal atração por freiras. Pois, de fato, fora muito empolgado pelo lindo e atrativo visual que jovens professoras freiras ostentavam em sala de aula.

Acredito que foi isso realmente o que me aconteceu. O estado confuso gerou certa obnubilação dos sentidos! E esse estado mental foi aos poucos abalando minha tranquilidade e placidez.

Como gozava de plena liberdade e da confiança do Bispo Dom Celso Pereira de Almeida, expus-lhe abertamente minhas perplexidades. Muito humano e compreensivo, ele me propôs: "Não lhe interessa uma bolsa de estudos no Pio Brasileiro, em Roma, Itália para reavaliar sua vida?!".

Frontispício do Pontifício Colégio Pio Brasileiro

Pátio interno do Pio Brasileiro

É claro que aceitei com as duas mãos essa tão sensata e generosa oferta.

Por sorte, naquela época, o mano mais velho, Ruy, trabalhava no Itamarati, em assessoria legislativa. Ele obteve para mim, como cortesia da Viação Aérea Rio-Grandense (Varig), as passagens de ida e volta para a Itália.

Ao desembarcar no Aeroporto de Fiumicino, em Roma, desci garboso de uma bela aeronave ostentando a Bandeira do Brasil.

Pisei, pela primeira vez, em solo europeu, numa aeronave bem brasileira, a Varig, ostentando os melhores padrões da época. Fui tomado de um civismo altivo ao ver minha aeronave manobrar serenamente por entre centenas de aeronaves de países de todos os continentes.

Foi irresistível o sentimento de ufania. Gente nossa e coisas nossas punham-nos no mesmo patamar de outras nações do mundo.

Antes de partir para a Itália, por uns 20 dias, frequentei um curso intensivo de italiano no Instituto Goethe.

Lá chegando, estava familiarizado com termos mais comuns de comunicação diária. Entretanto, ao ingressar no espaço interno do aeroporto, fiquei com a impressão de não saber quase nada do italiano. É que os alto-falantes anunciavam, repetidamente: "*I lavoratori sono in sciopero! I lavoratori sono in sciopero!*".

No enunciado, havia uma palavra que me era totalmente *sconosciuta*!

Quando descobri o sentido da palavra italiana, que significava simplesmente "greve", logo me ocorreu a ideia de que o vocabulário de um povo carrega em seu bojo a cultura e a psicologia deste. Pois, revertendo o vocábulo italiano *"sciopero"*, encontramos os termos latinos: *ex + oper, óperis*. O que, traduzindo os temos, "fora do trabalho". Isto é, paralisar o trabalho, cruzar os braços, abster-se do trabalho. Vemos, assim, que, para os brasileiros, *comp* para os italianos, greve é abster-se do trabalho para dialogar com os patrões.

Enquanto isso, para os de língua inglesa, greve é um tempo de conflito, brigar pelos direitos trabalhistas, daí o termo usado é "*strike*", choque, conflito. É o mesmo que estar riscando um fósforo: "*strike the match*"!

Uma experiência operária em Sindelfingen, Alemanha

Em minhas férias escolares de julho de 1975, nosso então reitor, Padre Lauffer, informou-nos da possibilidade de um trabalho temporário na fábrica da Mercedes-Benz de Sindelfingen, Alemanha.

Abro aqui um parêntesis para uma informação e um comentário muito relevante. Esse padre jesuíta, Lauffer, quando cheguei ao Pio Brasileiro, era diretor espiritual, mas, a seguir, não sei por que motivo, assumiu como reitor. Entre nós brasileiros, ele não era apreciado. Pelo contrário, detestado. Corria entre nós o boato de que Padre Lauffer recusara a receber os dominicanos perseguidos pela ditadura brasileira alegando que eles eram comunistas. Argumentavam os colegas que, se Frei Tito, violentamente torturado pelo seu carrasco, coronel Fleuri, tivesse sido acolhido entre brasileiros, poderia ter superado os terríveis traumas da tortura e não teria exterminado sua vida.

Mas voltemos ao tema do trabalho em férias escolares. Pois bem, o reitor, Padre Lauffer, sendo alemão, ajustou com famílias católicas a hospedagem na Alemanha. Pelo que me recordo, só dois ou três de nós se interessaram.

Por duas ou três semanas, fui acomodado numa espécie de edícula. Acomodação à parte da residência dos proprietários. Em contrapartida, fiquei encarregado de, nos fins de semana, dar uma volta com os dois cachorros dos proprietários. E foi o que fiz. Peculiaridades que me chamaram-me atenção naquela cidade, Sindelfingen. Primeira, era uma cidade pequena, de seus 20 mil habitantes. Poucos edifícios e muitas bicicletas. As residências recuadas tinham uma ou outra árvore frutífera. Impressionou-me ver belas frutas maduras no jardim e ninguém ousava tirar uma fruta sequer.

A segunda coisa que muito apreciei: nos pontos de ônibus, havia uma placa com os horários dos ônibus. E, sempre na hora exata, lá estava o ônibus.

O terceiro episódio refere-se ao ambiente de trabalho. Havia trabalhadores das mais diversas nacionalidades, mas, para cada secção, havia um alemão como capataz. A cada momento que nos abordava, instigava-nos para acelerar o trabalho proclamando: *"Schnel, Schnel!"* (Rápido, rápido!).

Na seção em que eu trabalhava, entre outras nacionalidades, como portugueses e italianos, havia um árabe baixinho que era sempre objeto de brincadeiras sobre a religião maometana e quantas mulheres ele poderia ter.

A última curiosidade: um belo fim de semana em que me encontrava numa praça em companhia dos dois caninos, algumas crianças, atraídas pelos cães, se aproximaram e perguntaram: *"Er tut nicht er tut nicht?!"* (Ele não faz nada, ele não faz nada?!). Nem me recordo do que respondi ou se respondi!

O contrato de trabalho na fábrica era para dois meses. Mas, como já tinha concluído meu curso de mestrado na Pontifícia Universidade Gregoriana e já encaminhara ao Vaticano meu pedido de dispensa, decidi contratar mais dois meses de trabalho. E creio que fiquei naquela família apenas um mês. Isto conclui, conseguimos acomodações numa paróquia na cidade vizinha de Böblingen. Aí permaneci mais três meses. Foi então que, assistindo a uma missa, fiquei muito feliz porque rezaram o Credo e o Pai-Nosso em latim. Foi então que compreendi o argumento do Monsenhor Klaus, que estava muito revoltado com a retirada do latim na missa. Pois, embora entendesse um pouco o alemão, não me sentia à vontade. Mas, ao entoar com a comunidade orações em língua conhecida, pude desfrutar da sensação de pertencimento e inclusão.

Uma lição inesquecível da Pontifícia Universidade Gregoriana

De todos os mestres que frequentei na Pontifícia Universidade Gregoriana naquela época, destaco o professor Padre Marcozzi. Sua disciplina era Biologia Filosófica. O professor chamou-nos atenção para o telefinalismo impregnado na estrutura de todas as coisas. Todas as coisas da natureza são criadas, estruturadas e ordenadas para um fim que as ultrapassa e transcende.

Relatou um detalhe que ilustra essa sábia disposição geral de todas as coisas. Mencionou uma fruta amparada por espinhos externos. Quando amadurece, produz um odor que atrai animais silvestres. Ao abocanharem o fruto, estes são atingidos por espinhos que penetram sua pele. Apanham a fruta, mas disparam em corrida. Os espinhos, entretanto, são sementes que vão caindo por onde passam os animais. Assim, aquela planta alimentícia se prolifera para seu proveito e das espécies que dela se alimentam.

Em outras palavras, o telefinalismo de que fala Padre Marcozzi é o que Frei Carlos Mesters chama de "Bíblia Primeira". Se observamos um pouco a natureza vegetal, esbarraremos com inúmeros exemplos. Aves e animais ingerem sementes que depois cairão noutras paragens, germinando novas árvores.

No estado do Paraná, como nos demais estados do Sul, prolifera a araucária. A gralha azul é considerada a grande multiplicadora dessa árvore. Tendo enterrado muitas sementes, não precisa ou não consegue recolher todas. As esquecidas germinarão e darão origem a novas e inúmeras outras.

O mesmo acontece, e muito, no cerrado brasileiro.

Os diversos roedores ingerem a suculenta fruta do tucunzeiro. Ao excretar as amêndoas, sem a polpa externa, germinarão mais facilmente e multiplicarão novas palmeiras do tucunzeiro.

Nos quase 30 meses que permaneci na Itália, desfrutei de duas férias escolares. Numa, de um mês, fizemos um tour pelos principais pontos turísticos da Itália. Na outra, mais longa, no fim do mestrado, inscrevi-me num programa de trabalho numa fábrica da Mercedes-Benz, na Alemanha.

Um novo plano de voo

Ao concluir meus estudos em Roma, depois de um retiro inaciano e muita reflexão e ponderação, decidi pedir minha dispensa do ônus do celibato. Antes de consumar essa decisão radical, ponderei ao meu bispo, Dom Celso, que, se fosse possível, não abriria mão do ministério presbiteral. Para mim, o ideal seria agregar lar ao altar. Infelizmente, como a rígida disciplina da Igreja de tradição romana não admite isso, tinha eu mesmo de colocar a "forca no pescoço". Com a ajuda de um colega do Pio Brasileiro, especialista em Direito Canônico, eu mesmo redigi e levei o documento ao local apropriado da Cúria Romana. Era papa, na época, Paulo VI. Devo dizer que fui acolhido com muita simpatia. Entreguei em mãos a solicitação, em setembro de 1976. No dia 3 de dezembro, já era expedida a autorização, o documento denominado *Rescrito de redução ao estado leigo*.

Como se vê, a decisão foi rápida. Transcorreram-se menos de quatro meses. Consta que, na década de 1970, houve uma avalanche, quase uma debandada, quando o clero percebeu que o Concílio Vaticano II manteve a disciplina férrea do Concílio de Trento. Alarmados, os dois papas seguintes, Paulo II e Bento XVI, adotaram uma política mais rígida, protelando, ao máximo, a concessão da tal dispensa ou a redução ao estado leigo.

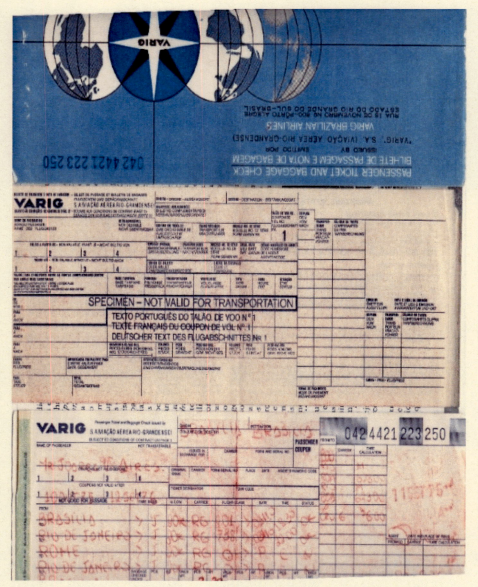

Bilhete de cortesia da Varig, obtido pelo mano Ruy, funcionário do Itamarati

Fac-símile do documento de minha permanência em Roma, Itália

Bischöfliche Aktion

ADVENIAT

Hilfe der deutschen Katholiken
für die Kirche in Lateinamerika

Bischöfliche Aktion ADVENIAT - 43 Essen (Deutschland) Postfach 117

Revdo. Pe.
Juarez Virgolino Aires
Via Aurelia, 527

ROMA
Italien

Bernestraße 5 (Kolpinghaus) Telefon (02 01) 2 20 43 78/2 20 61

Bras/AK/Aires	Essen, den 5.3.76
ADVENIAT-REFERENZ	Ko/fmo

Assunto: Bolsa de estudos

Ref.: Sua carta de 4.1.76

Prezado Pe. Juarez:

Acusamos recebimento de sua carta acima mencionada a qual muito agradecemos.

Comunicamos que, infelizmente, nao foi possivel identificar o projeto referente à sua bolsa de estudos, pois sem a nossa referencia é impossivel encontrar. Pedimos, portanto, enviar a referencia do projeto e a soma conseguida no cambio do cheque.

Pedimos, ainda, em sua resposta, mencionar a referencia supracitada: Bras/AK/Aires, para facilitar o nosso trabalho.

Sem mais, subscrevemo-nos

atenciosamente,
Bischöfliche Aktion ADVENIAT

Deutsche Bank

Wir übersenden Ihnen den obigen Scheck/We are sending you
the above cheque/Nous vous adressons le cheque ci-dessus

Einschreiben

Juarez Virgolino Aires
Via Aurelia 527
00165 Roma / Italien

Im Auftrag wollen erbor überweist an

Bistum Essen / Advenait

43 E s s e n

610/6165

2510040/037/1
Bras/Porto Nac. 75/38-74/II
Auxilio para os estudos do
Pe. Juarez Virgolino Aires em 1975

Cheque da Aktion Adveniat pagando minha bolsa em Roma, Itália

DAIMLER-BENZ AKTIENGESELLSCHAFT
WERK SINDELFINGEN

Daimler-Benz Aktiengesellschaft, 7032 Sindelfingen 1, Postfach 226

Herrn
Juares Virgolino Aires
Via Aurelia 527

Rom (Italien)

Ihre Zeichen	Ihre Nachricht vom	Unsere Zeichen	Telefon-Durchwahl (07031)	Datum
		pai-ze-sz	612 - 2728	6.5.1976

Bei Antwort bitte angeben

Sehr geehrter Herr Virgolino Aires,

unter Bezugnahme auf Ihre Bewerbung teilen wir Ihnen mit, daß es uns möglich ist, Sie während Ihrer Ferien

vom 28.6.1976 bis 24.9.1976 als Ferienarbeiter / Werkstudent

zu beschäftigen.

Wir bitten Sie, sich an dem genannten Tag um 7.00 Uhr in unserer Personalabteilung für Arbeiter einzufinden und folgende Unterlagen mitzubringen:

1. die Lohnsteuerkarte des laufenden Jahres,
2. ~~~~~~~~~~~
3. Ihren gültigen Studentenausweis/einen Schülernachweis durch Bescheinigung Ihrer Lehranstalt,
4. Nachweis über eine Bankverbindung mit Konto-Nr.,
5. Nachweis über eine internationale Krankenversicherung; wir weisen Sie darauf hin, daß diese Krankenversicherung nicht bei der Firma Daimler-Benz AG abgeschlossen werden kann.

Mit freundlichen Grüßen

Daimler-Benz Aktiengesellschaft
Werk Sindelfingen
ppa.

Bubeck   Schulz

Pôrto Nacional

SACRA CONGREGATIO
PRO DOCTRINA FIDEI

Prot. N. 1383/76s.

Excellentissime Domine,

Dnus JUAREZ VIRGOLINO AIRES, sacerdos dioecesis Portus Nationalis

petiit reductionem ad statum laicalem cum dispensatione ab omnibus oneribus e sacris Ordinibus (et a religiosa Professione) manantibus, non excepto onere servandi legem sacri coelibatus.

SS.mus D. N. PAULUS, Divina Providentia Papa VI, die 3 Decembris 1976, habita relatione de casu a Sacra Congregatione pro Doctrina Fidei, adnuere dignatus est pro gratia iuxta sequentes Normas:

1. Rescriptum complectitur inseparabiliter reductionem ad statum laicalem et dispensationem ab oneribus ex sacris ordinibus manantibus. Numquam oratori fas est duo illa elementa seiungere, seu alterum accipere et prius recusare. Si orator est religiosus, Rescriptum continet etiam dispensationem a votis.
   Ipsum insuper, quatenus opus sit, secumfert absolutionem a contractis censuris et legitimationem prolis.
   Rescriptum vim suam exserit a momento notificationis a competenti Praelato oratori factae.

2. Si orator est sacerdos dioecesanus extra propriam dioecesim versans, vel religiosus, Ordinarius loci incardinationis vel Superior religiosus maior Ordinarium loci commorationis habitualis oratoris certiorem faciet de pontificia dispensatione, eumque, si casus ferat, rogabit ut Rescriptum cum oratore communicet et necessariam delegationem pro matrimonii canonici celebratione concedat. Si vero peculiares circumstantiae aliud suadeant, praedictus Ordinarius ad Sacram Congregationem recurrat.

3. Per se sacerdos ad statum laicalem redactus et ab oneribus cum sacerdotio conexis dispensatus, et a fortiori sacerdos matrimonio iunctus, abesse debet a locis in quibus notus est eius status sacerdotalis. Ordinarius loci commorationis oratoris, de communi consilio, quatenus opus sit, cum Ordinario proprio incardinationis vel cum Superiore

O VIANDANTE: RETALHOS DO TOCANTINS

maiore religioso, dispensare poterit ab ista clausula Rescripti, si oratoris dispensati praesentia scandalum paritura non videtur.

4. Quod attinet ad celebrationem canonici matrimonii, per se Ordinarius curet ut a quacumque pompa vel adparatu abstineatur et coram sacerdote probato ac sine testibus vel, si opus fuerit, cum duobus testibus, illud peragatur, cuius acta in secreto Curiae tabulario adserventur.

Ad Ordinarium loci commorationis una cum Praelato proprio oratoris, sive dioecesano sive religioso, pertinet determinare quomodo dispensatio, et pariter celebratio matrimonii, secreto sit tegenda vel communicari possit, debitis sub cautionibus, cum oratoris propinquis, amicis et conductoribus (datore di lavoro, employeur, employer), ut bonae famae ipsius oratoris consultum sit iuribusque oeconomico-socialibus ex novo statu laici et uxorati manantibus.

5. In Libris baptizatorum paroeciae sive oratoris sive comparis adnotetur consulendum esse Ordinarium loci si quando notitia vel documenta exquirantur.

6. Ordinarius, ad quem spectat Rescriptum cum oratore communicare, hunc enixe hortetur, ut vitam Populi Dei, ratione congruente cum nova eius vivendi condicione, participet, aedificationem praestet, et ita amantissimum Ecclesiae filium se exhibeat. Simul autem eidem notum faciat cuilibet sacerdoti ad statum laicalem redacto et ab oneribus dispensato vetitum esse ne:

a) ullam ordinis sacri functionem peragat, salvis iis quae habentur can. 882 et 892 par. 2;

b) ullam partem liturgicam agat in celebrationibus cum populo, ubi eius condicio est nota, neve umquam homiliam habeat;

c) ullum officium pastorale gerat;

d) munere Rectoris (vel alio munere directivo), Directoris spiritualis et Docentis fungatur in Seminariis, Facultatibus Theologicis et similibus Institutis;

e) itemque ne munere Directoris scholae catholicae neve munere magistri religionis in quibuslibet scholis, catholicis aut secus, fungatur. Attamen Ordinarius loci, pro suo prudenti iudicio, potest in casibus particularibus permittere ut sacerdos, ad statum laicalem redactus et ab oneribus cum sacra ordinatione conexis dispensatus, religionem doceat in scholis publicis, ex exceptione etiam in scholis catholicis, dummodo ne scandalum aut admiratio sit timendum.

Denique Ordinarius ei aliquod opus pietatis vel caritatis imponat. Tempore autem opportuno curet brevius referre ad Sacram Congregationem de peracta exsecutione, et si qua tandem fidelium admiratio exoriatur, prudenti explicatione providere.

Contrariis quibuscumque minime obstantibus.

Ex Aedibus S. C. pro Doctrina Fidei, die 3 Decembris 1976

Fac-símile do *"Rescrito" du Vaticano* de "Redução 259 – 300"

Tradução do documento em latim da Sagrada Congregação para a doutrina da fé

Dispensa e redução ao estado laical

O Excelentíssimo Sr. Joarez Virgolino Aires, sacerdote diocesano de Porto Nacional, pediu redução ao estado laical, com dispensa de todos os ônus, decorr das ordens sacras, sem excluir o ônus de observar a lei sagrada do celibato.

O Excelentíssimo Paulo, pela divina providência, Papa VI, no dia 5 de dezembro de 1976, tendo em vista a relação de casos apresentados pela Sagrada Congregação da fé, dignou-se conceder o pedido, observadas as seguintes normas:

01.   O restrito compreende a inseparável redução ao estado laical, com a dispensa dos ônus emanados das ordens sagradas. Nunca será permitido ao suplicante admitir um e excluir o outro. Se o suplicante é religioso ou restrito, inclui também a dispensa dos votos.

Além disso, por conta desse mesmo ato, serão absolvidas eventuais censuras eclesiásticas, por conta de legitimação de prole.

O rescrito tem sua vigência a partir da competente comunicação do fato ao suplicante.

02.   Se o suplicante é sacerdote diocesano fora da própria diocese, ou religioso no local de sua própria incardinação, ou superior religioso maior, ao ordinário do lugar compete informar do ato ao suplicante.

Ou, se for o caso, rogará a necessidade delegação para dispensa canônica, com vistas à celebração do matrimônio.

Se ocorrerem outras circunstâncias peculiares, o referido ordinário recorrerá à Sagrada Congregação.

03. *Por si, o sacerdote reduzido ao estado laical está dispensado dos ônus a ele conexos. O sacerdote deve estar fora do local onde seu estado sacerdotal é conhecido. O ordinário do lugar onde o suplicante reside poderá dispensar dessas restrições. Desde que não haja perigo de escândalo por conta desse ato.*

04. *Quanto ao que se refere o ato do matrimônio, cuide o ordinário, evitando-se qualquer pompa que venha escandalizar a comunidade, por conta da condição do suplicante. Se for o caso, sem testemunhas. Ou com duas testemunhas, cuja ata seja atestada por um escrivão. Compete ao ordinário do lugar ou prelado onde reside o suplicante, se diocesano ou religioso, supervisionar a celebração do referido matrimônio do suplicante, evitando-se tanto o escândalo da comunidade como que não seja prejudicado o bom conceito tanto do suplicante quanto de sua nubente.*

05. *O ato seja anotado no livro do registro dos batizados da paróquia.*

06. *De residência de um dos nubentes. Cabe ao ordinário a quem compete o restrito, a exortação ao povo de Deus, esclarecer a natureza do ato excepcional, pela pretérita condição do suplicante. Tendo em vista essa condição pretérita do suplicante fica, por este ato, fica a ele vedado:*

a) *Exercer qualquer função sagrada, salvas as condições indicadas no canon 882 e 892 parágrafo 2;*

b) *Não tenha parte em nenhuma celebração litúrgica com o povo onde é conhecida sua condição e nem faça homilia;*

c) *Não dirija nenhuma ação pastoral;*

d)   Nem exerça a função de reitor (ou outra função diretora) nem diretor espiritual ou docente em seminários ou faculdades teológicas ou institutos religiosos:

e)   Igualmente, não exerça a função de diretor de escolas católicas ou de docente de ensino religioso.

Entretanto, a critério do ordinário, poderá ser permitido ao sacerdote reduzido ao estado laical exercer o magistério, desde que disso não resulte escândalo.

Finalmente, o ordinário do lugar imponha alguma ação de piedade e cuide de informar disso à Sagrada Congregação para a doutrina da fé.

6

BRASÍLIA/DF: EM BUSCA DA CIDADANIA PLENA

Sexto dia, 1976-1993

"Et ait Deus: Faciamus hominem ad imaginem et similitudinem nostram... ad imaginem Dei creavit illum: masculum et feminina creavit eos. Viditque Deus cuncta quae fecerat, et erant valde bona. Et factum est vespere et mane, dies sextus" (Gn 1, 26-31. E disse Deus: Façamos o homem à nossa imagem e semelhança... à imagem de Deus ele os criou macho e fêmea. E Deus viu que tudo o que fizera era muito bom. E se fez tarde e manhã, sexto dia).

Sexta estação do viandante: Brasília/DF, 1976-1993

Alegoria da cidadania plena (ensaio do autor)

Ressignificando os projetos de vida

Ao retornar da Itália, com o mestrado concluído na Pontifícia Universidade Gregoriana; com os quatro meses de salário adquiridos na fábrica da Mercedes-Benz, em Sindelfingen, Alemanha; tomada a decisão de dispensa do ministério e concluídas as núpcias com a professora Ausilia, estabelecemos nosso primeiro lar por aluguel na Taguatinga Norte.

Por uns quatro meses, assumimos contrato provisório de trabalho num estabelecimento de ensino médio.

Por sorte, apareceu concurso público para o ensino médio pelo GDF. Por sorte, também fui aprovado num surpreendente e inesperado primeiro lugar.

De fato, o *Diário Oficial do DF*, no dia 8 de fevereiro de 1976, estampou, na relação de professores aprovados, classe C, na disciplina denominada Língua Portuguesa e Literatura Brasileira (LPLB), o Sr. Joarez Virgolino Aires, com a nota pontuada em 120,6, classificado em primeiro lugar, e o segundo lugar vinha com 112,6.

Evocando o prestigioso italiano Niccolò di Bernardo dei Machiavelli, diria que fui agraciado com os dois princípios básicos do sucesso: "Virtù e fortuna"! Ou seja, fui bafejado pelo beneplácito divino e pelo esforço da humana qualificação.

Nosso primeiro e grande tirocínio de magistério nas escolas do DF

Quarenta anos de magistério permitiram-me discernir o melhor perfil de um bom professor. E, no fundo, não passa de confirmação de um velho axioma da escolástica, esculpida em bom latim: *"Virtus im medio!"*. Isto é, a virtude está no meio-termo. O bom professor nem pode ser autoritário, nem bonzinho.

Retiro aqui, da algibeira dos meus 40 anos de sala de aula, dois pequenos relatos antagônicos. Tive no colégio do Gama/DF dois excelentes exemplares antagônicos de como não deve ser um bom professor. O professor bonzinho, mas nefelibata. Era um competentíssimo professor de História, dotado de uma memória quase angélica. Relatava detalhes e circunstâncias históricas de qualquer parte do Brasil ou do mundo. Sendo eu professor de LPLB, e com muita curiosidade histórica, adorava ouvir e aprender com esse colega. Quando ele mergulhava sua mente num relato histórico, ele parecia estar em transe. Tanto que cansei de entrar na sala dele para apresentar minha matéria, tão logo tocava a sineta, e ele nem me notava. Nem se dava conta de já ter dado o sinal e quase todos os alunos já terem saído de sala de aula. Eu entrava, e ele continuava falando, olhando para o teto, como se nada tivesse acontecido. O contrário também acontecia antes de ele entrar em sala de aula. Tocava o sino, e ele continuava mergulhado em detalhadas descrições de sua dissertação. Era preciso que alguém o advertisse da realidade.

Agora, vejamos um modelo antagônico. Na mesma sala de aula, eu tinha um competentíssimo professor de Matemática. Dono de um autoritarismo que se poderia chamar de tolerância zero. De 30 a 40 alunos, um ou outro, exímio aluno, escapava da nota 0. Mas tão rigoroso que não tinha dificuldade de dar notas com escala: 0,1, 0,2 etc.

Nessa turma, em dia de prova, eu elaborava três ou quatro modelos de prova para evitar que colassem uns dos outros.

Assim, causou-me grande espanto quando cheguei para dar minha aula e encontrei aquele austero é rígido colega fumando e caminhando no corredor, do lado de fora da sala de aula, onde trancara os alunos fazendo uma prova. Logo imaginei: "Esse pessoal está colando à beça". Aproximei-me de uma janela e olhei dentro da sala. Fiquei estupefato. Ninguém colava, nem cochichava. Daria para ouvir mosca voando! Pensei: "Mas que força de autoridade. Respeitam e temem até a ausência dele". Veio-me à mente o vigoroso poema de Casimiro de Abreu:

"Que dura orquestra! Que furor insano!

"Que pode haver maior que o oceano,

"Ou que seja mais forte do que o vento?!"

Bela descoberta na Escola de Aperfeiçoamento de Professores (EAP)

Creio que já nos últimos anos de magistério no DF, a então Fundação Educacional do DF instituiu a EAP, aproveitando os professores mais qualificados, com mestrado e doutorado.

Como eu já ingressara com mestrado, fui incluído nessa bela experiência. E adorei. Naturalmente, seria uma atividade mais complexa e exigente.

Mas, como professor, sempre me saí melhor com adultos. Definido o tema, a disciplina, não me recordo se de Filosofia ou Metodologia do Ensino, foi só organizar e elaborar um módulo, bem qualificado com bons recursos didáticos. Os encontros de estudo sempre ocorriam no ambiente de trabalho do professor/aluno. Em vez de me dirigir sempre para a mesma sala de aula, para os mesmos alunos, deslocava-me de escola para escola, sempre com novas turmas. Foi uma experiência muito rica e proveitosa.

Assim, recordo-me do fato mais relevante dessa época que, surpreendido, ouvi de uma professora quando me avistou adentrar em seu colégio. Veio ao meu encontro, muito empolgada e feliz, e foi me dizendo: "Que bom que o revejo, professor, e muito obrigado pela sua orientação". Confuso, sem entender, ela me explicou. "Fui sua aluna numa turma de ensino técnico, e o senhor me advertiu: 'Você tem o perfil de professora! Deixe essa turma e se matricule no curso de magistério, curso normal'. E foi o que fiz e estou muito feliz e realizada em fazer o que gosto e adoro!".

Não imaginem minha felicidade. Serviu-me como um excelente feedback de meu tirocínio de professor.

Nossa inesquecível e primorosa casa no DF

Frente de nossa casa no Setor Leste do Gama/DF (acervo do autor)

Creio que uns quatro ou cinco anos depois de nós nos estabelecermos na cidade-satélite de Brasília, Gama, a Ausilia contratada como assistente de direção e eu com contrato de 40 horas, período matutino e vespertino, conseguimos substituir o barraco de madeira que havíamos comprado por uma excelente casa com sobrado e mais de 200 metros de área interna.

Para caracterizar minhas memórias infantis do leito do meu belo Rio Tocantins, providenciei lindos, polidos e achatados seixos para revestir toda a fachada dianteira de nossa casa. E valeram a pena as longas e cansativas horas que me custaram selecionar cada uma delas. E orgulhou-nos muito o resultado! O visual chamava atenção pela originalidade e exclusividade. Tanto que, anos depois, quando nos aposentamos e decidimos morar em Curitiba, Paraná, chegou ao meu conhecimento o desvanecedor depoimento de um conhecido e amigo, fotógrafo, que acabou adquirindo essa nossa casa.

Sempre que passava na frente de nossa casa, ele pensava consigo mesmo: "Se Deus quiser, um dia vou comprar essa casa". E comprou mesmo. Na década de 90, a ditadura militar afundou o Brasil numa brutal recessão. Inflação galopante! Grandes negócios só eram praticados em dólar. E esse bem disciplinado e previdente fotógrafo acumulou uma valiosa economia em dólares, comprados da mão segura e confiável do italiano Padre Natal, que, todos os anos, trazia um bom punhado de dólares.

Memórias de nossa primeira e bela chácara

Cenário utópico Pintura de Jailson, paraibano, janeiro de 2023

Nosso fusca vermelho, com que a Ausilia trafegava, mesmo sem carteira

Dando aulas todos os dias da semana, e duas vezes por semana à noite, em faculdades particulares, decidi que seria muito bom para mim adquirir uma pequena chácara já toda organizada, para eu desfrutar de um lazer e revigorar minhas energias.

Registro dessa etapa de pesquisa a precavida opinião de um amigo. "Uma chácara vai te dar duas alegrias, a do dia da compra e do dia da venda".

Com uma boa pesquisa, acabei encontrando e adquirindo uma postada ao lado de um córrego permanente. Com uma casa de tijolo coberta de brasilite, equipada com uma excelente cisterna e servida por um belo e imponente cata-vento com as pás todas em cores vivas.

O terreno, em suave declínio, desembocava num córrego de águas permanentes. A água da cozinha e do chuveiro era aquecida por uma serpentina nas paredes internas do fogão a lenha. Possuía um lindo pomar, com laranjas e bergamotas que carregavam no tempo certo, um pequeno bananal, canas, abacaxis e alguns pés de manga já adultos.

No período da colheita, obtivemos algum trocado pelas laranjas e bergamotas que colhíamos e vendíamos num dos mercados da cidade.

Como boa gaúcha, minha esposa deu a ideia de adquirirmos uma vaquinha cinderela com seu bezerrinho, para termos o leitinho das crianças e o nosso também. E, como eu tinha pouca prática, era ela que tirava o devido leite para nosso serviço.

Também por iniciativa dela, providenciamos galo e galinha, na expectativa de desfrutarmos de ovos, vez por outra. Mas, em nenhum fim de semana, nunca conseguimos desfrutar dos ovos. Nosso caseiro sempre informava que as raposas sempre os comiam.

Logo nas primeiras semanas, tivemos um pequeno contratempo. Decidimos levar um sofá mais velho e de menor serventia em nossa casa. Parece que nos esquecemos de amarrar o sofá sobre o bagageiro, acreditando que, por ser pesado, ele ficaria ali firme e seguro. Ledo engano. Ao chegarmos ao sítio, desapontados, notamos que nosso pequeno conforto da chácara desaparecera. É que nós esquecemos o detalhe de que nosso trajeto incluía a passagem por um grande declive, onde, decerto, aceleramos mais e, no embalo, um bom vento deu asas ao nosso sofá.

Um exótico "garimpeiro de joias e pepitas"

Desde que me entendo por gente, lembro-me de ver, sempre dependurada na despensa de nossa casa, uma velha bateia, talhada em gameleira.

Para os que não sabem o que é uma bateia: é uma espécie de grande bacia talhada em madeira, só que em forma cônica. A sua boca tinha cerca de 80 centímetros de diâmetro. Pelo que me recordo, esse precioso e misterioso utensílio acompanhava nosso pai desde Babaçulândia. Pelos vagos comentários dele, essa bateia o acompanhara nas aventuras que teve em garimpos do Jacundá, estado do Pará. Pelo que sei, isto foi antes de nós nascermos.

Desses fiapos de relatos, registrei que nosso pai, em sua aventura garimpeira, mergulhara no fundo do leito do rio pelo antigo equipamento de mergulho chamado escafandro. O operário que se dispunha a mergulhar calçava nos pés pesadas botas de metal e levava na cabeça um capacete que, depois de devidamente ajustado, era alimentado por oxigênio, por meio de uma mangueira ali inserida. Para o oxigênio chegar às narinas do escafandrista, havia uma manivela com um dispositivo que gerava e impulsionava oxigênio, sendo tingido continuamente por um operador.

Lembro-me de ter visto com meu pai uma espécie de vidrinho feito de bico de pena de ema. A parte mais grossa das penas mais graúdas era cortada, e aplicada em sua tampa uma rolha talhada em cortiça ou de talo de buriti. Eis aí o que se chamava biguá. Era ali que nosso pai mantinha, cuidadosamente guardados e debaixo de sete chaves, os parcos frutos de sua perigosa aventura do passado. Pelo extremo cuidado com que os manipulava, logo entendi que os preciosos guardados representavam, de fato, valiosos fragmentos de sua vida.

Para amigos mais chegados, nosso pai exibia, todo fagueiro, fragmentos de ouro e diamante. Era a lembrança que ele guardava desse período de sua vida.

Ainda no segundo grau, em Porto Nacional, meu primo Ruy Rodrigues, excelente cultivador de estética da linguagem, conseguiu acordar em mim aquela avidez do garimpeiro que não receia obstáculos para alcançar, lá no bojo do rio ou no fundo de um cascalho, aquela frase, aquela palavra ou expressão que se harmonize melhor com o seu apropriado adjetivo.

A partir dali, passei a ler todo o repertório dos clássicos da literatura que me chegou ao alcance. Em nossas férias escolares de fim de ano, éramos liberados para ajudar nossos pais em nosso sítio. Sempre levava comigo três ou quatro exemplares das encantadoras obras de Júlio Verne. E, nos fins de semana, escondia-me nalgum canto e mergulhava naquele mundo encantado de mil aventuras e peripécias com que o criativo escritor sempre surpreendia, tais como: *Viagem ao centro da Terra*, *Vinte mil léguas submarinas*, *A volta ao mundo em oitenta dias*, e *A jangada*.

A literatura passou a ocupar os melhores momentos de minha vida. Assim, devagarinho, sem perceber, e como meu pai, fui também recolhendo aos meus "biguás" algumas limalhas de ouro e, vez por outra, consegui também recolher uma ou outra pepita de diamante. E, como a modesta aranha dos cerrados, sempre que pude, ao longo dos anos, fui esticando minhas teias, produzindo os meus escritos.

Assim, a exemplo de meu pai, por toda a minha vida, posso dizer que, também eu, mantenho dependurado nas despensas e nos sótãos de minha mente a minha bateia. Tenho também, no fundo do meu baú, os meus "biguás", onde venho colecionando e guardando pensamentos "idos e vividos" como preciosos fragmentos de ouro e diamante.

Nesse sexto dia de minha trajetória, vendo-me sentado ao telônio, inventariando e registrando "pensamentos idos e vividos", desejo resgatar do fundo de meu baú os meus "biguás" e partilhar com os mais chegados a alegria da minha colheita.

Já aposentado e residindo em Curitiba, há quase 12 anos, trouxe comigo uma grande frustração. De todas as pessoas que me ajudaram a vencer na vida do trabalho, já agradecera a todas, exceto aquele que me impulsionara ao esmerado gosto pela língua pátria e ao belo sucesso no meu concurso em Brasília.

Já conseguira agradecer a Dom Celso, que me obteve uma bolsa de estudo no Pio Brasileiro e na Pontifícia Universidade Gregoriana, Roma, Itália; já conseguira agradecer ao mano Ruy, que, trabalhando no Itamarati, me obteve uma bela passagem de cortesia da Varig de ida e volta a Roma.

Faltava-me agradecer ao meu competente professor de Literatura e primo, o professor Ruy Rodrigues, que cultivou e despertou em mim grande amor à língua pátria e um decantado gosto estético.

Exerci o magistério em Brasília, por quase 20 anos, e sempre desejando encontrar-me pessoalmente com aquele mestre especial, mas não o encontrava! Buscava-o, mas nunca conseguia, num encontro pessoal, manifestar aquela minha gratidão. Os anos foram passando, e nada.

Passado mais algum tempo, já no ano de 2009, pela defesa de mestrado de nosso primogênito, Daniel, numa universidade da França, de passagem por Paris, presenciei e participei de um verdadeiro milagre, como disse Castro Alves, "desses que dessem do além!".

Estávamos hospedados num pequeno hotel, nas redondezas da famosa Basílica de Notre-Dame, donde se podia avistar sua majestosa cúpula.

Numa tarde, girando ali por perto, decidimos lanchar uma pizza. Entramos num pequeno restaurante, demos uma olhada e dirigimo-nos a outro. Tendo já passados uns três deles, entramos e assentamo-nos naquele que nos pareceu mais conveniente.

Quando estávamos fazendo o pedido, notando o garçom que éramos brasileiros, apontou para uma mesa próxima e informou-nos: "Aquele ali também é brasileiro". Quando bati a vista no conterrâneo, quase desmaiei de susto! Quem eu vejo?!

Era exatamente quem, girando pelo Brasil, por mais de 30 anos, não pudera encontrar. Foi preciso ir a Paris para encontrar uma "agulha no palheiro"! Numa cidade colossal, com milhões de possibilidades, uma simples decisão totalmente aleatória colocou-me de frente com quem, em vão, por muitos anos, desejara encontrar. É claro que foi aquela alegria de ambas as partes.

Muito gentil, insistiu que partilhássemos com ele uma "marguerita" que encomendara. Muito contente, declarou que, de fato, éramos primos e até nos convidou para visitá-lo no seu apartamento. Infelizmente, acabamos sendo impossibilitados pelo lamentável incidente de me terem surrupiado minha bolsa com dinheiro e documentos, numa estação ferroviária, rumo à Torre Eiffel.

Comunicamos a ele nossa dificuldade e impossibilidade de comparecer ao seu apartamento. Já de volta ao Brasil, algum tempo depois, tendo já seu endereço e telefone, indo a Goiânia, fiz-lhe uma visita de cortesia e ganhei dele alguns opúsculos autografados e de sua autoria.

Hoje, tenho notícias de que meu precioso e estimado mestre e primo Ruy Rodrigues da Silva, caminhando para seus 90 anos, está afetado pelo Alzheimer, em Goiânia — posteriormente, fiquei sabendo de seu falecimento.

Primeira pepita do meu biguá: de argila a Senhor das Palavras

Ao criar Deus o mundo e colocar o ser humano como gestor de um paraíso, conferiu-lhe o privilégio de dar nomes a todas as coisas!

Quando Javé precisou resgatar todas as criaturas transviadas pelo egoísmo, enviou seu Filho, a Palavra que se fez humana.

Assim, entende-se que, por determinação do alto, o ser humano é aquele que cria, pela palavra, do nada, todas as coisas. Tem o poder de resgatar todas as coisas transviadas pela alienação do silêncio!

A palavra da oralidade é dom gratuito da criação, partilhado por todos os seres vivos que emitem sinais sonoros de comunicação. Todavia, a palavra falada e escrita faz parte do gesto redentor do Filho de Deus, pois "No princípio era a Palavra e a Palavra estava com Deus e a Palavra era Deus" (Jo 1, 1).

Pela palavra oral, o ser humano põe em sua cabeça a coroa de rei do Universo; mas, pela palavra escrita, ele toma em suas mãos as rédeas do comando, transformação e sublimação deste Universo!

Sem a posse da palavra escrita, o homem está no poder, mas não tem o poder. É uma rainha da Inglaterra!

O desconhecedor da língua pátria é, assim, uma monarca inglesa! Tem em sua mente a coroa das palavras, porém não detém em suas mãos o poder mágico de comandá-las.

Aí está por que, no contexto bíblico, quem domina a arte da redação desfruta do privilégio único de transfigurar um ser humano comum em divindade vitoriosa, Senhor do Universo Criado!

Assim, todos nós que operamos com a palavra somos aqueles querubins do paraíso terrestre às avessas: temos, em nossas mãos, espadas flamejantes não para interditar o caminho de acesso à Árvore da Vida, mas para ingressar naquele paraíso que cada ser humano acalenta em seu coração.

Segunda pepita:
dois mundos ou o mundo em duas dimensões?

Na condição de professor de Língua Portuguesa e Literatura Brasileira por quase três décadas, tive de reconhecer que havia um imenso fosso entre o meu universo estético e o de meus alunos de ensino médio. É claro que, por trás de nossos olhos, existiam dois mundos bem distintos e, talvez, bem distantes.

Isso se tornou patente naquelas aulas em que eu, para despertar admiração, gosto e entusiasmo por um prosador ou poeta nosso, declamava trechos de determinado poema. Naturalmente que, empolgado, eu gesticulava...

Pois, para meu espanto e cruel decepção, muitas vezes, notei que alguns, lá atrás, em galhofa, repetiam-me os gestos. Era claro que aquele universo que eu percorria com a imaginação não era alcançado pelas percepções do meu aluno. Em diversas outras situações, pude ainda conferir minha interpretação desse fenômeno de diacronia.

Se o mundo das experiências é diferente, diversa será também a linguagem.

Desenvolvi e amadureci minhas experiências em um mundo pleno de si mesmo, em que o eu estava umbilicalmente ligado ao Universo natural, silencioso e harmônico. Pacificador, mas, ao mesmo tempo, um grande gerador de enigmas, em que a imaginação é mais solicitada que a visão e a audição.

Todavia, o mundo dos nossos filhos foi devastado em sua naturalidade e roubado de si mesmo. No lugar das coisas, surgem os símbolos-códigos cromático, linguístico ou sonoro. Entre o eu e o mundo, interpõe-se a parafernália da tecnologia.

Neste Universo, todo bípede vivente é reduzido à condição de espectador, ou melhor, telespectador. E, como bem expressa o prefixo grego *tele*, ele está longe do mundo que o gerou e longe de si mesmo. Esse é o lado mais perverso da tecnologia acenada por Sir Francis Bacon e, hoje, tristemente encenada pelos nossos filhos.

Ao contrário do nosso mundo, o deles dispensa interpretação ou decodificação dos sinais. Eles já se "oferecem" desnudados em formas visuais e sonoras. Nesse mundo-significante, gerado nas entranhas da tecnologia, a criatura passou a devorar seu criador. E é exatamente aqui que entra minha perplexidade de pai e de educador: se o símbolo, signo, dispensa o significante, coisa ou conceito, não estaremos "construindo" um mundo vazio?

Se nossos filhos são "adestrados" apenas para ver e ouvir, como poderão capacitar-se para, agindo sobre este mundo, transformá-lo ou produzir outro universo, diverso deste?

Não é ameaçador para um pai saber ou pensar que seus filhos vivem num mundo empobrecido, de apenas duas dimensões?

É sintomática a definição dos encontros sociais dos jovens. Não se anuncia o nome ou o tipo de música que haverá em determinada festa. O que atrai mesmo a moçada é declarar que o "embalo" se dará sob a potência de 500, 1.000 ou 2.000 mil watts... Num transe total, não se ouve nem se fala com ninguém. Isso não importa.

Não é o convívio que interessa: não há comunicação nem empatia. Há apenas vibração epidérmica. Todo mundo curte um "sonzão" legal, mas ninguém se curte. Nesse clima, é possível até rolar sexo sem nem ao menos se saber o nome do parceiro ou da parceira.

Ele ou ela não importam, já que são apenas projeções do eu. Apenas vendo ou ouvindo as representações da realidade, eles desaprenderam a ver e a ouvir a realidade. Neste Universo, não há lugar para o diálogo, já que há uma exacerbação do eu, que só existe como sujeito, como consumidor.

E, se considerarmos, como Ortega y Gasset, que não existe o eu sem as suas circunstâncias, existiria um eu protagonista?!

Vejo como outro sintoma desse esvaziamento do universo humano como reino da imaginação e da intuição criadora o fenômeno do empobrecimento do vocabulário. Há umas duas décadas, qualquer adolescente de ensino médio dominava muito bem o universo vocabular de um José de Alencar ou de um Machado de Assis.

Isso hoje raramente acontece. Perdendo contato com o mundo da divagação, os jovens perderam também o interesse pela multiplicidade vocabular. Na proporção direta em que os vocábulos encurtam, sob a lei do menor esforço (cinematografia > cinema > cine...), também o vocabulário vai encolhendo! A língua também vai se tornando monossilábica, haja vista o antigo quadro televisivo cômico, criado pelo meu conterrâneo Moacir Franco, carregado de sátira e ironia, dos anos 1990, em que os protagonistas eram dois jovens universitários do curso de Comunicação que se denominavam "Os Maninhos". Com aparência displicente e alienada, praticavam uma linguagem desconexa e sincopada. Em síntese: praticavam um discurso que tinha tudo, menos comunicação! No entanto, por trás do programa, havia uma bela sátira ao estilo de linguagem introduzido no mundo vazio de conteúdos e ideias, mas idolatrando as aparências e as imagens.

Seria isso um retrato de um mundo que, tornando-se "uma aldeia global", torna-se também monocromático e monodimensional, no melhor padrão da Globo? Em vez do "tudo se cria e tudo se transforma", teríamos apenas o tudo se reproduz e se mantém, por infinitas cópias!

Nesse horizonte sombrio, diviso o ensaio do movimento ecológico como um dos caminhos de reconciliação do homem com a sua realidade circundante. Restabelecendo a consciência do outro, que não me é estranho nem adverso, retomaremos o diálogo perdido, quando a técnica se extraviou da ciência, na ilusão de sua autonomia. Será mesmo? Haverá outros caminhos? Onde estão?!

7

ADJACÊNCIAS DA QUERÊNCIA MATERNA

Sétimo dia, Curitiba/PR, 1994/2022

"Complevitque Deus die septimo opus suum, quod fecerat, et requievit die septimo... Et benedixit diei septimo et santificavit illum..." (Gn 2, 1-3. No sétimo dia Deus completou toda a sua obra de tudo o que fizera e descansou no sétimo dia de toda a sua obra e o abençoou e o santificou).

O viandante, em compasso de contagem regressiva, aguardando o "banquete do cordeiro": "Onde está teu tesouro, aí estará teu coração"! (Mt 6, 21).

Naturalmente, depois de cumpridas todas as condições e os requisitos legais, no dia 19 de janeiro de 1993, recebi da Fundação Educacional do DF documento de aposentadoria como docente do ensino médio, classe C, lotado na Secretaria de Educação e Cultura do DF, com contrato de 40 horas semanais de trabalho.

Estando as coisas nesses termos, prevaleceu o argumento da esposa de que, tendo o casal ficado por quase duas décadas residindo nos territórios paternos, era chegada a vez de o casal fixar-se em território da querência materna.

O próximo tema a ser definido: qual estado ou cidade do Sul adotaríamos. Nessas alturas, já tínhamos definido que o ponto escolhido deveria ter centros de estudo da melhor excelência. Com as melhores perspectivas de trabalho para os dois filhos. Em ponto central da cidade. Apartamento de quatro quartos e, de preferência, no último andar.

Algumas dúvidas: Uberlândia/MG; Ribeirão Preto/SP; Curitiba/PR; Foz do Iguaçu/PR; ou Caxias do Sul/RS?!

Analisados todos os requisitos, depois de uma longa e demorada pesquisa e detida avaliação, nossa escolha e nossa decisão recaíram sobre Curitiba/PR.

Com a generosa assessoria do amigo italiano Rino Vaccari, encontramos, contratamos e adquirimos um apartamento de quatro quartos, com mais de 200 metro de área interna, no 15º andar do edifício Brasilio de Araujo, bem no centro da cidade e ao lado da bela praça General Osório, equipada com algumas belas araucárias e um lindo chafariz (a seguir, detalhada descrição desse belo edifício, descrição do Sr. Guilherme de Macedo).

Adquirimos o imóvel de uma família japonesa, Tsuneu/ Fumiko Nishimura. Por exatos US$ 45.000 (dólares norte-americanos). Negócio efetuado pela imobiliária Pan-Americano. No contexto da galopante inflação, o contrato indicava o valor de Cr$ 2.000.106 (cruzeiros reais).

Empreitada da aquisição do apartamento Brasilio de Araujo

Aqui trago o episódio dessa operação, que, no contexto histórico em que vivíamos, acabou sendo quase uma operação de guerra. De qualquer forma, uma operação de alto risco, sobretudo para os dois inexperientes professores que éramos nós: o goiano e a gaúcha. Essa transação financeira mereceria um capítulo à parte. O título seria: "Operação de alto risco, melhor dizendo, operação secreta". Sim, secreta, porque tínhamos um bom montante de moedas estrangeiras conosco, que eram nossas, mas não podíamos comprovar nem demonstrar que éramos os legítimos donos delas. Aí está o nosso drama. A economia do país estava em frangalhos. País endividado, inflação galopante. Ninguém fazia venda de imóveis a não ser em dólares. Mas isso não podia ser oficialmente declarado. Assim, embora fôssemos nós legítimos donos daqueles valores, tínhamos de fazê-lo clandestinamente.

Depois que recebemos os U$ 45 mil do nosso fiel comprador, o caprichoso fotógrafo, a dedicada e criteriosa esposa agasalhou todo esse montante numa discreta bolsa de mão. Embarcamos em nossa caminhonete Ford e rumamos para Curitiba. Vinte anos de nossa vida estavam ali naquela discreta bolsinha. Com os nossos 60 anos cada um, nem pensamos nos riscos daquela nossa aventura. Nem sequer imaginamos a hipótese de que, durante os quase 1.500 quilômetros de viagem entre Brasília e Curitiba, nos surrupiassem a bolsinha com toda a nossa fortuna, ou de que nos raptassem a caminhonete com tudo o que até ali tínhamos conseguido. Estaríamos reduzidos à estaca zero de nossa vida! Foram dois dias de viagem. Talvez os dois dias mais longos e angustiantes de nossa vida.

E o que dizer das duas horas angustiantes em que o contador, representando os donos do apartamento, com sua caneta digital, passou, uma por uma, todas as cédulas de dólar sob o crivo do seu feixe luminoso, escaneando e investigando a veracidade de cada uma delas. Houve torturante momento em que a canetinha punha em dúvidas essa veracidade, mas, repetida a verificação, a nota era finalmente reconhecida e aprovada.

Naqueles longos momentos de verdadeira tortura mental, veio-me à lembrança a francesinha e minha professora de Aritmética, lá no antigo colégio das irmãs dominicanas de Porto Nacional, Tocantins, tentando enfiar em nossa dura cachola de distraídos adolescentes o misterioso e obscuro crivo de Eratóstenes. Mas o grave daquela situação é que, no quadro-negro da minha severa professorinha, eram apenas números que morriam, quando eram riscados e excluídos. Mas aqui, naquela mesa de Curitiba, se alguma cédula de dólar fosse condenada e excluída, era um pedaço de nossa luta e de nossa vida que morria e era eliminado! Pois eu, com os olhos pregados naquela fatídica mesa, onde se encontrava toda a nossa fortuna esbagaçada em centenas de cédulas de dólar norte-americano, temia, a qualquer instante, a "assassina canetinha digital" trucidar, impiedosamente, naquela mesa, toda a economias de nossa vida!

Considerando que não tínhamos ainda vendido nossas propriedades do Gama/DF, demos um sinal de U$ 6 mil dólares e, por carecer uma boa reforma no imóvel, negociamos o sinal, pagos no dia 4 de janeiro de 1994, e pagaríamos o aluguel então vigente. Os restantes U$ 39 mil foram pagos em 19 de março do mesmo ano, após concluídas as reformas programadas com o mestre de obras Sr. Camilo, ministro extraordinário da eucaristia e encarregado mestre de obras no condomínio Brasilio de Araujo.

Edifício Brasilio de Araujo (descrição por Guilherme de Macedo; Google)

Em uma propriedade do empresário bem-sucedido e agropecuarista Jayme Canet Júnior, que chegou ao cargo de governador do Paraná, surge um edifício projetado pelo arquiteto André Masini. Localizado na Avenida Visconde de Nácar, uma das mais movimentadas da região, que comporta a linha de biarticulados que interliga os bairros do Centenário e Campo Comprido.

O edifício possui em sua fachada uma obra de arte com aproximadamente 50 m2, um painel de mosaico realizado pelo artista italiano Franco Giglio confeccionado a partir de pastilhas de vidro produzidas de forma artesanal, simbolizando motivos da história do Paraná, como a influência indígena, o cultivo da erva-mate, a intervenção religiosa e a força do campo e sua mão de obra.

Outros cinco painéis de menores proporções desenhados com formas geométricas e coloridos estão dispostos na

*fachada do primeiro bloco, distribuídos intercalada-
mente a cada dois andares. No hall de entrada, uma
parede composta por ladrilhos com desenhos geome-
trizados leva em direção ao salão principal do edifício,
criação também de Giglio.*

*Os painéis estiveram sob perigo iminente de cair por
vários anos, tendo parte das peças perdidas ao longo
do tempo. Atualmente, o prédio passa por um processo
de restauro nas fachadas e deve devolver a vivacidade
dos seus painéis aos moradores e à cidade.*

*Além dos painéis artísticos, o prédio tem um belo traba-
lho de composição com panos de pastilhas de porcelanas
nas cores azul celeste e amarelo claro que se intercalam
na fachada, assim como as marquises estreitas.*

*Originalmente, o edifício tinha o seu hall aberto para a
rua, funcionando como um tipo de praça interna, com
fonte e até mesmo espelho d'água com peixes, usufruída
tanto por moradores quanto pedestres. Acabou fechada
sob a proteção de gradis metálicos e de uma guarita,
medidas adotadas para evitar a onda de assaltos fre-
quentes da região.*

*O prédio contém dois blocos, um menor, no alinhamento
da rua, sustentado por colunas de concreto revestidas
com placas de mármore branco com altura de onze
andares, e um segundo mais alto, ao fundo com quinze
andares. Os blocos são interligados por um outro menor
que dá acesso à garagem, independente e localizada ao
fundo do terreno.*

Elucubrações do viandante em Curitiba

Consumando minha aposentadoria no ano de 1993, Curitiba
acabou sendo meu "posto de sossego", em que venho "colhendo o
doce fruto" do meu trabalho. E espero que esse doce engano dos

anos ainda me permita desfrutar de um bom tempo da revigorante companhia dos netos.

O príncipe de que fala Camões, em seu trágico poema "Inês de Castro", eu o tive na bela e eloquente figura de um profeta dos nossos tempos, Dom Pedro Casaldáliga.

Quis mesmo a Divina Providência que eu pudesse prestar talvez meu último tributo a esse fiel servidor do Nazareno.

Em 2005, um excepcional discípulo franciscano, meu mentor espiritual em Curitiba, Frei Ulrich Steiner, foi nomeado bispo substituto de Dom Pedro Casaldáliga. Agarrei com as duas mãos essa oportunidade de ir ao encontro do meu profeta inspirador.

Fui à posse do segundo bispo de São Félix do Araguaia com o intuito principal de rever e matar as saudades do meu grande inspirador Dom Pedro Casaldáliga.

Ao desembarcarmos ali, deixei que todas as figuras mais ilustres se apresentassem primeiro. Como o último a saudar Dom Pedro, pude receber dele um carinhoso abraço e afetuoso ósculo. Com esse precioso gesto de carinho e afeto, dei-me por retribuído ao cêntuplo.

E, para melhor aferir a dimensão desse meu apreço, devo contextualizar. Na década de 70, na condição de apoio informal do Sr. Bispo Diocesano Dom Celso Pereira de Almeida, O. P., estive participando do encontro pastoral da região Centro-Oeste, Goiânia, estado de Goiás.

Num daqueles intervalos de reunião, relato aqui um pequeno mas significativo incidente. Vendo passar ao nosso lado um senhor miudinho e magrinho de seus 60 anos, parcamente vestido e cal-çando modestas sandálias havaiana, comentei para meu colega ao lado, ambos bem-apessoados e cuidadosamente vestidos: "O que será que esse sacristãozinho está fazendo por aqui?!"

O colega, mais bem informado que eu e sabendo bem quem era o referido personagem, esclareceu-me: "Que sacristãozinho que nada, rapaz! Sabe quem é essa figura?! Esse miudinho aí é, simplesmente, o grande e famoso bispo de São Félix do Araguaia, o catalão Dom Pedro Casaldáliga, que, com toda essa pouca figura faz tremer até generais. Os figurões lá de Brasília querem ver o cão, mas detestam e temem essa figurinha aí. Os generais já pensaram em deportá-lo ou sumir com ele, mas o temido e respeitado polonês Papa Karol Wojtyła avisou que quem tocar no seu bispo tem que se haver com ele! Assim, os figurões de Brasília limitam-se apenas a manter seu nome no seu ignoto *index librorum prohibitorum!*"

Foi a partir desse episódio que passei a conhecer, acompanhar, admirar e seguir os passos dessa grande figura e meu estimado guia e mentor espiritual!

Avaliando a trajetória e o itinerário do viandante

"Aos montes ensinando...", eu os tive também entre os cristãos que me têm frequentado nestes quase 20 anos que venho dedicando a investigar as Sagradas Escrituras.

Olhando, por cima do ombro, para as oito décadas vividas, não me detendo em detalhes, posso dizer que um gênio benfazejo teve o capricho de estender um tapete vermelho para eu desfilar.

Tenho uma firme convicção interna de que esse poderoso gênio benevolente é a poderosa madrinha que escolhi e assumi: Miriam, a Mãe de Yeshua.

É que, não tendo conhecido nem vivenciado minha madrinha de batismo, senti que precisava de uma boa madrinha. E ninguém me pareceu mais indicada que a Imaculada Conceição, que, desde criança, sempre ouvi minha mãe invocando e sendo sempre amparada.

Posso apontar, no mínimo, três boas razões para essa escolha. O primeiro motivo seria familial. Desde minha tenra infância, esse título da Mãe de Jesus soou-me doce e poderoso. É que, em muitíssimas situações de apuro, ouvia sempre minha mãe clamando: "Valei-me, Nossa Senhora da Conceição!".

Presenciei também, em todas as primeiras sextas-feiras do mês, minha mãe rezar conosco ou até mesmo sozinha o Ofício da Imaculada Conceição.

Essa devoção parece ser uma herança e uma tradição da família Virgulino, pois vi outros tios ou tias maternos cultivando-a.

O meu segundo motivo da escolha desse título é histórico-cultural. Para ser bem honesto, devo reconhecer que essa decisão da escolha de Maria como minha madrinha foi tomada depois que passamos a residir em Curitiba. E duas circunstâncias concorreram para definir essa particular devoção.

Em primeiro lugar, porque, logo que chegamos a Curitiba, assumi o compromisso de fazer palestras preparatórias do batismo para pais e padrinhos da Paróquia Senhor Bom Jesus dos Perdões; e, para encarecer a importância dos padrinhos, senti necessidade de incluir na fala meu testemunho pessoal. Foi aí que constatei que não tenho padrinhos de batismo. Tratei logo de preencher essa lacuna.

Posso acrescentar uma inexplicável coincidência que aponta para o mesmo tronco genealógico entre os Ferreira Virgulino do Centro-Oeste e os homônimos do Nordeste: a habilidade e o gosto artesanal de manipular e confeccionar utensílios de couro curtido, pois cada uma das sete filhas de meu avô materno, Pedro Ferreira Virgulino, ganhou um baú com estrutura de cedro e revestido de couro curtido.

Todos eles se apresentam com desenhos artísticos emoldurados por percevejos de latão dourado. No alto da tampa arqueada, vão as abreviaturas do nome da sua proprietária. Herdei dois exemplares do referido modelo e conservo-os em meu escritório.

A professora Aglae Lima de Oliveira (1970) informa-nos, em seu *Lampião, cangaço e Nordeste,* que Virgulino tinha apurado gosto artístico. Ele próprio desenhava e costurava todos os seus adereços, como chapéu cartucheira e bainhas de facas e peixeiras. E, sempre que podia, tinha em seu acampamento uma máquina manual de costura.

Frederico Bezerra Maciel (1985), em sua excelente obra *Lampião, seu tempo e seu reinado,* observa que, sempre que as circunstâncias permitiam, antes de aplicar pena capital a um elemento malfazejo a quem entendia que devia castigar, recomendava e permitia que o condenado entregasse sua alma ao Criador. Para ele, se o corpo de um inimigo nada valia, sua alma merecia compaixão e a misericórdia divina. Ninguém, em sua compreensão, deveria morrer como um cão. E tem mais. Na arrecadação de recursos que fazia para custear sua campanha, nunca atacava uma cidade ou povoado consagrado à sua madrinha, a Senhora da Conceição! Lampião movia-se no terreno do imaginário dos cavaleiros medievais. Na noite em que iniciou seu movimento e constituiu seu grupo inicial, Virgulino Ferreira consagrou sua vida à sua fada madrinha, a Senhora da Conceição.

Assim, enquanto os companheiros celebravam seu ingresso no Cangaço, ele afastou-se do grupo e, prostrado de joelhos ante uma estampa de Nossa Senhora da Conceição, a ela dedicou sua vida e sua luta de arrimo aos injustiçados dos sertões do Nordeste.

Todo cristão batizado é rei, sacerdote e profeta!

Os padres dominicanos propõem que uma pessoa escolhida pela comunidade presida igualmente a celebração da Eucaristia. "Não faz diferença alguma que seja um homem ou uma mulher, homossexual ou que seja heterossexual, casado ou solteiro". A pessoa escolhida e a comunidade pronunciariam juntas as palavras da consagração. "Pronunciar essas palavras não é um direito reservado ao sacerdote. É a expressão consciente de fé da comunidade inteira".

O opúsculo tem a aprovação dos superiores da ordem na Holanda e foi redigido pelos Padres André Lascaris, professor de Teologia em Nimegue; Jan Nieuwenhuis, ex-diretor do Centro Ecumênico dos Dominicanos de Amsterdã; Harrie Salemans, pároco em Utrecht; e Ad Willems, outro teólogo de Nimegue.

O teólogo inspirador, no fundo desse quadro, é outro, o mais famoso dominicano holandês, Edward Schillebeeckx, de 93 anos, que nos anos 1980 acabou caindo sob o exame da Congregação para a Doutrina da Fé por causa de teses próximas daquelas agora expostas nesse opúsculo.

A Conferência Episcopal Holandesa reserva-se o direito de replicar oficialmente esse opúsculo. Mas já fez saber que a proposta dos dominicanos parece estar "em conflito com a doutrina da Igreja Católica".

A polêmica instalou-se no catolicismo holandês e na Ordem Dominicana. Além de propor a celebração da missa por pessoas escolhidas pela comunidade, o texto sugere uma espécie de revolta das "bases" católicas: é preciso que os fiéis tenham a "liberdade necessária, teologicamente justificada, para escolher seu líder ou sua equipe de líderes a partir do seu seio", escrevem.

Intitulado *A Igreja e o ministério*, o documento acaba, no entanto, por se centrar na questão de quem pode ou não celebrar a Eucaristia.

> Na verdade, até hoje ainda ecoam nos meus ouvidos a solene proclamação que um estudioso colega fez no Encontro Nacional de Ribeirão Preto: "não fomos reduzidos; fomos promovidos ao estado leigo!" Leigo entendido como o "Laós", o Povo santo e pecador (Ex 19,5; Ap 1,6 etc). E povo como herdeiro das

alianças e beneficiário das promessas de salvação, povo consagrado, por oposição aos profanos. (Cfr **"Dicionário Crítico de teologia de Jean –Yves Lacoste**). Por esses dias, a teóloga biblista, Aíla Luzia Pinheiro de Andrade, estudando a Exortação aos Hebreus, em artigo publicado na revista franciscano "Estudos bíblicos", Volume 30, número 119, afirma, literalmente: "Para a carta aos Hebreus o sacerdócio de Cristo e o sacerdócio dos cristãos (homens e mulheres) (são laicos. Na concepção do autor, um sacerdócio praticado somente por uma parte (kleros) dos cristãos é algo impensável, pois o que nos faz ser sacerdotes é o fato de sermos membros do Corpo do único sacerdote, o Cristo. A maioria dos cristãos, nos tempos atuais, está confusa sobre esse aspecto de nossa fé. No âmbito católico principalmente, as pessoas pensam que o sacramento da ordem confere o sacerdócio a alguém, contudo, é a Iniciação cristã a única forma de se conferir o sacerdócio no cristianismo. Todos os seguidores de Jesus, homens e mulheres, são sacerdotes. O Sacramento da Ordem faz com, que alguém, que já é sacerdote pelo batismo seja inserido no clero(kleros), ou seja, no grupo (ordo, classe, grupo dos que lideram a comunidade. No contexto dessas ousadas palavras da teóloga, recordemo-nos do documento de 38 páginas difundido em todas as 1300 paróquias católicas da Holanda, intitulado "Kerk en Ambt", Igreja e Ministério. (AIRES, 2014, s/p).

Papa Karol Wojtyła: Pedro ou faraó?

O Papa João Paulo II, vindo de uma experiência de dolorosos conflitos com as aventuras da ideologia marxista, com ênfase no ateísmo, sem querer, acabou introduzindo no imaginário da teologia e da hierarquia o viés da exaltação da cristandade. Na prática, isso significou uma exacerbação da ordem clerical. Preocupado com os desvios da ortodoxia, o papa foi ignorando o colegiado universal dos bispos e subordinando toda a hierarquia ao poder central; a Cúria Romana e os hierarcas que as chefiavam acabaram sugando o poder pastoral dos bispos da Igreja romana.

Sem querer, também isto fomentou uma progressiva depravação dos poderes sediados em Roma. Muito preocupado com a sã doutrina, não percebeu ou demorar a perceber que a depravação foi se institucionalizando. É sabido que o poder excessivo gera a corrupção generalizada. Uma das pontas de monstruoso iceberg foi aquele cardeal norte-americano que selou uma aliança espúria com a máfia italiana. Nessa direção, o Banco do Vaticano passou a funcionar como a lavanderia do dinheiro espúrio gerado nas entranhas da corrupção da *Cosa Nostra*. Infelizmente, quando o governo italiano tentou prender o cardeal aliado da máfia, a Cúria Romana transferiu o cardeal para longe da Itália.

Simultaneamente, nas entranhas da Cúria Romana, foi-se proliferando o mundanismo e a depravação de toda ordem. Quando começaram a explodir escândalos de prostituição e pederastia na Cúria, assim como por todo o mundo, o Papa João Paulo começou a tomar tímidas e ineficazes providências. Quando o mundo começou a incomodar-se com essa deformação, um mal incalculável começou a corroer as entranhas da Igreja. O ápice dessa catástrofe foi o da renúncia do debilitado Papa Bento XVI, que parece que não se dar conta de que praticava gestos que apenas reforçavam o pedantismo clerical, próprio de uma estrutura insustentável de cristandade. No Brasil, isso também se estabeleceu com muita força sob o longo "reinado" de João Paulo II (26 anos).

Para garantir a hegemonia desse conservadorismo, o papa polonês não vacilou em sair catando os padres poloneses que rezavam pela sua cartilha.

Quando o papa polonês não encontrava um bispo brasileiro à sua imagem e semelhança, ia buscá-lo entre seus conterrâneos.

É inegável que o papa polonês era um líder carismático e bem articulado ao mundo político. Mas o seu anticomunismo ferrenho queimou muitas pontes de diálogo com o mundo moderno.

Todo o seu zelo pastoral não impediu que, às suas barbas, se erguesse um quase prostíbulo de hierarcas nos subterrâneos do Vaticano. E, ao mesmo tempo, provocou uma derrocada entre os leigos. As numerosas seitas protestantes absorveram um vasto contingente de ex-católicos.

Foi ainda sob seu reinado que vimos multiplicar-se o número do clero efeminado e intelectualmente medíocre.

Ao verticalizar a Igreja, valorizando o formalismo de gestos, surgiu um clero que, ao ser encaminhado para uma comunidade, exigia os três "Cs": casa, carro e celular! Eles se vêm como detentores da verdade, enquanto os simples leigos nunca passarão de coroinhas ou sacristãos!

EPÍLOGO

CARTA-TESTEMUNHO AOS VIANDANTES

Inicio esta com uma indeclinável homenagem póstuma a um ser humano especial, o segundo maior benfeitor e amigo de minha vida!

Estou me referindo a Dom Celso Pereira de Almeida, terceiro bispo de Porto Nacional, de 1975 a 1995. No momento mais crítico de minha vida, ele foi um amigo certo da hora incerta.

Também ele teve seu calvário na sofrida investida na Diocese de Uruaçu. Mas o episódio que pretendo relatar aqui é uma tocante passagem que testemunhei e que retrata a dimensão e intensidade humana da pessoa de Dom Celso.

Estava eu já residindo em Curitiba quando ele me informou que seria transferido da Diocese de Porto Nacional, Tocantins, para a Diocese de Uruaçu, sul de Goiás.

De imediato, logo me dirigi para Porto Nacional.

Para mim, o fato mais relevante ocorreu no momento dos cumprimentos de despedida apresentados pelo Pastor Abel, da Assembleia Pentecostal da cidade. Por mais estranho que isso possa parecer aos católicos e protestantes mais tradicionais, os dois pastores cristãos eram grandes amigos. Tanto que o gentil Pastor Abel pediu permissão a Dom Celso para pronunciar-lhe uma bênção pastoral de despedida, e este, prontamente, a aceitou!

Encantado, assisti a um homem simples, ferreiro e pastor popular, cheio de fé cristã, impondo as mãos sobre a cabeça de um hierarca católico, despojado de ostentação, mas impregnado de igual fé, recebendo, contrito, a invocação das bênçãos celestiais!

No meu encantamento e enlevo, tive a impressão de enxergar sobre os dois um punhado de anjos sorrindo e batendo palmas!

Pegadas da fé no itinerário do viandante

Avançando já nas oito décadas de existência, gosto de pensar que, ao encerrar meu itinerário aqui na Terra, serei recolhido ou recambiado ao "Seio de Abraão!" Gosto de pensar assim, primeiro, porque foi assim que Jesus descreveu a morte na tocante parábola de "Lázaro e o rico epulão"! Segundo, porque, ao usar Cristo essa metáfora de "Seio de Abraão", deixa claro que aqui na Terra vivemos apoiados exclusivamente em nossa fé.

Se me perguntassem "Por que seu interesse pelas Sagradas Escrituras?", minha resposta. Só recentemente aprendi com Frei Carlos Mestres que a Bíblia de papel é apenas a Bíblia segunda. A Bíblia primeira é aquela que Deus gravou e imprimiu nas estruturas de todos os seres vivos: plantas, minerais, animais, vegetais e seres humanos. Assim, só recentemente comecei a prestar atenção na fala de Deus pelo meu corpo. Desde então, iniciei um trabalho de reeducação de minha sensibilidade humana global para captar e sintonizar nas "falas" de meu Corpo. Meu objetivo: conhecer melhor as Sagradas Escrituras para melhor discernir a Vontade do Pai celestial, que nos convoca para o banquete do seu Reino. Banhando minhas vestes no sangue do Cordeiro, terei meu nome assinalado numa pedrinha branca e, inscrito no Livro da Vida, poderei comtemplar a radiante estrela da manhã!

Como relato em meu livro *"O viandante: saberes e sabores do Tocantins*, desde a infância, vi-me atraído e encantado com o mundo mágico e cheio de mistérios das diversas práticas da nossa religião católica.

Inexplicavelmente, por insondáveis desígnios da Providência divina, pessoas consagradas a Deus compareceram desde muito cedo no cenário de minha vida. A primeira delas foi minha avó paterna, Maria Madalena Dias de Oliveira, professora e catequista, a quem devo a bela oração da noite que meu pai teve a paciência e dedicação de ensinar aos seus três filhos homens.

Lembro-me como hoje. Estávamos ainda residindo em nossa cidade natal, Babaçulândia. Não havia luz elétrica no povoado, que, na verdade, era constituído de uma só rua, ao longo de um caminho que ia ter no rio Tocantins. As lamparinas a querosene eram acesas e dependuradas nas paredes do corredor central da casa. Já anoitecendo, antes de nos recolhermos às nossas redes para dormir, papai fazia que nos assentássemos sobre nossos tamboretes, por ele mesmo confeccionados. Cada um de nós tinha o seu e o reconhecia. O lugar preferido era sempre a calçada da frente de nossa casa, que ficava já nas proximidades do Rio Tocantins. Primeiro, fazíamos o sinal da cruz. Depois, lenta e pacientemente, nosso pai nos fazia repetir a oração da noite, que, decerto, aprendera com sua mãe, nossa avó paterna, Magdalena Dias, então já falecida.

Muitas outras vivências agradáveis, pouco a pouco, foram me cativando e direcionando para o mundo do sagrado e do transcendente. Além disso, desde a tenra idade que, muitíssimas vezes, ouvia minha mãe declarando: "Meu tio padre isso; meu tio padre aquilo!". E, sempre que vinha ao caso, lá se vinha minha mãe repetindo "Meu tio padre bem que dizia!". Assim, desde muito cedo, fui comparecendo e frequentando o território do sagrado.

E, como se isso não bastasse, presbíteros virtuosos e inteiramente comprometidos com o ministério sagrado também ingressaram nas minhas vivências juvenis, causando-me boa, bela e profunda impressão, como o asceta, quase anacoreta, Padre José Momenço, que tinha por cama uma velha e dura tábua de janela. E, quando nós (a meninada) o estávamos ajudando nas obras de reforma da humilde igrejinha, ele passava para nós todos os gostosos biscoitos e bolos que as senhoras caridosas lhe traziam e, para alimentar-se, contentava-se em comer café misturado com farinha, numa espécie de gororoba.

Sem dúvida, essa vivência desafiadora, aos poucos, também me atraiu para o encantamento das coisas sagradas.

E é exatamente aqui que já esbarro num curioso paralelo e analogia entre minha vida e a Bíblia.

Vejamos. No Gênesis, primeiro livro da Bíblia, encontramos Esaú, o primeiro filho de Isaac, que, exatamente por ser o mais velho, pelas tradições de seu povo, tinha direito à ambicionada bênção da primogenitura.

Pois bem, um belo dia, esse primogênito Esaú, exímio caçador, não teve êxito em sua caçada e chegou em casa, ao fim do dia, cansado e morto de fome. Sentindo o agradável odor de um prato de lentilhas, que sua mãe preparara ao seu irmão, Jacó, com ele negociou seu direito de primogenitura. Assim, para preencher seu estômago vazio, teve de abrir mão dos favores do alto em proveito das necessidades de baixo. Uma bênção por um prato de lentilhas!

Pois foi exatamente essa a sensação que experimentei ao trocar o direito de administrar as coisas da religião pelo direito de reestabelecer o equilíbrio e apaziguamento dos meus afetos. De alguma forma, também eu, como Jacó, troquei um certo direito de primogenitura por um simples prato de lentilhas! Não podendo juntar o lar com o altar, tive que abrir mão do altar.

Continuando a farejar analogias entre minha vida e a Bíblia, enxergo, ainda relacionado ao citado episódio bíblico, um segundo e bem interessante paralelo.

Ei-lo! Para libertar seu povo do cativeiro, Deus escolheu Moisés. Este, tendo de fugir da corte do Faraó por ter matado um egípcio que maltratava seu conterrâneo, foi se ter na propriedade do sacerdote Jetro em Midiã. E aí acabou se casando com uma de suas filhas, Zíporá (Séforá, Séfora).

E veja que intrigante e instigante coincidência. A gaúcha, dona do par de olhos cor de anil, que arrebatou o viandante, nos cerrados do sertão goiano, tinha se consagrado numa irmandade religiosa com o nome de Séfora. Sim, isso mesmo: Séfora (Zíporá).

Alguém poderia me explicar por que cargas d'água haveria eu de fascinar-me exatamente por uma gaúcha de nome Séfora, homônima da midianita Zíporá?! Pois eu, no exercício de administrar as coisas sagradas do altar, numa boa teologia, era, também eu, uma espécie de Moisés, incumbido de pastorear ovelhas, os fiéis da Igreja Católica.

Assim, pelo visto, "meu tio padre", como um fantasma materno, continuou rondando as trilhas de minha vida!

Netos, preciosos tesouros de nossa vida

Depois de descrever e caracterizar o berço e o perfil de minha família, volto agora meus olhos para as novas "criaturinhas" que estão brotando como segunda geração de nossa família.

Alguns anos de tirocínio na função de avô, registro aqui minhas impressões "cordiais" sobre esse delicado assunto. Com os nossos filhos, experimentamos uma espécie de amor comprometido mas absorvido. Já com os netos, experimentamos um amor sorvido com mais intensidade, por não estarmos mais absorvidos nos trabalhos do dia a dia!

No fundo, os avós amam com um amor de espécie diferente. Amo infinitamente cada um deles. Por cada um deles, cada um deles bem o sabe, dou tudo o que tenho. E me sinto feliz e gratificado por lhes dar qualquer coisa que me peçam e esteja ao meu alcance dar.

Em ordem cronológica, o primeiro descendente que nos promoveu e investiu no seleto clube dos avós foi o primogênito de nosso querido caçula, o Davi. Pedro Miguel é o seu nome. Não sei se nosso caçula teve a intenção de homenagear meu avô predileto, mas esse nome Pedro, antes de tudo, lembra o pescador escolhido por Cristo para ser o *Kéfas*, a pedra de assentamento do pequeno rebanho angariado por Cristo, Nosso Senhor e Mestre! Mas, além disso, Pedro é o nome de meu avô materno, o generoso e terno Yôyô, como carinhosamente o chamávamos.

Nessa crônica, ao mesmo tempo, homenageio meu querido avô materno e, por extensão, enalteço também o meu neto primogênito, Pedro Miguel, pelo belo e significativo nome que carrega! A crônica chama-se: "Cenários paradisíacos num 'delta' do Tocantins", às páginas 59 a 62 do livro *Nos cafundós do Jalapão: crônicas.*

Pois bem, em setembro de 2020, Pedro Miguel fazia seus 8 aninhos. Essa criaturinha, às vezes, até me assusta com a precoce maturidade e profundidade das coisas que ele diz. É uma pessoa muito centrada e compenetrada. Parece pensar muito tudo o que diz! Por diversas vezes, ouvi de sua boca declarações cheias de verdade e muito precoces, para sua idade! Algumas coisas que saem de sua boca são tão intensas que até me deixam perplexo!

A primeira delas. Com seus 8 aninhos, um belo dia, em que nos entretínhamos brincando, ele parou de repente e, olhando fundo nos meus olhos, conduziu-me para uma escadinha e, tocando de leve um dos degraus, assim falou: vamos conversar?!

Deus equipou-o com grande capacidade intuitiva e uma ilimitada percepção afetiva! Mesmo agora, já aos 11 anos, mostra-se muito empenhado em manter a harmonia do afeto, por igual, com os pais e com sua querida irmãzinha!

Sendo ele o primogênito, marcou-me, talvez, mais profundamente. Assim, ao receber uma foto retratando seus 6 anos na escolinha onde estudava, contemplando-a, detidamente, fiz uma espécie de apologia daquela sua imagem.

Ei-la:

Carrega na face a serenidade, e a seriedade da compenetração de quem, absorto, contempla um cenário mágico e não quer perder nenhum detalhe do que assiste.

Os cabelos em desalinho lembram-nos os de um daqueles piedosos anjos barrocos, de bochechinhas rosadas e salientes, das nossas igrejas de São João del-Rei. O rostinho muito bem traçado e proporcional. Os lábios cerrados, a face erguida. A expressão do olhar é de indagação e perplexidade. Os olhos fixam o quadrante da sua direita. E, como potentes faróis ou um luminoso traço que rasga a linha do horizonte. Por trás das coisas visíveis, parece que contempla uma corte angelical como aquela descrita por Rafael Sânzio, ou naquela outra esboçada por Miguel Ângelo, no dramático cenário do Juízo Final estampado na Capela Sistina.

Foi nessas alturas de seus anos que, um belo dia, fui solicitado a fazer-lhe companhia, numa tarde de seu descanso vespertino. Já familiarizado com minha companhia, ao acordar, tranquilamente, de seu sono e notando que eu repousava ao seu lado, dirigindo e mantendo os olhinhos no teto da sala de visita onde repousávamos, tranquilamente, com sua mãozinha direita, por duas vezes, suavemente, tocou-me a face apontando para o teto e indicando-me que por ali havia algo de extraordinário e muito interessante. Claro que fixei meus olhos e atenção, atentamente, para o ponto indicado, mas não vislumbrei nada. Mas ele mantinha tranquila e fixamente o olhar no mesmo ponto invisível. Ele ainda insistiu, apontando para o mesmo invisível ponto. Mas meus olhos, por mais que buscasse, nada enxergaram!

Cá comigo mesmo pensei e conclui que acabava de testemunhar algo extraordinário. Meu netinho, com certeza, estava vendo algo que eu não conseguia nem podia ver!

Vasculhando minhas lembranças, recordei-me da bela passagem que Jesus nos adverte em Mateus 18, 10: "Cuidado para não desprezarem um só destes pequeninos! Pois eu lhes digo que os anjos deles nos céus estão sempre vendo a face de meu Pai Celeste".

O segundo neto com que Deus nos presenteou é a prestimosa e exuberante Giulia.

É dona de um par de olhos muito intensos e falantes. Está caminhando para os 11 aninhos. Muito determinada e segura de si, parece saber exatamente o que quer e aonde deseja chegar.

Vendo-a nadar e mergulhar, com desenvoltura, numa piscina, enxerguei-me na idade dela, como uma piabinha, batendo água no Rio Corrente, nas terras do Iôiô. E recordei-me ainda, já mais taludinho, brincando perdidamente nas águas do Rio Tocantins e competindo com colegas ou, ainda, nos arriscados mergulhos e travessias das manilhas da pequena barragem do ribeirão de Porto Nacional.

A netinha Giulia tem um pendor especial pelas artes. Desenha, com capricho, lindas flores e borboletas. Tem muitos predicados de uma atleta vitoriosa, mas exibe também o empenho e o pendor para a magia de uma promissora bailarina. Poderá ser muita coisa na vida. Professora, médica, atleta? Bailarina? Quem sabe? Pelo capricho e determinação que demonstra, tenho certeza de que poderá ser uma brilhante profissional em qualquer um desses cenários!

Mais recentemente, essa criaturinha manifestou mais um pendor: grande habilidade em trafegar nos meandros da informática. Já me debati com algumas encrencas por horas e até dias, e ela movimenta "pra qui e pra acolá" e *zaz*, com poucos minutos ela resolve o que eu quebrei a cabeça por horas: até parece milagre ou feitiço! Parece que trouxe em seu DNA o pendor para a infomídia!

Um exemplo disso era o uso dos sinais diacríticos no meu iPhone. Nunca achava essas encrencas. Não sei como, mas ela, sozinha, desencavou os malditos diacríticos.

Diante disso, quando a esposa me pede algo meio complicado, eu oriento:

"Chama a Giulia. Disso, só mesmo chamando a Giulia".

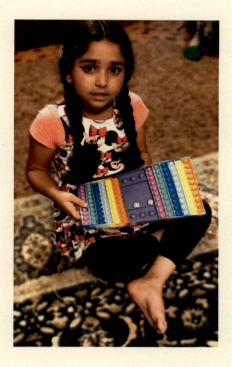

Seguindo a ordem cronológica, **o terceiro neto que nos veio visitar e integrar-se à corrente sanguínea de nossa família sacerdotal é a Pietrinha.**

Linda moreninha, cor de canela, com intensos e profundos olhinhos expressivos, "mais negros que asas da graúna", para usar as palavras do escritor cearense José de Alencar, em seu belo romance dedicado a Iracema. É também uma criaturinha muito determinada e cheia de vontades. Parece ter um prazer especial em mandar e comandar seu avô, que, na verdade, sente muito prazer em obedecer-lhe os caprichos, de suas variadas brincadeiras. E nisto faz-me lembrar muito o estilo e o perfil da Emilinha do Monteiro Lobato, em seu *Sítio do Pica-Pau amarelo*. Num recente encontro de filhos e netos, notei que, mesmo sem ser a mais velha dos netos, exerceu a liderança entre os priminhos em brincadeiras as mais diversas e sempre com muita criatividade. O ponto alto foram exibições num vazio de janela, por ela convertido numa imaginária tela de televisão. Ante esta, apresentou aos também imaginários telespectadores sucessivas aulas e dramatizações.

O quarto número sagrado de nossos netos é a caçula dos netos, a Giovanna. Dos quatro netos, parece ser a que, fisicamente, mais se parece com a avó paterna, Como ela, parece movida por uma quase obsessão pela limpeza das coisas; seus olhinhos de águia estão sempre enxergando um cisquinho invisível!

À primeira vista, não é de muita conversa. Aparenta ser muito voluntariosa. Não gosta de liberar seu sorriso num primeiro encontro. De início, mostra-se esquiva e reservada. Dá a impressão de ficar na retaguarda aguardando que lhe conquistem a atenção e o interesse. Está caminhando ainda para os 7 aninhos. Depois de capturada pela simpatia, demonstra gosto e apreço pela ironia.

Virgolino versus Assumpção: enigma ou profecia?!

Não poderia concluir este quadro humano de família sem comentar e ponderar uma instigante situação.

Que motivos teria o viandante para fixar uma inexplicável simpatia e especial apreço pelo singular e curioso sobrenome de um personagem que conheceu no segundo acampamento de sua jornada? Trata-se do Senhor Argemiro Pereira de Assumpção. Sim, Assumpção, que, na Igreja Católica é um título de devoção atribuído à Nossa Senhora, a mãe de Jesus, que, pelos méritos e poderes divinos de seu filho, foi transportada, recolhida para a coorte celeste.

Pela aparência, aquele senhor era de família de humilde condição social, mas que frequentou a escola do grande educador dominicano francês Frei Reginaldo Tournier, que o introduziu na banda musical Santa Cecília, habilitando-se na operação do clarinete.

Explicar ou entender esse enigma quem há de?! Primeiro, quem poderia explicar por que o viandante, portador do sobrenome Virgolino, ao fixar domicílio na modesta cidadezinha Porto Nacional, fareja agradável e inexplicável simpatia pelo singular sobrenome Assumpção?!

Os anos passam-se meio século ou mais?! Estando o viandante residindo já no seu terceiro ou quarto domicílio, eis que, inexplicavelmente, seu filho primogênito, também ele, movido pelos mesmos insondáveis destinos, esbarra e mergulha numa inexplicável química de afinidade e simbiose com uma carioca portadora daquele mesmo mágico cognome que, lá atrás, já se infiltrara nas memórias afetivas do viandante.

Só ao deparar-me com esse desfecho é que me acudiu uma possível resposta para a pergunta: por que aquele sobrenome de um portuense, Assumpção, teria me despertado tanto interesse?

E, para que as coisas ficassem ainda mais insondáveis e intrincadas, quem poderia me explicar por que cargas d'água, exatamente na cidade de Curitiba, Paraná, assumida pelo viandante como a querência de seu último domicílio, exatamente aí os dois sobrenomes, por estranhos caprichos do além, por inexplicável alquimia, esses sobrenomes de família — Virgolino e Assumpção —, comparecessem no traçado urbano de Curitiba? Sim! Isso mesmo.

Basta abrir o mapa da cidade, e encontraremos no bairro Vista Alegre, com o CEP 80.820-370, a Rua Major Virgolino Esmanhotto; e, buscando o bairro Jardim das Américas, sob o CEP 81.540-260, esbarramos na Rua Professor Paulo d'Assumpção.

E, aí está, ou melhor, estão os dois sobrenomes de família que se cumprimentam, que se conhecem e que se estimam e se familiarizam, primeiramente, na modesta e acanhada cidadezinha de Porto Nacional, então Norte Goiano, e cinco décadas depois: lá estão os dois sobrenomes, Virgolino e Assumpção, como dizem os gaúchos, "seatracando" em fraternal e familial abraço. E assim, parafraseando o poeta baiano Castro Alves, poderíamos dizer: "por estranhos caprichos, desses que descem do além, o século que viu Colombo, viu Guttembergue, também!".

Explicar e entender quem há de?!

Autorretrato do viandante: "ao encontro das galáxias!"

Ao finalizar esta "carta-testemunho", álbum de família, espécie de epitáfio, o autor apresenta aqui algumas pinceladas para autorretrato do Viandante, *por* definição, *a* última foto do repertório.

Por uma triste fatalidade ou predestinação, no domínio estético, quis ou determinou o Bom Deus que, avizinhando-se o viandante do desfecho de seu itinerário neste "vale de lágrimas", acabasse contraindo uma triste e indesejável semelhança com um dos seus maiores padrões de estética literária, o pai da língua portuguesa, Luís Vaz de Camões. Não uma semelhança no padrão literário, mas apenas e tão somente num detalhe, pitoresco, trágico, meramente físico. Isto é: ambos, com visão monocular, pelo olho esquerdo. Camões perdeu o seu direito, dizem, numa batalha de Ceuta; o viandante perdeu o seu direito para o tal de glaucoma, e para os efeitos ou causas colaterais.

Como tributo de gratidão a essa triste mas enaltecedora semelhança, revisto-me do diáfano véu do belo e apropriado soneto magistralmente lapidado pelo conterrâneo Olavo Braz Martins dos Guimarães Bilac.

Última flor do lácio, inculta e bela
És, a um tempo, esplendor e sepultura
Ouro nativo, que na ganga impura
A bruta mina entre os cascalhos vela

Amo-te assim, desconhecida e obscura
Tuba de alto clangor, lira singela
Que tens o tom e o silvo da procela
E o arrolo da saudade e da ternura

Amo o teu viço agreste e o teu aroma
De virgens selvas e de oceano largo
Amo-te, ó rude e doloroso idioma.

Em que da voz materna ouvi: Meu filho
E em que Camões chorou, no exílio amargo
O gênio sem ventura e o amor sem brilho.

Na dimensão da fé, o viandante definir-se-ia como adepto incondicional da seita judaica de Jesus de Nazaré e incondicionalmente também devoto da querida madrinha, Maria de Nazaré, mãe de Ieshua, ben Mirian, ben Ioussef, ben Iahveh Elohins.

E, olhando para trás e por cima dos ombros, examinando as quase nove décadas de vida que já vivi, sou assaltado e dominado por uma infinita gratidão ao Deus maravilhoso que me distinguiu com privilégios inexplicáveis que, decerto, ultrapassam, de muito, meus merecimentos pessoais. Tirando pequenas travessias de algumas trevas, borrascas e tempestades que enfrentei e atravessei, o que avisto em todo o estirão de meu itinerário é um imenso tapete vermelho que o Mestre Nazareno, sua mãe, Santíssima Virgem Maria, e o meu dedicado e incansável anjo da guarda vão sempre estendendo sob meus pés.

Porém, nesse horizonte e cenário cor de anil, céu de brigadeiro, vislumbro uma pequena sombra ou mancha, enorme e inquietante indagação: por que teria Deus me concedido já mais de oito décadas de vida enquanto meu pai viveu apenas 53 anos de vida e minha mãe extinguiu-se antes de completar os 70 anos? E, de dentro dessa primeira indagação, poderia extrair uma outra mais intrigante ainda: muitos e numerosos anos são benção ou castigo?!

Recorrendo à Bíblia, encontramos o Salmo 90, versículos 10 a 12, que nos informa:

> A duração da nossa vida é de setenta anos, e se alguns, pela sua robustez, chegam a oitenta anos, o melhor deles é canseira e enfado, pois passa rapidamente, e nós voamos. Quem conhece o poder da tua ira? E a tua cólera, segundo o temor que te é devido? Ensina-nos a contar os nossos dias, de tal maneira que alcancemos coração sábio.

Decerto, foi considerando essas indagações sem resposta que o sensato e sábio escritor Guimarães Rosa declarou: "Vivendo se aprende; mas o que mais se aprende, é só a fazer outras maiores perguntas!".

BIBLIOGRAFIA

A BÍBLIA anotada. The Ryrie Study, versão Almeida, revista e atualizada. São Paulo: Mundo Cristão, 1994.

A BÍBLIA da CNBB. São Paulo: CNBB; Editoras Católicas, 2001.

A BÍBLIA de Jerusalém. São Paulo: Paulinas, 1991.

A BÍBLIA do peregrino. Luis Alonso Scokel. São Paulo: Paulus, 2002.

A BÍBLIA sagrada. Ed. revista e atualizada. Distrito Federal: Sociedade Bíblica do Brasil, 1969.

A BÍBLIA vulgata. S. Jerônimo, nova editio. Typis Polyglotis Vaticanus, MCMLI.

A BÍBLIA. Padre Matos Soares. São Paulo: Paulinas, 1930.

ABBAGNANO, Nicola [1901]. *Dicionário de filosofia*. 2. ed. São Paulo: Mestre Jou, 1982.

ABREU, Casimiro de. Meus oito anos. *In*: ABREU, Casimiro de. *As primaveras*. [*S. l.: s. n.*], 1859. Livro 1. Disponível em: http://educaterra.terra.com. br/literatura/romantismo/romantismo_32.htm. Acesso em: 15 jun. 2015.

ABREU, Casimiro de. *Minha terra tem palmeiras*. Rio de Janeiro: Spiker, 1965.

AIRES, Joarez Virgolino. Crime de lesa majestade! *Associação Rumos*, 19 jun. 2014. Disponível em: http://www.padrescasados.org/archives/25549/crime-de-lesa-majestade/. Acesso em: 16 jun. 2015.

AIRES, Joarez Virgolino. *Revista Cultura Vozes*, Petrópolis, n. 4, p. 393-406, 1990.

ALENCAR, José de. *O guarani*. Rio de Janeiro: José Olympio, 1957.

ALIGHIERI, Dante. *A divina comédia*. São Paulo: Edigraf, 1954.

ALMEIDA, Antônio José de. *Teologia sobre os ministérios não ordenados para a América Latina*. São Paulo: Loyola, 1989.

ALVES, Castro. *Obra completa*. Rio de Janeiro: Nova Aguilar, 1988.

ANJOS, Augusto dos. *Poesia e vida*. Rio de Janeiro: Civilização Brasileira, 1977; Palavras-chave: Revista Cayapós e Carajás. Catequese Dominicana. Araguaia Paraense. Pacificação.

ARGUELLO, Francisco J. G. Kiko, fundador da seita católica Néo catecumenato. YouTube, fev. 2015.

AUDRIN, Frei José M., O. P. *Entre sertanejos e índios do Norte*: o bispo missionário Dom Domingos Carrérot. Rio de Janeiro: Agir, 1946.

AUDRIN, Frei José M., O. P. *Os sertanejos que eu conheci*. Rio de Janeiro: José Olympio, 1963.

ÁVILA, Pe. Fernando Bastos de, S. J. *Enciclopédia de moral e civismo*. Rio de Janeiro: Fename, 1967.

ÁVILA, Pe. Fernando Bastos de, S. J. *Pequena enciclopédia de moral e civismo*. Rio de Janeiro: Fename, 1978.

BARROS, Luitgaard O. C. A *Terra da mãe de Deus*. São Paulo: Francisco Alves, 1988.

BERNANOS, George. *Diário de um pároco da aldeia*. Atlântica, 1960.

BÍBLIA de estudo Almeida. Barueri: Sociedade Bíblica do Brasil, 1999.

BÍBLIA de estudo de Genebra. São Paulo: Cultura Cristã; Sociedade Bíblica do Brasil, 2000.

BÍBLIA sagrada de Aparecida. São Paulo: Santuário, 2006.

BÍBLIA, tradução ecumênica. São Paulo: Loyola, 1994.

BÍBLIA Thompson. João Ferreira de Almeida. Vida, 2005.

BRANDÃO, Junito. *Dicionário mítico etimológico*. Petrópolis: Vozes, 1993.

BRESSANIN, Cesar Evangelista F. *Entre missões, desobrigas, construções e projetos educativos*: a ordem dos pregadores nos sertões do antigo Norte de Goiás.

BRIGHT, John. *História de Israel*. Tradução de Euclides Carneiro. São Paulo: Paulus, 1978.

BRUAIRE, Claude. Logique et rélion cretienne dans la philosophie. *Reve Communio*, Paris, 1970.

BUZZI, Arcângelo. *Introdução ao pensar*. Petrópolis: Vozes, 1985.

CAMÕES, Luís Vaz de. *Os lusíadas*. São Paulo: Victor Civita, 1979.

CARDIJN, Card. *Leigos na linha de frente*. São Paulo: Paulinas, 1967.

CARDIJN, Josef-Léon. *Cardeal Belga, fundador da juventude operária católica*. Lovaina, 1967.

CASALDÁLIGA, Pedro. São Paulo: Ave Maria, 2008.

CÉSAR, Caio Júlio. *De bello gallico*. Organização de Prof. José Lodeiro. São Paulo: Globo, 1955.

CHARDIN, Pierre Teilhard de. *O fenômeno humano*. São Paulo: Herder, 1966.

CHARDIN, Pierre Teilhard de. *O fenômeno humano*. São Paulo: Martins, 1970.

CHESTERTON, G. K. *Ortodoxia*. São Paulo: Mundo Cristão, 2008.

CHOURAQUI, André. *Bíblia*. Rio de Janeiro: Imago, 1995.

CLEVENOT, Michel. *Enfoques materialistas da Bíblia*. São Paulo: Paz e Terra, 1992.

COMTE, Augusto. *Catecismo pozitivista*. Rio de Janeiro: Imprensa Lucas e Cia, 1934.

CORÇÃO, Gustavo. *Tres alqueires e uma vaca*. Rio de Janeiro: Agir, 1961.

CRONIN, J. *Pelos caminhos de minha vida*. Rio de Janeiro: José Olympio.

EICHER, Peter. *Dicionário de conceitos fundamentais de teologia*. São Paulo: Paulus, 1993.

FIGUEIREDO, Pe. Antônio Pereira de. *Bíblia Sagrada*. DCL.

FONTES, Ofélia; FONTES, Narbal. História de uma pamonha. *Peregrina-cultura's Weblog*, [s. l.], 15 fev. 2011. Disponível em: https://peregrinacultural. wordpress.com/2011/02/15/historia-de-uma-pamonha-poesia-infantil-de--ofelia-e-narbal-fontes/. Acesso em: 15 jun. 2015.

FRANCO, Afonso Arinos de Melo Franco. Buriti perdido. Disponível em: http://brasiliapoetica.blog.br/site/index.php?option=com_content&task=-view&id=1948. Acesso em: 15 jun. 2015.

FREYRE, Gilberto. *Casa grande & senzala*. Rio de Janeiro: José Olympio, 1975.

GLEISER, Marcelo. *A dança do universo*. São Paulo: Companhia das Letras, 1997.

GUIMARÃES, Luiz. História d'um cão. *Nandério*, [s. l.], 3 abr. 2010. Disponível em: https://nanderio.blogspot.com/2010/04/historia-de-um-cao.html. Acesso em: 9 dez. 2022.

https://www.passeiweb.com/os_lusiadas_ines_de_castro/HARRINGTON, Wilfrid John. Chave para a Bíblia, tradução Josué Xavier, Alexandre Mcinryre.

JERÔNIMO, São. *Comentário bíblico, AT., NT*. São Paulo: Academia Cristã; Paulus, 2011.

JORNAL SEM TERRA, MST. n. 150, ago. 1995.

KAZANTZÁKIS, Níkos. *O Cristo recrucificado*. Rio de Janeiro: Rocco, 1988.

LA FONTAINE. *Fábulas*. São Paulo: Landy, 2003.

LACOSTE, Jean-Yves. *Dicionário crítico de teologia*. São Paulo: Paulinas; Loyola, 2004.

LEANDRO, J. J. *Babaçulândia*: ensaio histórico. Babaçulândia: CDU, 2008.

LEHMANN, João Baptista. *Na luz perpétua*. Juiz de Fora: Lar Católico, 1928.

LIBER Usualis, Desclés, Parisiis, Tornaci, Romae, 1950.

LOBINGER, Fritz. *Padres para amanhã*. São Paulo: Paulus, 2007.

LUBICH, Chiara. *Fundadora do Movimento dos Focolares*. "Parola di vita", 1993.

MACIEL, Frederico Bezerra. *Lampião, seu tempo e seu reinado*. Editora Universitária, 1980.

MACIEL, Frederico Bezerra. *Lampião, seu império e seu reinado*. Petrópolis: Vozes, 1985.

MACKENZIE, J. L. *Dicionário bíblico*. São Paulo: Paulus, 1983.

MARITAIN, Jacques. *Humanismo integral*. São Paulo: Paulus, 1999.

MARITAIN, Raissa. *As grandes amizades*. Rio de Janeiro: Agir, 1958.

MAYA, Newton Freire. *A ciência por dentro*. Petrópolis: Vozes, 1998.

MAYA, Newton Freire. *A ciência por dentro*. Petrópolis: Vozes, 2007.

MESTERS, Carlos. *Paraíso terrestre: Saudade ou esperança?* Petrópolis: Vozes, 1987.

MESTERS, Carlos. *Por trás das palavras*. Petrópolis, 1974.

MOURA, Dom Odilão. *Padre Penido*. Petrópolis: Vozes, 1995.

MUSSET, Alfred. *A confissão de um filho do século*. São Paulo: Atenas, 1959.

NAVARRO, Zander. *Política, protesto e cidadania no campo*: as lutas sociais dos colonos e dos trabalhadores no Rio Grande do Sul. Porto Alegre: UFRGS, 1996.

NOVA BÍBLIA dos capuchinhos. Lisboa; Fátima: Difusora Bíblica, 1998.

OLIVEIRA, Aglae Lima de. Lampião, cangaço e Nordeste. Rio de Janeiro: O Cruzeiro, 1970.

PEARLMAN, Meyr. *Através da Bíblia*. Tradução de Lawrence Olson. Flórida, EUA: Vida, 1991. Outras edições de São Leopoldo: Sinodal, 1994; São Paulo: Paulinas, 1985.

PIAGEM, Pedro P.; SOUSA, Cícero J. de. *Dom Alano*: o missionário do Tocantins. Goiânia: Ed. dos Autores, 2000.

PIAGET, Jean. *Introdução à psicologia evolutiva de Jean Piaget*. São Paulo: Cultrix, 1974.

PIAGET, Jean. *Psicologia e epistemologia*: por uma teoria do conhecimento. Rio de Janeiro: Forense Universitária, 1978.

QUENTAL, Antero. *Poesias completas*. Reimpressão. Porto, 2016.

REVISTA DE CULTURA VOZES. Ano 84, jul./ago. 1990.

RICHARD, Pablo. *O movimento de Jesus depois da Atos dos Apóstolos*. São Paulo: Paulinas, 1999.

ROSA, João Guimarães. *Grande sertão*: veredas. Rio de Janeiro: Nova Fronteira, 1986.

SALGADO, Plínio. *O ritmo da história e atualidades brasileiras*. São Paulo: Ed. das Américas, 1956.

SCHMIDT, Werner. *Introdução ao Antigo Testamento*. Tradução de Annemarie Höhn.

SILVA, Francisco Ayres da. *Caminhos de outrora*. Porto Nacional: Nacional, 1999.

TOURNIER, Reginaldo, O. P. *Lá longe no Araguaia*. Conceição do Araguaia: Araguaia, 1940.

TOURNIER, Reginaldo, O. P. *Lá longe, no Araguaia*. Conceição do Araguaia: Prelazia Dominicana, 1942.

URKUHART, Gordon. *A armada do papa*. São Paulo: Record.